CODE CIVIL.

I0001594

31617

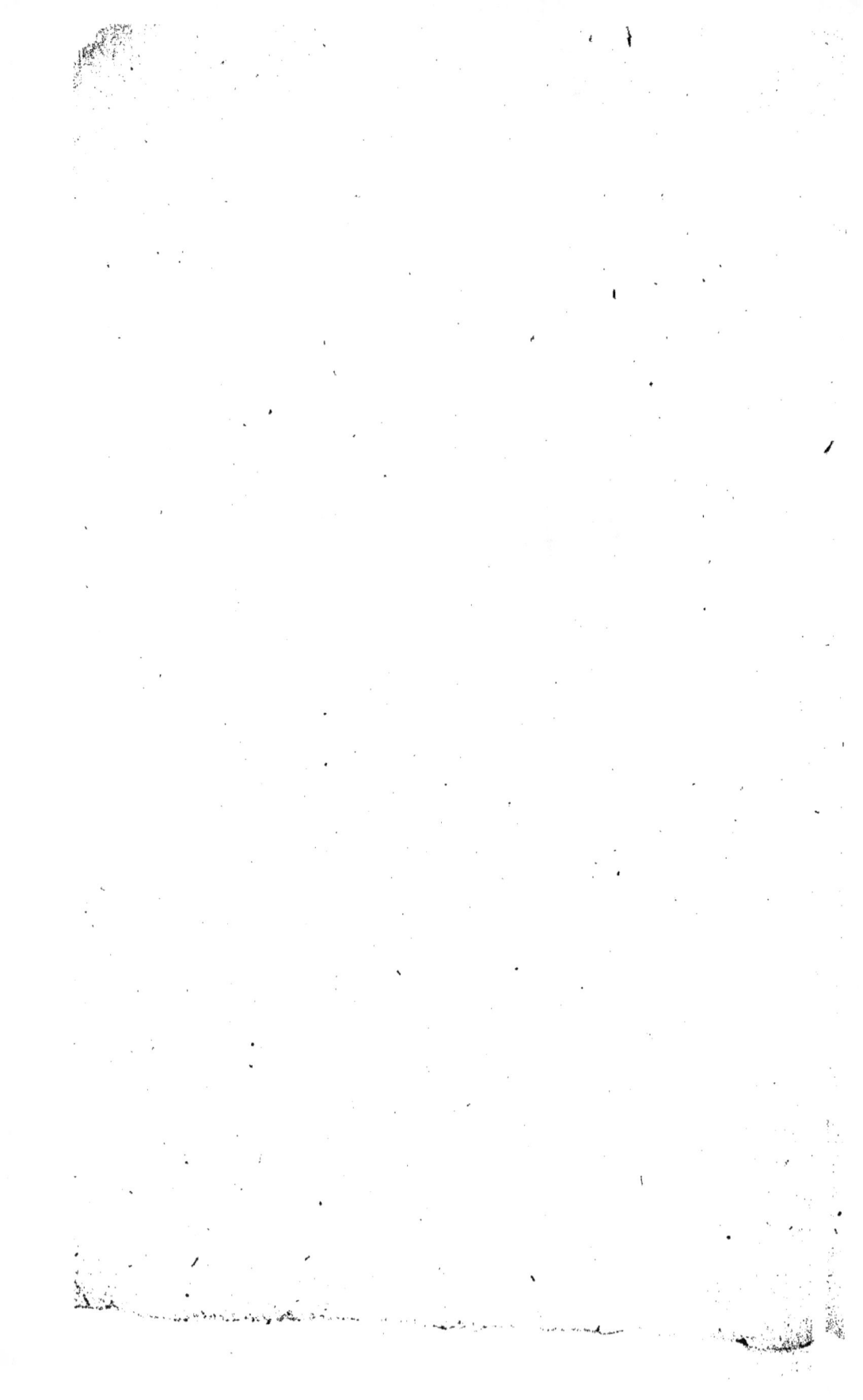

RECUEIL DES LOIS

COMPOSANT

LE CODE CIVIL,

Avec les discours des orateurs du Gouvernement,
les rapports de la commission du Tribunat et
les opinions émises pendant le cours de la
discussion.

Par les Rédacteurs des Instructions décadaires sur
l'Enregistrement et les Domaines nationaux.

TROISIEME LIVRE.

A PARIS,

Se vend chez Moreaux, imprimeur-libraire, rue
Traversière (Saint-Honoré), n°. 24.

On trouve également chez lui tous les autres
ouvrages de législation.

An 11. — 1803.

AVIS.

On a imprimé à la suite du texte de chaque titre les motifs des orateurs du Gouvernement et tous les discours prononcés au Tribunat et au Corps législatif, de manière que tout ce qui appartient au même titre, se trouve réuni.

Des numéros mis en marge de chaque article du texte de la loi correspondent avec de pareils numéros placés en marge des Motifs, Rapports et Discours, et facilitent la recherche de tout ce qui a été dit sur un même article.

On a enfin employé, pour l'impression de cet ouvrage, du beau papier sur lequel on pourra écrire en marge les notes qu'on jugera nécessaires.

L O I

Du 29 germinal an XI de la République française.

Concernant la Propriété.

AU NOM DU PEUPLE FRANÇAIS, BONAPARTE, premier Consul, PROCLAME loi de la République le décret suivant, rendu par le Corps législatif, le 29 germinal an 11, conformément à la proposition faite par le Gouvernement, le 19 du même mois, communiquée au Tribunat le même jour.

D É C R E T.

Des différentes manières dont on acquiert la Propriété.

ARTICLE PREMIER.

La propriété des biens s'acquiert et se transmet par succession, par donation entre-vifs ou testamentaire, ou par l'effet des obligations. 102.

II. La propriété s'acquiert aussi par accession ou incorporation, et par prescription. 103.

III. Les biens qui n'ont pas de maître appartiennent à la nation. 104.

IV. Il est des choses qui n'appartiennent à personne, et dont l'usage est commun à tous.
Des lois de police règlent la manière d'en jouir.

a.3

105. V. La faculté de chasser ou de pêcher est également réglée par des lois particulières.

105. VI. La propriété d'un trésor appartient à celui qui le trouve dans son propre fonds : si le trésor est trouvé dans le fonds d'autrui, il appartient, pour moitié, à celui qui l'a découvert, et, pour l'autre moitié, au propriétaire du fonds.

Le trésor est toute chose cachée ou enfouie, sur laquelle personne ne peut justifier sa propriété, et qui est découverte par le pur effet du hasard.

105. VII. Les droits sur les effets jetés à la mer, sur les objets que la mer rejette, de quelque nature qu'ils puissent être, sur les plantes et herbages qui croissent sur les rivages de la mer, sont aussi réglés par des lois particulières.

Il en est de même des choses perdues, dont le maître ne se représente pas.

TITRE PREMIER.

Des Successions.

CHAPITRE PREMIER.

De l'ouverture des successions et de la saisine des héritiers.

ARTICLE VIII.

Les successions s'ouvrent par la mort naturelle et par la mort civile.

1. 33. IX. La succession est ouverte par la mort civile,
107. du moment où cette mort est encourue, conformément aux dispositions de la loi sur la privation des droits civils par suite de condamnations judiciaires.

X. Si plusieurs personnes respectivement appe- 3. 34. lées à la succession l'une de l'autre , périssent dans 108. un même évènement, sans qu'on puisse reconnaître laquelle est décédée la première, la présomption de survie est déterminée par les circonstances du fait, et, à leur défaut, par la force de l'âge ou du sexe.

XI. Si ceux qui ont péri ensemble, avaient moins 3. 34. de quinze ans, le plus âgé sera présumé avoir sur- 109. vécu ;

S'ils étaient tous au-dessus de soixante ans : le moins âgé sera présumé avoir survécu ;

Si les uns avaient moins de quinze ans , et les autres plus de soixante , les premiers seront présu- més avoir survécu.

XII. Si ceux qui avaient péri ensemble, avaient 3. 34. quinze ans accomplis et moins de soixante, le mâle 109. est toujours présumé avoir survécu , lorsqu'il y a égalité d'âge, ou si la différence qui existe n'excède pas une année.

S'ils étaient du même sexe, la présomption de survie qui donne ouverture à la succession dans l'ordre de la nature , doit être admise ; ainsi le plus jeune est présumé avoir survécu au plus âgé.

XIII. La loi règle l'ordre de succéder entre les 35. héritiers légitimes ; à leur défaut , les biens passent 110. aux enfans naturels , ensuite à l'époux survivant ; et , s'il n'y en a pas, à la République.

XIV. Les héritiers légitimes sont saisis de plein 110. droit des biens, droits et actions du défunt , sous l'obligation d'acquitter toutes les charges de la suc- cession ; les enfans naturels , l'époux survivant et la République doivent se faire envoyer en possession par justice , dans les formes qui seront déterminées.

CHAPITRE II.

Des qualités requises pour succéder.

ARTICLE XV.

4. 36.
111.
Pour succéder, il faut nécessairement exister à l'instant de l'ouverture de la succession.

Ainsi sont incapables de succéder,

1°. Celui qui n'est pas encore conçu ;

2°. L'enfant qui n'est pas né viable ;

3°. Celui qui est mort civilement.

36.
112.
XVI. Un étranger n'est admis à succéder aux biens que son parent, étranger ou Français, possède dans le territoire de la République, que dans les cas et de la manière dont un Français succède à son parent possédant des biens dans le pays de cet étranger, conformément aux dispositions du titre relatif à la *jouissance des droits civils.*

5. 37.
113.
XVII. Sont indignes de succéder, et comme tels exclus des successions ;

1°. Celui qui serait condamné pour avoir donné ou tenté de donner la mort au défunt ;

2°. Celui qui a porté contre le défunt une accusation capitale, jugée calomnieuse ;

3°. L'héritier majeur qui, instruit du meurtre du défunt, ne l'aura pas dénoncé à la justice.

38.
113.
XVIII. Le défaut de dénonciation ne peut être opposé aux ascendans et descendans du meurtrier, ni à ses alliés aux mêmes degrés, ni à son époux ou à son épouse, ni à ses frères ou sœurs, ni à ses oncles et tantes, ni à ses neveux et nièces.

114.
XIX. L'héritier exclu de la succession pour cause

d'indignité, est tenu de rendre tous les fruits et les revenus dont il a eu la jouissance depuis l'ouverture de la succession.

XX. Les enfans de l'indigne, venant à la succes- 115. sion de leur chef, et sans le secours de la représentation, ne sont pas exclus pour la faute de leur père; mais celui-ci ne peut, en aucun cas, réclamer, sur les biens de cette succession, l'usufruit que la loi accorde aux pères et mères sur les biens de leurs enfans.

CHAPITRE III.

Des divers ordres de successions.

SECTION PREMIÈRE.

Dispositions générales.

ARTICLE XXI.

Les successions sont déférées aux enfans et des- 116. cendans du défunt, à ses ascendans et à ses parens collatéraux, dans l'ordre et suivant les règles ci-après déterminées.

XXII. La loi ne considère ni la nature ni l'ori- 6. 8. gine des biens pour en régler la succession. 51.
117.

XXIII. Toute succession échue à des ascendans 7. 47. ou à des collatéraux, se divise en deux parts égales, 117. l'une pour les parens de la ligne paternelle, l'autre pour les parens de la ligne maternelle.

Les parens utérins ou consanguins ne sont point 12. exclus par les germains; mais ils ne prennent part 49. 118.

que dans leur ligne, sauf ce qui sera dit ci-après à l'article 42. Les germains prennent part dans les deux lignes.

Il ne se fait aucune dévolution d'une ligne à l'autre, que lorsqu'il ne se trouve aucun ascendant ni collatéral de l'une des deux lignes.

48.
119.

XXIV. Cette première division opérée entre les lignes paternelle et maternelle, il ne se fait plus de division entre les diverses branches ; mais la moitié dévolue à chaque ligne, appartient à l'héritier ou aux héritiers les plus proches en degré, sauf le cas de la représentation, ainsi qu'il sera dit ci-après.

120.

XXV. La proximité de parenté s'établit par le nombre des générations ; chaque génération s'appelle un degré.

120.

XXVI. La suite des degrés forme la ligne : on appelle ligne directe la suite des degrés entre personnes qui descendent l'une de l'autre ; ligne collatérale, la suite des degrés entre personnes qui ne descendent pas les unes des autres, mais qui descendent d'un auteur commun.

On distingue la ligne directe en ligne directe descendante et ligne directe ascendante.

La première est celle qui lie le chef avec ceux qui descendent de lui ; la deuxième est celle qui lie une personne avec ceux dont il descend.

XXVII. En ligne directe, on compte autant de degrés qu'il y a de générations entre les personnes : ainsi le fils est à l'égard du père au premier degré ; le petit-fils, au second, et réciproquement du père et de l'aïeul à l'égard des fils et petits-fils.

XXVIII. En ligne collatérale, les degrés se

comptent par les générations, depuis l'un des parens jusques et non compris l'auteur commun , et
depuis celui-ci jusqu'à l'autre parent.

Ainsi, deux frères sont au deuxième degré ; l'oncle
et le neveu sont au troisième degré , les cousins-ger-
mains au quatrième ; ainsi de suite.

SECTION II.

De la représentation.

ARTICLE XXIX.

La représentation est une fiction de la loi, dont 9. 40.
l'effet est de faire entrer les représentans dans la 121.
place, dans le degré et dans les droits du représenté.

XXX. La représentation a lieu à l'infini dans la 41.
ligne directe descendante. 122.
Elle est admise dans tous les cas, soit que les enfans du défunt concourent avec les descendans d'un
enfant prédécédé, soit que tous les enfans du défunt
étant mort avant lui , les descendans desdits enfans
se trouvent entr'eux en degrés égaux ou inégaux.

XXXI. La représentation n'a pas lieu en faveur 42.
des ascendans ; le plus proche , dans chacune des 123.
deux lignes, exclut toujours le plus éloigné.

XXXII. En ligne collatérale , la représentation 10.
est admise en faveur des enfans et descendans des 43.
frères ou sœurs du défunt, soit qu'ils viennent à sa 124.
succession concurremment avec des oncles ou tantes,
soit que tous les frères et sœurs du défunt étant
prédécédés, la succession se trouve dévolue à leurs
descendans en degrés égaux ou inégaux.

11. XXXIII. Dans tous les cas où la représentation est admise, le partage s'opère par souche : si une même souche a produit plusieurs branches, la subdivision se fait aussi par souche dans chaque branche, et les membres de la même branche partagent entr'eux par tête.

N. 125. XXXIV. On ne représente pas les personnes vivantes, mais seulement celles qui sont mortes naturellement ou civilement.

46. 125. On peut représenter celui à la succession duquel on a renoncé.

SECTION III.

Des successions déférées aux descendans.

ARTICLE XXXV.

52. 126. Les enfans ou leurs descendans succèdent à leur père et mère, aïeuls, aïeules, ou autres ascendans, sans distinction de sexe ni de primogéniture, et encore qu'ils soient issus de différens mariages.

50. 131. Ils succèdent par égales portions et par tête, quand ils sont tous au premier degré et appelés de leur chef : ils succèdent par souche, lorsqu'ils viennent tous ou en partie par représentation.

SECTION IV.

Des successions déférées aux ascendans.

ARTICLE XXXVI.

52. 127. Si le défunt n'a laissé ni postérité, ni frère, ni sœur, ni descendans d'eux, la succession se divise

par moitié entre les ascendans de la ligne paternelle
et les ascendans de la ligne maternelle. 131. 134.

L'ascendant qui se trouve au degré le plus
proche, recueille la moitié affectée à sa ligne, à
l'exclusion de tous autres.

Les ascendans au même degré succèdent par tête.

XXXVII. Les ascendans succèdent, à l'exclusion
de tous autres, aux choses par eux données à leurs
enfans ou descendans décédés sans postérité, lorsque
les objets donnés se retrouvent en nature dans la
succession. 52. 129.

Si les objets ont été aliénés, les ascendans recueillent le prix qui peut en être dû. Ils succèdent
aussi à l'action en reprise que pouvait avoir le donataire.

XXXVIII. Lorsque les père et mère d'une personne morte sans postérité, lui ont survécu, si elle
a laissé des frères, sœurs ou des descendans d'eux,
la succession se divise en deux portions égales,
dont moitié seulement est déférée au père et à la
mère, qui la partagent entr'eux également. 13. 52. 129. 132.

L'autre moitié appartient aux frères, sœurs ou
descendans d'eux, ainsi qu'il sera expliqué dans la
section *des successions collatérales.*

XXXIX. Dans le cas où la personne morte sans
postérité laisse des frères, sœurs, ou des descendans
d'eux; si le père ou la mère est prédécédée, la portion qui lui aurait été dévolue conformément au
précédent article, se réunit à la moitié déférée aux
frères, sœurs, ou à leurs représentans, ainsi qu'il
sera ci-après expliqué. 13. 52. 133.

SECTION V.

Des successions collatérales.

ARTICLE XL.

52.
128.

En cas de prédécès des père et mère d'une personne morte sans postérité, ses frères, sœurs, ou leurs descendans, sont appelés à l'exclusion des ascendans et des autres collatéraux.

Ils succèdent, ou de leur chef, ou par représentation, ainsi qu'il a été réglé dans la section de la *Représentation.*

52.
133.

XLI. Si les père et mère de la personne morte sans postérité lui ont survécu, ses frères, sœurs ou leurs représentans ne sont appelés qu'à la moitié de la succession. Si le père, ou la mère seulement a survécu, ils sont appelés à recueillir les trois quarts.

52.
12.

XLII. Le partage de la moitié ou des trois quarts dévolus aux frères ou sœurs, aux termes de l'article précédent, s'opère entr'eux par égales portions, s'ils sont tous du même lit ; s'ils sont de lits différens, la division se fait par moitié entre les deux lignes paternelle et maternelle du défunt ; les germains prennent part dans les deux lignes, et les utérins et consanguins chacun dans leur ligne seulement : s'il n'y a de frères ou sœurs d'un côté, ils succèdent à la totalité, à l'exclusion de tous autres parens de l'autre ligne.

52.
130.

XLIII. A défaut de frère ou sœur, ou de descendans d'eux, et à défaut d'ascendans dans l'une ou l'autre ligne, la succession est déférée, pour moitié, aux ascendans survivans: et pour l'autre moitié, aux parens les plus proches de l'autre ligne.

S'il y a concours de parens collatéraux au même degré, ils partagent par tête.

XLIV. Dans le cas de l'article précédent, le père ou la mère survivant a l'usufruit du tiers des biens auxquels il ne succède pas en propriété. 14.
135.

XLV. Les parens au-delà du douzième degré ne succèdent pas. 15.
136.

A défaut de parens au degré successible dans une ligne, les parens de l'autre ligne succèdent pour le tout. 52.

CHAPITRE IV.

Des Successions irrégulières.

SECTION I.re

Des droits des enfans naturels sur les biens de leur père ou mère, et de la succession aux enfans naturels décédé. sans postérité.

ARTICLE XLVI.

Les enfans naturels ne sont point héritiers; la loi ne leur accorde de droits sur les biens de leurs père ou mère décédés, que lorsqu'ils ont été légalement reconnus. Elle ne leur accorde aucun droit sur les biens des parens de leur père ou mère. 16.
53.
137.

XLVII. Le droit de l'enfant naturel sur les biens de ses père ou mère décédés, est réglé ainsi qu'il suit: 16.
53.
138.

Si le père ou la mère a laissé des descendans légitimes, ce droit est d'un tiers de la portion héréditaire que l'enfant naturel aurait eue, s'il eût été légitime : il est de la moitié, lorsque les père ou mère ne laissent pas de descendans ; mais bien des ascendans ou des frères ou sœurs ; il est des trois quarts lorsque les père ou mère ne laissent ni descendans ni ascendans, ni frères ni sœurs.

10.
53.
139.

XLVIII. L'enfant naturel a droit à la totalité des biens, lorsque ses père ou mère ne laissent pas de parens au degré successible.

54.

XLIX. En cas de prédécès de l'enfant naturel, ses enfans ou descendans peuvent réclamer les droits fixés par les articles précédens.

55.

L. L'enfant naturel ou ses descendans sont tenus d'imputer sur ce qu'ils ont droit de prétendre, tout ce qu'ils ont reçu du père ou de la mère dont la succession est ouverte, et qui serait sujet à rapport, d'après les regles établies au chapitre 6, section des *Rapports.*

56.
140.

LI. Toute réclamation leur est interdite, lorsqu'ils ont reçu, du vivant de leur père ou de leur mère, la moitié de ce qui leur est attribué par les articles précédens, avec déclaration expresse, de la part de leur père ou mère que leur intention est de réduire l'enfant naturel à la portion qu'ils lui ont assignée.

Dans le cas où cette portion serait inférieure à la moitié de ce qui devrait revenir à l'enfant naturel, il ne pourra réclamer que le supplément nécessaire pour parfaire cette moitié.

17.
57.
141.

LII. Les dispositions des articles 47 et 48 ne sont pas applicables aux enfans adultérins ou incestueux.

La

La loi ne leur accorde que des alimens.

LIII. Ces alimens sont réglés, eu égard aux facultés du père ou de la mère, au nombre et à la qualité des héritiers légitimes.

LIV. Lorsque le père ou la mère de l'enfant adultérin ou incestueux lui auront fait apprendre un art mécanique, ou lorsque l'un d'eux lui aura assuré des alimens de son vivant, l'enfant ne pourra élever aucune réclamation contre leurs successions.

LV. La succession de l'enfant naturel décédé sans postérité est dévolue au père ou à la mère qui l'a reconnu, ou par moitié à tous les deux, s'il a été reconnu par l'un et par l'autre. 18. 58. 142.

LVI. En cas de prédécès des père et mère de l'enfant naturel, les biens qu'il en avait reçus passent aux frères et sœurs légitimes, s'ils se retrouvent en nature dans la succession : les actions en reprise, s'il en existe, ou le prix de ses biens aliénés, s'il est encore dû, retournent également aux frères et sœurs légitimes. Tous les autres biens passent aux frères et sœurs naturels ou à leurs descendans. 18. 59. 142.

SECTION II.

Des droits du conjoint survivant et de la République.

ARTICLE LVII.

Lorsque le défunt ne laisse ni parens au degré successible, ni enfans naturels, les biens de sa succession appartiennent au conjoint non divorcé qui lui survit. 19. 60. 143.

Tome B

19.
60.
144.

LVIII. A défaut de conjoint survivant, la succession est acquise à la République.

20.
60.

LIX. Le conjoint survivant et l'administration des domaines qui prétendent droit à la succession, sont tenus de faire apposer les scellés, et de faire faire inventaire dans les formes prescrites pour l'acceptation des successions sous bénéfice d'inventaire.

60.
145.

LX. Ils doivent demander l'envoi en possession au tribunal de première instance dans le ressort duquel la succession est ouverte. Le tribunal ne peut statuer sur la demande qu'après trois publications et affiches dans les formes usitées, et après avoir entendu le commissaire du Gouvernement.

20.

LXI. L'époux survivant est encore tenu de faire emploi du mobilier, ou de donner caution suffisante pour en assurer la restitution, au cas où il se présenterait des héritiers du défunt, dans l'intervalle de trois ans: après ce délai, la caution est déchargée.

LXII. L'époux survivant ou l'administration des domaines qui n'auraient pas rempli les formalités qui leur sont respectivement prescrites, pourront être condamnés aux dommages et intérêts, s'il s'en représente.

LXIII. Les dispositions des articles 59, 60, 61 et 62, sont communes aux enfans naturels appelés à défaut de parens.

CHAPITRE V.

De l'acceptation et de la répudiation des successions.

SECTION Ire.

De l'acceptation.

ARTICLE LXIV.

Une succession peut être acceptée purément et 66.
simplement ou sous bénéfice d'inventaire.

LXV. Nul n'est tenu d'accepter une succession 61.
qui lui est échue. 146.

LXVI. Les femmes mariées ne peuvent pas va- 71.
lablement accepter une succession sans l'autorisation de leur mari ou de justice, conformément aux
dispositions de la loi sur les droits et les devoirs
respectifs des époux.

Les successions échues aux mineurs et aux in- 72.
terdits ne pourront être valablement acceptées que
conformément aux dispositions de la loi *sur les Tutelles.*

LXVII. L'effet de l'acceptation remonte au jour 21.
de l'ouverture de la succession. 64.

LXVIII. L'acceptation peut être expresse ou 21.
tacite : elle est expresse quand on prend le titre ou 65.
la qualité d'héritier dans un acte authentique ou 147.
privé ; elle est tacite quand l'héritier fait un acte
qui suppose nécessairement son intention d'accepter,
et qu'il n'aurait droit de faire qu'en sa qualité d'héritier.

b 2

65.
148.

LXIX. Les actes purement conservatoires, de surveillance et d'administration provisoire, ne sont pas des actes d'addition d'hérédité, si l'on n'y a pas pris le titre ou la qualité d'héritier.

21.
65.
149.

LXX. La donation, vente ou transport que fait de ses droits successifs un des co-héritiers, soit à un étranger, soit à tous ses co-héritiers, soit à quelques-uns d'eux, emporte de sa part acceptation de la succession.

65.
149.

Il en est de même, 1.º de la renonciation, même gratuite, que fait un des héritiers au profit d'un ou de plusieurs de ses co-héritiers;

2.º De la renonciation qu'il fait, même au profit de tous ses co-héritiers indistinctement, lorsqu'il reçoit le prix de sa renonciation.

LXXI. Lorsque celui à qui une succession est échue, est décédé sans l'avoir répudiée ou sans l'avoir acceptée expressément ou tacitement, ses héritiers peuvent l'accepter ou la répudier de son chef.

LXXII. Si ces héritiers ne sont pas d'accord pour accepter ou pour répudier la succession, elle doit être acceptée sous bénéfice d'inventaire.

73.

LXXIII. Le majeur ne peut attaquer l'acceptation expresse ou tacite qu'il a faite d'une succession, que dans le cas où cette acceptation aurait été la suite d'un dol pratiqué envers lui; il ne peut jamais réclamer sous prétexte de lésion, excepté seulement dans le cas où la succession se trouverait absorbée ou diminuée de plus de moitié par la découverte d'un testament inconnu au moment de l'acceptation.

SECTION II.

De la renonciation aux successions.

ARTICLE LXXIV.

La renonciation à une succession ne se présume 23.
pas. Elle ne peut plus être faite qu'au greffe du 62.
tribunal de première instance, dans l'arrondissement 150.
duquel la succession s'est ouverte, sur un registre
particulier tenu à cet effet.

LXXV. L'héritier qui renonce est censé n'avoir 22.
jamais été héritier. 68.
151.

LXXVI. La part du renonçant accroît à ses co- 45.
héritiers ; s'il est seul, elle est dévolue au degré 151.
subséquent.

LXXVII. On ne vient jamais par représentation 45.
d'un héritier qui a renoncé. Si le renonçant est seul
héritier de son degré ou si tous ses co-héritiers re-
nonçent, les enfans viennent de leur chef et succèdent par tête.

LXXVIII. Les créanciers de celui qui renonce, 24.
au préjudice de leurs droits, peuvent se faire auto- 70.
riser en justice à accepter la succession du chef de
leur débiteur en son lieu et place.
Dans ce cas, la renonciation n'est annullée qu'en
faveur des créanciers et jusqu'à concurrence seulement de leurs créances ; elle ne l'est pas au profit
de l'héritier qui a renoncé.

LXXIX. La faculté d'accepter ou de répudier 74.
une succession se prescrit par un laps de tems re- 152.
quis pour la prescription la plus longue des droits
immobiliers.

b 3

75.
152.
LXXX. Tant que la prescription du droit d'accepter n'est pas acquise contre les héritiers qui ont renoncé, ils ont la faculté d'accepter encore la succession, si elle n'a pas déjà été acceptée par d'autres héritiers ; sans préjudice néanmoins des droits qui peuvent être acquis à des tiers sur les biens de la succession, soit par prescription, soit pas actes valablement faits avec le curateur à la succession vacante.

76.
153.
LXXXI. On ne peut même par contrat de mariage renoncer à la succession d'un homme vivant, ni aliéner les droits éventuels qu'on peut avoir à cette succession.

24.
156.
LXXXII. Les héritiers qui auraient diverti ou recélé des effets d'une succession, sont déchus de la faculté d'y renoncer ; ils demeurent héritiers purs et simples, nonobstant leur renonciation, sans pouvoir prétendre aucune part dans les objets divertis ou recélés.

SECTION III.

Du bénéfice d'inventaire, de ses effets et des obligations de l'héritier bénéficiaire.

ARTICLE LXXXIII.

25.
154.
La déclaration d'un héritier qu'il entend ne prendre cette qualité que sous bénéfice d'inventaire, doit être faite au greffe du tribunal civil de première instance, dans l'arrondissement duquel la succession s'est ouverte ; elle doit être inscrite sur le registre destiné à recevoir les actes de renonciation.

25.
155.
LXXXIV. Cette déclaration n'a d'effet qu'autant qu'elle est précédée ou suivie d'un inventaire

fidèle et exact des biens de la succesion, dans les formes réglées par le code de la procédure civile, et dans les délais qui seront ci-après déterminés.

LXXXV. L'héritier a trois mois pour faire inventaire, à compter du jour de l'ouverture de la succession. 25. 63.

Il a de plus pour délibérer sur son acceptation ou sur sa rénonciation, un délai de quarante jours, qui commence à courir du jour de l'expiration des trois mois donnés pour l'inventaire, ou du jour de la clôture de l'inventaire, s'il a été déterminé avant les trois mois.

LXXXVI. Si cependant il existe dans la succession des objets susceptibles de dépérir, ou dispendieux à conserver, l'héritier peut, en sa qualité d'habile à succéder, et sans qu'on puisse en induire de sa part une acceptation, se faire autoriser par justice à procéder à la vente de ces effets.

Cette vente doit être faite par officier public, après les affiches et publications réglées par le code de la procédure civile.

LXXXVII. Pendant la durée des délais pour faire inventaire et pour délibérer, l'héritier ne peut être contraint à prendre qualité, et il ne peut être obtenu contre lui de condamnation; s'il renonce lorsque les délais sont expirés ou avant, les frais par lui faits légitimement jusqu'à cette époque, sont à la charge de la succession.

LXXXVIII. Après l'expiration des délais ci-dessus, l'héritier, en cas de poursuite dirigée contre lui, peut en demander un nouveau, que le tribunal saisi de la contestation accorde ou réfuse suivant les circonstances.

LXXXIX. Les frais de poursuite, dans le cas de l'article précédent, sont à la charge de la succession, si l'héritier justifie, ou qu'il n'avait pas eu connaissance du décès, ou que les délais ont été insuffisans, soit à raison de la situation des biens, soit à raison des contestations survenues : s'il n'en justifie pas, les frais restent à sa charge personnelle.

XC. L'héritier conserve néanmoins, après l'expiration des délais accordés par l'art. LXXXV, même de ceux donnés par le juge conformément à l'art. LXXXVIII, la faculté de faire encore inventaire, et de se porter héritier bénéficiaire, s'il n'a pas fait d'ailleurs acte d'héritier, ou s'il n'existe pas contre lui de jugement passé en force de chose jugée, qui le condamne en qualité d'héritier pur et simple.

69.
156.　XCI. L'héritier qui s'est rendu coupable de recélé, ou qui a omis sciemment et de mauvaise-foi de comprendre, dans l'inventaire, des effets de la succession, est déchu du bénéfice d'inventaire.

67.
157.　XCII. L'effet du bénéfice d'inventaire est de donner à l'héritier l'avantage :

1°. De n'être tenu du paiement des dettes de la succession qu'à concurrence de la valeur des biens qu'il a recueillis, même de pouvoir se décharger du paiement des dettes en abandonnant tous les biens de la succession aux créanciers et aux légataires ;

2°. De ne pas confondre ses biens personnels avec ceux de la succession, et de conserver contre elle le droit de réclamer le paiement de ses créances.

67.
157.　XCIII L'héritier bénéficiaire est chargé d'ad-

ministrer les biens de la succession, et doit rendre compte de son administration aux créanciers et aux légataires.

Il ne peut être contraint sur ses biens personnels qu'après avoir été mis en demeure de présenter son compte, et faute d'avoir satisfait à cette obligation.

Après l'apurement du compte, il ne peut être contraint sur ses biens personnels que jusqu'à concurrence seulement des sommes dont il se trouve reliquataire.

XCIV. Il n'est tenu que des fautes graves dans l'administration dont il est chargé.

XCV. Il ne peut vendre les meubles de la succession que par le ministère d'un officier public, aux enchères, et après les affiches et publications accoutumées. 67.

S'il les représente en nature, il n'est tenu que de la dépréciation ou de la détérioration causée par sa négligence.

XCVI. Il ne peut vendre les immeubles que dans les formes prescrites par le code de la procédure civile; il est tenu d'en déléguer le prix aux créanciers hypothécaires qui se sont fait connaître. 67. 157.

XCVII. Il est tenu, si les créanciers ou autres personnes intéressées l'exigent, de donner caution bonne et solvable de la valeur du mobilier compris dans l'inventaire, et de la portion du prix des immeubles non déléguée aux créanciers hypothécaires.

Faute par lui de fournir cette caution, les meubles sont vendus, et leur prix est déposé, ainsi que la portion non déléguée du prix des immeubles, pour être employés à l'acquit des charges de la succession.

XCVIII. S'il y a des créanciers opposans, l'héritier bénéficiaire ne peut payer que dans l'ordre et de la manière réglés par le juge.

S'il n'y a pas de créanciers opposans, il paie les créanciers et les légataires à mesure qu'ils se présentent.

XCIX. Les créanciers non opposans qui ne se présentent qu'après l'apurement du compte et le paiement du reliquat, n'ont de recours à exercer que contre les légataires.

Dans l'un et l'autre cas, le recours se prescrit par le laps de trois ans, à compter du jour de l'apurement du compte et paiement du reliquat.

C. Les frais de scellés, s'il en a été apposé, d'inventaire et de compte, sont à la charge de la succession.

SECTION IV.

Des successions vacantes.

ARTICLE CI.

Lorsqu'après l'expiration des délais pour faire inventaire et pour délibérer, il ne se présente personne qui réclame une succession, qu'il n'y a pas d'héritier connu, ou que les héritiers connus y ont renoncé, cette succession est réputée vacante.

CII. Le tribunal de première instance dans l'arrondissement duquel elle est ouverte, nomme un curateur sur la demande des personnes intéressées, ou sur la réquisition du commissaire du Gouvernement.

CIII. Le curateur à une succession vacante est tenu avant tout d'en faire constater l'état par un inventaire; il en exerce et poursuit les droits : il répond aux demandes formées contr'elles ; il administre sous la charge de faire verser le numéraire qui se trouve dans la succession, ainsi que les deniers provenant du prix des meubles ou immeubles vendus, dans la caisse du receveur de la régie nationale, pour la conservation des droits, et à la charge de rendre compte à qui il appartiendra.

CIV. Les dispositions de la section III sur les formes de l'inventaire, sur le mode d'administration et sur les comptes à rendre de la part de l'héritier bénificiaire, sont au surplus communes aux curateurs à successions vacantes.

CHAPITRE VI.

Du partage et des rapports.

SECTION Ire.

De l'action en partage et de la forme.

ARTICLE CV.

Nul ne peut être contraint à demeurer dans l'indivision; et le partage peut être toujours provoqué, nonobstant prohibitions et conventions contraires,

On peut cependant convenir de suspendre le partage pendant un tems limité, cette convention ne peut être obligatoire au-delà de cinq ans, mais elle peut être renouvelée.

26.
86.
159.

87

88.
160.
CVI. Le partage peut être demandé , même quand l'un des co-héritiers aurait joui séparément de partie des biens de la succession , s'il n'y a eu un acte de partage, ou possession suffisante pour acquérir la prescription.

161.
CVII. L'action en partage à l'égard des co-héritiers mineurs ou interdits peut être exercée par leurs tuteurs, spécialement autorisés par un conseil de famille.

A l'égard des co-héritiers absens , l'action appartient aux parens envoyés en possession.

161.
CVIII. Le mari peut , sans le concours de sa femme, provoquer le partage des objets, meubles ou immeubles, à elle échus, qui tombent dans la communauté ; à l'égard des objets qui ne tombent pas en communauté, le mari ne peut en provoquer le partage sans le concours de sa femme ; il peut seulement, s'il a le droit de jouir de ses biens, demander un partage provisionnel.

Les co-héritiers de la femme ne peuvent provoquer le partage définitif qu'en mettant en cause le mari et la femme.

27.
95.
161.
CIX. Si tous les héritiers sont présens et majeurs, l'apposition de scellés sur les effets de la succession n'est pas nécessaire, et le partage peut être fait dans la forme et par tel acte que les parties intéressées jugent convenable.

Si tous les héritiers ne sont pas présens , s'il y a parmi eux des mineurs ou des interdits, le scellé doit être apposé dans le plus bref délai , soit à la requête des héritiers, soit à la diligence du commissaire du Gouvernement près le tribunal de première instance, soit d'office par le juge-de-paix dans l'arrondissement duquel la succession est ouverte.

CX. Les créanciers peuvent aussi requérir l'apposition des scellés, en vertu d'un titre exécutoire ou d'une permission du juge.

CXI. Lorsque le scellé a été apposé, tous créanciers peuvent y former opposition, encore qu'ils n'aient ni titre exécutoire ni permission du juge.

Les formalités pour la levée des scellés et la confection de l'inventaire sont réglées par le code de la procédure civile.

CXII. L'action en partage, et les contestations 162. qui s'élèvent dans le cours des opérations, sont soumises au tribunal du lieu de l'ouverture de la succession.

C'est devant ce tribunal qu'il est procédé aux licitations, et que doivent être portées les demandes relatives à la garantie des lots entre co-partageans et celles en rescision du partage.

CXIII. Si l'un des co-héritiers refuse de consentir 163. au partage, ou s'il s'élève des contestations, soit sur le mode d'y procéder, soit sur la manière de le déterminer.

Ce tribunal prononce comme en matière sommaire, ou commet, s'il y a lieu, pour les opérations du partage, un des juges sur le rapport duquel il décide les contestations.

CXIV. L'estimation des immeubles est faite par experts choisis par les parties intéressées, ou, à leur refus, nommés d'office.

Le procès-verbal des experts doit présenter les bases de l'estimation; il doit indiquer si l'objet estimé peut être commodément partagé, de quelle manière; fixer enfin, en cas de division, chacune des parts qu'on peut en former, et leur valeur.

CXV. L'estimation des meubles, s'il n'y a pas eu
de prisée faite dans un inventaire régulier, doit être
faite par gens à ce connaissans, à juste prix et sans
crue.

89.   CXVI. Chacun des co-héritiers peut demander sa
part en nature des meubles et immeubles de la succession ; néanmoins, s'il y a des créanciers saisissans
ou opposans, ou si la majorité des co-héritiers juge
la vente nécessaire pour l'acquit des dettes et charges
de la succession, les meubles sont vendus publiquement en la forme ordinaire.

94.   CXVII. Si les meubles ne peuvent pas se par-
95.   tager commodément, il doit être procédé à la vente
par licitation devant le tribunal.

Cependant les parties, si elles sont toutes ma-
jeures, peuvent consentir que la licitation soit faite
devant un notaire, sur le choix duquel elles s'accordent.

CXVIII. Après que les meubles et immeubles
ont été estimés et vendus, s'il y a lieu, le juge-commissaire renvoie les parties devant un notaire dont
elles conviennent, au nommé d'office, si les parties
ne s'accordent pas sur le choix.

On procède, devant cet officier, aux comptes
que les co-partageans peuvent se devoir, à la formation de la masse générale, à la composition des lots
et aux fournissemens à faire à chacun des co-partageans.

164.   CXIX. Chaque co-héritier fait rapport à la masse,
suivant les règles qui seront ci-après établies, des
dons qui lui ont été faits, et des sommes dont il est
débiteur.

CXX. Si le rapport n'est pas fait en nature, les 90.
co-héritiers à qui il est dû, prélèvent une portion 165.
égale sur la masse de la succession.

Les prélèvemens se font, autant que possible, en
objets de même nature, qualité et bonté que les objets non rapportés en nature.

CXXI. Après ces prélèvemens, il est procédé,
sur ce qui reste dans la masse, à la composition
d'autant de lots égaux qu'il y a d'héritiers co-partageans, où de souches co-partageantes.

CXXII. Dans la formation et composition des
lots, on doit éviter, autant que possible, de morceler les héritages, et de diviser les exploitations;
et il convient de faire entrer dans chaque lot, s'il se
peut, la même quantité de meubles, d'immeubles,
de droits ou de créances de même nature et valeur.

CXXIII. L'inégalité des lots en nature se com- 91.
pense par un retour, soit en rente soit en argent.

CXXIV. Les lots sont faits par l'un des co-héritiers, s'ils peuvent convenir entr'eux sur le choix,
et si celui qu'il avaient choisi, accepte la commission : dans le cas contraire, les lots sont faits par un
expert que le juge-commissaire désigne.
Ils sont ensuite tirés au sort.

CXXV. Avant de procéder au tirage des lots,
chaque co-partageant est admis à proposer ses réclamations contre leur formation.

CXXVI. Les règles établies pour la division des
masses à partager sont également observées dans la
subdivision à faire entre les souches co-partageantes.

CXXVII. Si, dans les opérations renvoyées de-

vant un notaire, il s'élève des contestations, le notaire dressera procès-verbal des difficultés et des
dires respectifs des parties, les renverra devant le
commissaire nommé pour le partage, et au surplus
il sera procédé suivant les formes prescrites au code
de la procédure civile.

28.
96.

CXXVIII. Si tous les co-héritiers ne sont pas
présens, ou s'il y a parmi eux des interdits ou des
mineurs même émancipés, le partage doit être fait
en justice conformément aux règles prescrites par
les articles 109 et suivans, jusques et compris l'article précédent. S'il y a plusieurs mineurs qui aient
des intérêts opposés dans le partage, il doit leur être
donné à chacun un tuteur spécial et particulier.

95.

CXXIX. S'il y a lieu à licitation dans le cas du
précédent article, elle ne peut être faite qu'en justice avec les formalités prescrites pour l'aliénation
des biens des mineurs. Les étrangers y sont toujours admis.

28.
97.

CXXX. Les partages faits conformément aux
règles ci-dessus prescrites soit par les tuteurs, avec
l'autorisation d'un conseil de famille, soit par les
mineurs émancipés assistés de leurs curateurs, soit
au nom des absens ou non présens, sont définitifs.
Ils ne sont que provisionnels, si les règles prescrites
n'ont pas été observées.

93.

CXXXI. Toute personne, même parente du défunt, qui n'est pas son successible, et à laquelle un
co-héritier aurait cédé son droit à la succession,
peut être écarté du partage, soit par tous les co-héritiers, soit par un seul, en lui remboursant le prix
de la cession.

CXXXII. Après le partage, remise doit être
faite

faite à chacun des co-partageans, des titres particuliers aux objets qui lui seront échus.

Les titres d'une propriété divisée restent à celui qui a la plus grande part, à la charge d'en aider ceux de ses co-partageans qui y auront intérêt, quand il en sera requis.

Les titres communs à toute l'hérédité sont remis à celui que tous les héritiers ont choisi pour en être le dépositaire, à la charge d'en aider les co-partageans, à toute réquisition. S'il y a difficulté sur ce choix, il est réglé par le juge.

SECTION II.

Des rapports.

ARTICLE CXXXIII.

Tout héritier, même bénéficiaire, venant à une succession, doit rapporter à ses co-héritiers tout ce qu'il a reçu du défunt, par donation entre-vifs, directement ou indirectement : il ne peut retenir les dons, ni réclamer les legs à lui faits par le défunt ; à moins que les dons et legs ne lui aient été faits expressément par préciput et hors part, ou avec dispense de rapport. 29. 77.

CXXXIV. Dans le cas même où les dons et legs auraient été faits par préciput ou avec dispense du rapport, l'héritier venant à partage ne peut les retenir que jusqu'à concurrence de la quotité disponible : l'excédent est sujet à rapport. 78.

CXXXV. L'héritier qui renonce à la succession, peut cependant retenir le don entre-vifs, ou réclamer le legs à lui fait, jusqu'à concurrence de la portion disponible. 79.

Tome   C

79.   CXXXVI. Le donataire qui n'était pas héritier présomptif lors de la donation, mais qui se trouve successible au jour de l'ouverture de la succession, doit également le rapport, à moins que le donateur ne l'en ait dispensé.

79.   CXXXVII. Les dons et legs faits au fils de celui qui se trouve successible à l'époque de l'ouverture de la succession, sont toujours réputés faits avec dispense du rapport.

Le père venant à la succession du donateur, n'est pas tenu de les rapporter.

79.   CXXXVIII. Pareillement, le fils venant de son chef à la succession du donateur, n'est pas tenu de rapporter le don fait à son père, même quand il aurait accepté la succession de celui-ci : mais si le fils ne vient que par représentation, il doit rapporter ce qui avait été donné à son père, même dans le cas où il aurait répudié sa succession.

79.   CXXXIX. Les dons et legs faits au conjoint d'un époux successible, sont réputés faits avec dispense du rapport.

Si les dons et legs sont faits conjointement à deux époux dont l'un seulement est successible, celui-ci en rapporte la moitié ; si les dons sont faits à l'époux successible, il les rapporte en entier.

30.   CXL. Le rapport ne se fait qu'à la succession du donateur.

30. 81.   CXLI. Le rapport est dû de ce qui a été employé pour l'établissement d'un des co-héritiers, ou pour le paiement de ses dettes.

30. 81. 166.   CXLII. Les frais de nourriture, d'entretien, d'éducation, d'apprentissage ; les frais ordinaires

d'équipement , ceux de noces et présens d'usage , ne doivent pas être rapportés.

CXLIII. Il en est de même des profits que l'héritier a pu retirer de conventions passées avec le défunt , si ces conventions ne présentaient aucun avantage indirect lorsqu'elles ont été faites.

CXLIV. Pareillement il n'est pas dû de rapport 82, pour les associations faites sans fraude entre le défunt et l'un de ses héritiers , lorsque les conditions en ont été réglées par un acte authentique.

CXLV. L'immeuble qui a péri par cas fortuit et 166. sans la faute du donataire , n'est pas sujet à rapport.

CXLVI. Les fruits et les intérêts des choses sujettes à rapport , ne sont dûs qu'à compter du jour de l'ouverture de la succession.

CXLVII. Le rapport n'est dû que par le co- 30. héritier à son co-héritier ; il n'est pas dû aux léga- 80. taires ni aux créanciers de la succession.

CXLVIII. Le rapport se fait en nature ou en 31. moins prenant.

CXLIX. Il peut être exigé en nature, à l'égard 31. des immeubles, toutes les fois que l'immeuble donné n'a pas été aliéné par le donataire, et qu'il n'y a pas, dans la succession , d'immeubles de même nature , valeur et bonté, dont on puisse former des lots à-peu-près égaux pour les autres co-héritiers.

CL. Le rapport n'a lieu qu'en moins prenant , 31. quand le donataire a aliéné l'immeuble avant l'ouverture de la succession ; il est dû de la valeur de l'immeuble à l'époque de l'ouverture.

c 2

CLI. Dans tous les cas , il doit être tenu compte au donataire des impenses qui ont amélioré la chose, eu égard à ce dont sa valeur se trouve augmentée au tems du partage.

CLII. Il doit être pareillement tenu compte au donataire des impenses nécessaires qu'il a faites pour la conservation de la chose, encore qu'elle n'ait point amélioré le fonds.

CLIII. Le donataire , de son côté , doit tenir compte des dégradations et détériorations qui ont diminué la valeur de l'immeuble, par son fait ou par sa faute et négligence.

CLIV. Dans le cas où l'immeuble a été aliéné par le donataire , les améliorations ou dégradations faites par l'acquéreur doivent être imputées conformément aux trois articles précédens.

CLV. Lorsque le rapport se fait en nature, les biens se réunissent à la masse de la succession , francs et quittes de toutes charges créées par le donataire ; mais les créanciers ayant hypothèque peuvent intervenir au partage pour s'opposer à ce que le rapport se fasse en fraude de leurs droits.

CLVI. Lorsque le don d'un immeuble fait à un successible avec dispense du rapport, excède la portion disponible, le rapport de l'excédent se fait en nature, si le retranchement de cet excédent peut s'opérer commodément.

Dans le cas contraire, si l'excédent est de plus de moitié de la valeur de l'immeuble , le donataire doit rapporter l'immeuble en totalité , sauf à prélever sur la masse la valeur de la portion disponible: si cette portion excède la moitié de la valeur de l'immeuble, le donataire peut retenir l'immeuble en totalité, sauf à moins prendre et à récompenser ses co-héritiers en argent ou autrement.

CLVII. Le co-héritier qui fait le rapport en nature d'un immeuble peut en retenir la possession jusqu'au remboursement effectif des sommes qui lui sont dues pour impenses ou améliorations.

CLVIII. Le rapport du mobilier ne se fait qu'en moins prenant.

Il se fait sur le pied de la valeur du mobilier lors de la donation, d'après l'état estimatif annexé à l'acte, et, à défaut de cet état, d'après une estimation par experts à juste prix et sans crue.

CLIX. Le rapport de l'argent donné se fait en moins prenant dans le numéraire de la succession.

En cas d'insuffisance, le donataire peut se dispenser de rapporter du numéraire, en abandonnant jusqu'à due concurrence du mobilier, et à défaut du mobilier, des immeubles de la succession.

SECTION III.

Du paiement des dettes.

ARTICLE CLX.

Les co-héritiers contribuent entr'eux au paiement des dettes et charges de la succession, chacun dans la proportion de ce qu'il y prend.

32. 83. 167.

CLXI. Le légataire à titre universel contribue avec les héritiers au prorata de son émolument ; mais le légataire particulier n'est pas tenu des dettes et charges, sauf toutefois l'action hypothécaire sur l'immeuble légué.

84. 168.

ç 3.

CLXII. Lorsque les immeubles d'une succession sont grevés de rentes par hypothèque spéciale , chacun des co-héritiers peut exiger que les rentes soient remboursées et les immeubles rendus libres avant qu'il soit procédé à la formation des lots. Si les co-héritiers partagent la succession dans l'état où elle se trouve, l'immeuble grévé doit être estimé au même taux que les autres immeubles ; il est fait déduction du capital de la rente sur le prix total ; l'héritier dans le lot duquel tombe cet immeuble, demeure seul chargé du service de la rente et il doit en garantir ses co-héritiers.

83.
168.

CLXIII. Les héritiers sont tenus des dettes et charges de la succession , personnellement pour leur part et portion virile, et hypotécairement pour le tout ; sauf leur recours , soit contre les co-héritiers, soit contre les légataires universels, à raison de la part pour laquelle ils doivent y contribuer.

CLXIV. Le légataire particulier qui a acquitté la dette dont l'immeuble légué était grévé, demeure subrogé aux droits du créancier contre les héritiers et successeurs à titre universel,

83.

CLXV. Le co-héritier ou successeur à titre universel qui, par l'effet de l'hypothèque, a payé au-delà de sa part de la dette commune, n'a de recours contre les autres co-héritiers ou successeurs à titre universel, que pour la part que chacun d'eux doit personnellement en supporter, même dans le cas où le co-héritier qui a payé la dette, se serait fait subroger aux droits des créanciers ; sans préjudice néanmoins des droits d'un co-héritier qui, par l'effet du bénéfice d'inventaire, aurait conservé la faculté de réclamer le paiement de sa créance personnelle comme tout autre créancier.

CLXVI. En cas d'insolvabilité d'un des co-héri- 168.
tiers ou successeurs à titre universel, sa part dans
la dette hypothécaire est répartie sur tous les autres
au marc le franc.

CLXVII. Les titres exécutoires contre le défunt 85.
sont pareillement exécutoires contre l'héritier per- 169.
sonnellement: et néanmoins le créancier ne pourra
en poursuivre l'exécution que huit jours après la
signification de ces titres à la personne ou au domicile de l'héritier.

CLXVIII. Ils peuvent demander, dans tous les
cas et contre tout créancier, la séparation des patrimoines du défunt d'avec le patrimoine de l'héritier.

CLXIX. Ce droit ne peut cependant plus être
exercé, lorsqu'il y a novation dans la créance contre
le défunt, par l'acceptation de l'héritier pour débiteur.

CLXX. Il se prescrit relativement aux meubles
par le laps de trois ans.

A l'égard des immeubles, l'action peut être exercée
tant qu'ils existent dans la main de l'héritier.

CLXXI. Les créanciers de l'héritier ne sont
point admis à demander la séparation des patrimoines contre les créanciers de la succession.

CLXXII. Les créanciers d'un co-partageant,
pour éviter que le partage ne soit fait en fraude de
leurs droits, peuvent s'opposer à ce qu'il y soit procédé hors de leur présence: ils ont le droit d'y intervenir à leurs frais; mais ils ne peuvent attaquer
un partage consommé, à moins toutefois qu'il n'y

ait été procédé sans eux, et au préjudice d'une opposition qu'ils auraient formée.

SECTION IV.

Des effets du partage et de la garantie des lots.

ARTICLE CLXXIII.

Chaque co-héritier est censé avoir succédé seul
et immédiatement à tous les effets compris dans son
lot ou à lui échus sur licitation, et n'avoir jamais
eu la propriété des autres effets de la succession.

92.
170.
CLXXIV. Les co-héritiers demeurent respectivement garans les uns envers les autres des troubles
et évictions seulement qui procèdent d'une cause
antérieure au partage.

La garantie n'a pas lieu, si l'espèce d'éviction
soufferte a été exceptée par une clause particulière
et expresse de l'acte de partage ; elle cesse, si c'est
par sa faute que le co-héritier souffre l'éviction.

CLXXV. Chacun des co-héritiers est personnellement obligé, en proportion de sa part héréditaire, d'indemniser son co-héritier de la perte que
lui a causée l'éviction.

Si l'un des co-héritiers se trouve insolvable, la
portion dont il est tenu, doit être également répartie entre la garantie et tous les co-héritiers sol-
vables.

CLXXVI. La garantie de la solvabilité du débiteur d'une rente ne peut être exercée que dans les
cinq ans qui suivent le partage. Il n'y a pas lieu à
garantie à raison de l'insolvabilité du débiteur,

quand elle n'est survenue que depuis le partage consommé.

SECTION V.

De la rescision en matière de partage.

ARTICLE CLXXVII.

Les partages peuvent être rescindés pour cause de violence ou de dol. 98.

Il peut aussi y avoir lieu à rescision, lorsqu'un des co-héritiers établit à son préjudice une lésion de plus du quart. La simple omission d'un objet de la succession ne donne pas ouverture à l'action en rescision, mais seulement à un supplément à l'acte de partage. 99.

CLXXVIII. L'action en rescision est admise contre tout acte qui a pour objet de faire cesser l'indivision entre co-héritiers, encore qu'il fût qualifié de vente, d'échange et transaction, ou de toute autre manière. 99. 171.

Mais après le partage ou l'acte qui en tient lieu, l'action en rescision n'est plus admissible contre la transaction faite sur les difficultés réelles que présentait le premier acte, même quand il n'y aurait pas eu à ce sujet de procès commencé. 100.

CLXXIX. L'action n'est pas admise contre une vente de droit successif, faite sans fraude à l'un des co-héritiers, à ses risques et périls, par ses autres co-héritiers ou par l'un d'eux. 101.

CLXXX. Pour juger s'il y a eu lésion, on estime les objets suivant leur valeur à l'époque du partage.

sont déférées par la force de la loi quand elle supplée au silence de l'homme.

Déjà vous concevez, citoyens Législateurs, combien il importe de se pénétrer de toutes les affections naturelles et légitimes lorsqu'on trace un ordre de successions : on dispose pour tous ceux qui meurent sans avoir disposé ; la loi présume qu'ils n'ont eu d'autre volonté que la sienne. Elle doit donc prononcer comme eût prononcé le défunt lui-même, au dernier instant de sa vie, s'il eût pu, ou s'il eut voulu s'expliquer.

Tel est l'esprit dans lequel doit être méditée une bonne loi sur cette matière. Que chacun descende dans son propre cœur, il y trouvera gravé en caractères ineffaçables le véritable ordre de succéder.

Le bienfait de la vie que des enfans tiennent de leur père est pour eux un titre sacré à la possession de ses biens. Voilà les premiers héritiers.

Il n'est pas dans l'ordre de la nature qu'un père ferme les yeux de son fils, mais lorsque l'ordre de la nature est interverti, quel Législateur pourrait enlever à un malheureux père la succession de ses enfans ?

Enfin, s'il n'existe pas des parens dans la ligne directe, les collatéraux les plus proches sont présumés de droit les premiers dans l'ordre des affections ; sans doute cette présomption n'a pas la même force que celle qui appelle respectivement les pères et les enfans. La nature avait en quelque manière établi entr'eux une communauté de biens, et leur succession n'est, pour ainsi dire, qu'une jouissance continuée ; il n'en est pas de même entre collatéraux : mais, dans le silence de l'homme, la loi n'a pu adopter à leur égard d'autre règle que la proximité.

Voilà en général l'ordre des successions, suivant le vœu de la nature. Malheur à ceux qui auront besoin de raisonnement et de discussion pour reconnaître une vérité toute de sentiment.

Mais ce principe général peut éprouver, dans son application, de grandes difficultés qu'il a été nécessaire de prévoir et de résoudre.

Elles peuvent naître sur l'époque précise de l'ouverture d'une succession, sur les qualités et les droits de ceux qui se présentent comme héritiers, sur les obligations dont ils sont tenus, sur la nature des biens, sur leur partage.

Je ramenerai toutes les questions à trois points fondamentaux : droits des héritiers légitimes, droits des appelés à défaut de parens, acceptation et partage des successions.

J'expliquerai les principes auxquels se rattachent les nombreuses dispositions de détail. Je ne pourrai peutêtre pas donner sur chaque base tout le développement dont elle serait susceptible ; mais je tâcherai, dans cette vaste matière, de saisir les motifs principaux. Votre sagacité suppléera facilement au reste.

La première question qui peut se présenter dans une succession, c'est celle de savoir à quelle époque elle est ouverte : on conçoit combien cette question est importante ; car les héritiers peuvent être différens suivant que la succession est ouverte ou plus tôt ou plus tard.

La réponse paraît facile. C'est à l'instant du décès que s'ouvre une succession ; c'est dans cet instant physique que l'héritier est censé prendre la place du défunt ; c'est ce que nos coutumes avaient si énergiquement exprimé par ces mots : *Le mort saisit le vif.* Les biens, les droits d'un défunt ne peuvent pas rester en suspens ; il est remplacé au moment où il décède, et il a pour héritier celui qui, à ce même instant, se trouve appelé par la loi.

Nulle différence sur ce point entre la mort naturelle et la mort civile ; c'est toujours l'époque de la mort qui saisit l'héritier.

Mais il peut arriver que plusieurs personnes dont les unes doivent succéder aux autres, décèdent dans un même évènement, et sans qu'on puisse connaître précisément laquelle est morte la dernière. C'est cependant celle-ci qui a hérité des autres, et dont la succession se trouve grossie des biens qui appartenaient aux premiers décédés.

Il a bien fallu recourir aux présomptions, à défaut de preuves, et donner des règles certaines pour déterminer un ordre dans lequel on doit supposer que les trépas se sont suivis.

C'est d'abord par les circonstances du fait qu'il faut

décider s'il est possible, la question de la survie ; mais si l'on ne peut tirer aucune lumière des circonstances du fait, c'est dans la force de l'âge ou du sexe qu'il faut puiser, je ne dirai pas des preuves, mais les conjectures les plus vraisemblables.

Dans l'âge où les forces humaines prennent de l'accroissement, le plus âgé sera présumé avoir survécu, comme étant le plus fort ; par la même raison, dans l'âge du dépérissement la présomption sera pour le moins âgé ; dans l'âge intermédiaire, on supposera que c'est le mâle qui aura survécu, comme le plus capable de résister, et si les personnes sont du même sexe, la présomption de survie qui donnera ouverture à la succession dans l'ordre de la nature sera admise.

Voilà, citoyens Législateurs, les règles adoptées par le projet. Elles ne sont pas nouvelles : elles avaient été sanctionnées par la jurisprudence, et je ne crois pas que, dans la fatale obscurité qui enveloppe un évènement de cette nature, on ait pu établir des règles sur des bases plus sages.

4. Au moment où la succession est ouverte, s'ouvre aussi le droit de l'héritier : la place du défunt ne peut pas rester vacante, ni le sort de ses propriétés incertain ; de-là il résulte que pour être habile à succéder à une personne, il faut nécessairement exister à l'instant de son décès ; et par conséquent, ni l'enfant qui n'est pas encore conçu, ni l'enfant qui n'est pas né viable, ne peuvent être héritiers : le néant ne peut pas occuper une place.

Celui qui est mort civilement n'est pas moins incapable de succéder : c'est le néant dans la vie civile.

5. Mais celui qui se trouve en effet parent au degré que la loi appelle à la succession héritera-t-il toujours et dans tous les cas ? La capacité qu'il tient de la nature ne pourra-t-elle pas être effacée par quelque vice inhérent à sa personne.

L'ordre de succéder établi par la loi est fondé sur une présomption d'affection du défunt pour ses parens plus proches. Or il est de la nature de toute présomption de céder à la vérité contraire, quand elle est démontrée, ou même à des présomptions plus graves.

Si l'héritier de la loi avait été condamné pour avoir tué

ou tenté de tuer le défunt ; s'il avait porté contre lui une
accusation capitale qu'on aurait déclarée calomnicuse ; si
étant majeur et instruit du meurtre du défunt il ne
l'avait pas dénoncé pour faire punir le meurtrier : la loi
qui l'appelle à la succession pourrait-elle s'accorder avec
la volonté présumée du défunt, et ce parent coupable ou
lâche devrait-il hériter de celui qu'il aurait assassiné ou
dont il aurait laissé les mânes sans vengeance ?

Non certainement : et celui-là ne peut réclamer les
droits de la nature qui en a abjuré tous les sentimens ;
cependant le défaut de dénonciation du meurtrier peut
quelquefois n'être pas l'effet d'une indifférence coupable.
Si le meurtrier était un père, un fils, un époux, le
silence ne serait-il pas un premier devoir, et comment la
loi pourrait-elle dans ce cas ordonner de le rompre ?

Nous avons donc pensé que le défaut de dénonciation
ne pourrait être opposé à ceux qui, unis avec le meurtrier par les liens d'une parenté étroite, ne pourraient
le dénoncer sans blesser les règles de la morale et de
l'honnêteté publique.

Nous n'avons pas jugé convenable d'étendre d'avantage
les causes d'indignité ; il ne faut pas, sous le prétexte
spécieux de remplir la volonté présumée d'un défunt,
autoriser des inquisitions qui pourraient être également
injustes et odieuses. C'est par ce motif que nous n'avons
pas cru devoir admettre quelques causes reçues cependant
dans le Droit romain, comme par exemple celles qui seraient
fondées sur des habitudes criminelles entre le défunt et
l'héritier, ou sur la disposition qu'on prétendrait avoir été
faite par l'héritier d'un bien du défunt avant son décès,
ou sur l'allégation que l'héritier aurait empêché le défunt
de faire son testament ou de le changer.

Ces causes ne présentent pas, comme celles que nous
avons admises, des points fixes sur lesquels l'indignité
serait déclarée ; elles portent sur des faits équivoques,
susceptibles d'interprétation, dont la preuve est bien difficile ; l'admission en serait par conséquent arbitraire.

Sans doute l'ennemi du défunt ne doit pas être son
héritier ; mais les causes d'indignité doivent être tellement
précises qu'on ne puisse se méprendre dans leur application : autrement, pour venger un défunt, on jetterait

dans toute sa famille des semences inépuisables de haine et de discorde.

6.   Après avoir déterminé l'instant où les successions sont ouvertes, et déclaré les qualités nécessaires pour être habile à succéder, des difficultés nouvelles, et plus sérieuses peut-être, ont dû nous occuper. Fallait-il distinguer dans une succession les différentes espèces de biens dont elle est composée, et l'héritier le plus proche est-il si invinciblement saisi que dans aucun cas il ne doive souffrir la concurrence d'un héritier plus éloigné ? Aura-t-on égard, dans la transmission des biens, à leur nature et à leur origine ? Admettra-t-on la représentation dans quelque cas ? Quel sera l'effet du double lien ?

Il existait entre les dispositions du droit romain et celles du droit coutumier une première différence qui en entraînait beaucoup d'autres.

A Rome, un mourant ne laissait qu'une succession ; elle était déférée au degré le plus proche.

Dans nos usages nous connaissions au contraire presque autant de successions que de natures de biens. Un mourant laissait un héritier des meubles et acquêts, un héritier des propres paternels, un héritier des propres maternels. La même personne pouvait quelquefois réunir toutes ces qualités, mais elles étaient souvent disséminées sur plusieurs têtes, qui pouvaient même n'être unies entr'elles par aucun lien de parenté.

Le desir de conserver les biens dans les familles, desir louable quand il est contenu dans de justes bornes, avait fait admettre dans nos mœurs la distinction des biens propres, c'est-à-dire des biens immeubles advenus par succession. Ce vœu de la conservation des biens ne se manifestait pas seulement dans les lois sur les successions ; il influait aussi dans les lois qui réglaient la liberté de disposer : un mourant ne pouvait pas transmettre ses propres, ou ne pouvait en transmettre qu'une faible partie ; la loi lui assignait un héritier qu'il n'était pas en son pouvoir d'écarter. Nous avions aussi des coutumes plus sévères et qui interdisaient la disposition, même entre-vifs, des biens échus par succession. Telle était enfin la tendance à conserver les propres dans les familles, que la disposition de ces biens à titres onéreux n'était pas entièrement libre. Un parent pouvait exercer

le

le retrait sur un acquéreur ; et cette faculté, qui ne se
proscrivait que par le laps d'une année, laissait pendant
tout ce tems sur la personne du propriétaire une incertitude également fâcheuse pour l'intérêt public et l'intérêt
particulier.

On conçoit sans peine que cette distinction de plusieurs successions dans une seule, et le concours d'héritiers différens, suivant les diverses origines des biens,
devait presque toujours entraîner de nombreuses contestations.

Enfin comment pouvait-on supposer qu'un ordre de
choses d'après lequel des héritiers très-éloignés et même
inconnus au défunt excluaient de proches parens qu'il
avait affectionnés dans le cours de sa vie ; comment,
disons-nous, pouvait-on supposer que cet ordre se
trouvait en accord avec la volonté présumée de l'homme
dont la succession était ouverte?

Nous n'avons pas cru convenable de conserver des distinctions qui ne tirent pas leur source des principes du
droit naturel et dont les effets nous ont paru beaucoup
plus nuisibles qu'utiles : nous ne connaissons qu'une seule
succession, et toute distinction résultante de la diverse
origine des biens est abolie.

Mais en adoptant sur cet article les principes du droit 7.
romain, nous n'avons pas dû rejetter ce qu'il pouvait y
avoir de bon dans les usages des pays coutumiers ; et
sans condamner les citoyens à des recherches longues et
ruineuses sur l'origine des biens qui composent une succession, nous avons cependant pourvu à l'intérêt des familles : toute succession déférée à des ascendans ou à des
collatéraux sera partagée en deux portions égales, l'une
pour la branche paternelle, l'autre pour la branche maternelle : ce n'est pas seulement une espèce de biens,
c'est la totalité de la succession qui sera ainsi divisée :
deux familles s'étaient unies par un mariage, elles resteront encore unies dans le malheur commun qui aura
enlevé les fruits de cette union. C'est ainsi que se concilie le vœu de la nature, qui semble appeler les parens
les plus proches, avec l'intérêt des deux familles dont le
défunt tirait son origine.

Une autre distinction était admise dans notre Droit : 8.

Tome   D

c'est celle de la nature des biens. On connaissait des biens nobles et des biens roturiers. Cette distinction avait introduit dans les successions autant de règles diverses que de coutumes, et notre législation ne présentait sur ce point qu'un amas de ruines entassées au hasard.

Le vœu de tous les hommes éclairés appelait depuis long-temps une réforme ; on voulait sur-tout dans les lois cette unité qui semble être de leur essence, puisqu'elles sont l'image de l'ordre éternel.

Mais pour remplir ce vœu il fallait un de ces grands évènemens qui déracinent les Empires et changent la face du monde. Il fallait qu'un grand peuple conspirât tout entier pour établir le regne de l'égalité sur la ruine des distinctions et des priviléges.

Je n'ai pas besoin de vous dire que le Code ne présente aucun vestige des dispositions écloses dans l'anarchie féodale. Vous ne voulez pas du privilége des terres plus que du privilége des races. Ce n'est pas, citoyens Légis-lateurs, que les services des pères doivent être perdus pour les enfans : loin de nous ces maximes funestes et anti-sociales qui étoufferaient dans l'homme le principe le plus pur et le plus actif d'une louable émulation ! mais la gloire des aïeux ne tiendra pas lieu d'énergie, de talens et de vertus ; les enfans qui n'auront hérité que du nom resteront accablés sous cet immense fardeau, et la naissance ne dispensera pas du mérite. Voilà l'égalité bien entendue ; voilà la véritable égalité.

9.   En vous présentant le tableau de l'ordre dans lequel les successions sont déférées, j'ai annoncé que la loi appelait les parens les plus proches : cette règle générale-lement vraie, serait cependant quelquefois injuste, si elle recevait toujours une application rigoureuse. De petits enfans qui auraient eu le malheur de perdre leur père, seraient-ils encore exposés au malheur d'être exclus par un oncle de la succession de leur aïeul.

Des neveux seraient-ils exclus de la succession de leur oncle, parce que celui-ci aurait survécu à leur père ? Ces exclusions s'accorderaient-elles avec la volonté présumée du défunt, et la loi qui les admettrait ne se trouverait-elle pas en contradiction avec les affections naturelles ? N'est-il pas au contraire plus juste de donner aux enfans, par une fiction favorable, le droit de représenter leur

père, et de prendre, comme s'il vivait encore, sa part
dans la succession ?

A Rome, la représentation dans la ligne directe descendante fut toujours admise. Justinien l'étendit à la
ligne collatérale en faveur des neveux qui, ayant perdu
leur père, se trouvaient exclus par un oncle de la succession d'un autre oncle.

Nos coutumes présentaient sur cette matière une diversité affligeante.

Les unes rejetaient le droit de représentation, même
en directe ; d'autres l'admettaient en ligne directe seulement. A Paris, la représentation en collatérale était reçue
suivant les dispositions du droit romain : quelques coutumes admettaient la représentation à l'infini dans les
deux lignes ; quelques autres ne l'admettaient qu'en faveur de certaines personnes et pour certains biens. Enfin,
il y avait encore une classe de coutumes, qu'on appelait
muettes, parce qu'elles ne s'expliquaient pas sur cette
matière.

Nous nous sommes rapprochés des dispositions du droit
romain, que nous avons cependant un peu étendues.

La loi qui exclurait la représentation en ligne directe
descendante serait une loi impie et contre nature.

Le besoin de la représentation ne se fait peut-être pas   10.
sentir aussi vivement en collatérale ; cependant la fiction
qui donne aux neveux la place de leur père est pour le
moins très-favorable. Là se bornaient les dispositions du
droit romain. Nous avons cru que la même faveur était
due aux petits-neveux, et que la représentation devait
être toujours admise dans la succession d'un oncle en faveur des descendans de ses frères et sœurs : nous avons
trouvé les mêmes motifs de convenance et d'affection
pour les petits-neveux que pour les neveux ; mais la représentation ne peut pas s'étendre plus loin. Si l'on voulait admettre cette fiction dans la succession des cousins,
il n'y aurait aucune raison pour s'arrêter, et nous aurions
dans notre code la représentation à l'infini, source inta-
rissable de procès.

J'ai déjà dit que la représentation était une fiction qui   11.
donnait aux enfans la portion qu'aurait eue leur père s'il
était encore vivant. Ils ne peuvent pas prétendre plus que

d 2

lui, en quelque nombre qu'ils se trouvent ; ils ne doivent donc former qu'une tête dans la succession, autrement la fiction qui les rappelle serait très-préjudiciable à leurs co-héritiers. Mais comme le trépas de leur père ne doit pas leur nuire, il ne faut pas non plus qu'il leur profite. C'est par cette raison que les partages doivent s'opérer par souche toutes les fois qu'il y a lieu à représentation.

12. La règle d'un partage égal entre les deux branches paternelle et maternelle nous a fourni un moyen simple, mais efficace, de couper cours à toutes les contestations que faisait naître le privilège du double lien sur le lien simple, c'est-à-dire le privilège de ceux qui descendent du même père et de la même mère, sur ceux qui ne descendent que de l'un des deux.

Justinien avait d'abord introduit dans les successions collatérales une préférence en faveur des frères et sœurs conjoints des deux côtés avec le défunt, sur les frères et sœurs qui ne lui tenaient que d'un seul côté. Bientôt il accorda la même préférence aux neveux et nièces qui tenaient au défunt par le double lien.

Nos coutumes présentaient sur ce point la même diversité que sur le droit de représentation. Quelques-unes rejetaient la prérogative du double lien, d'autres l'admettaient selon la disposition du Droit romain ; là, cette prérogative était étendue aux oncles ; ici, elle n'était accordée qu'aux frères et non aux neveux ; ailleurs elle n'était reçue que pour une certaine espèce de biens : enfin venait encore la classe des coutumes muettes, et les auteurs et la jurisprudence se trouvaient partagés sur la règle qu'on devait y suivre.

Toutes ces variations vont heureusement disparaître. Les parens utérins ou consanguins (qui ne sont liés que d'un côté,) ne seront pas exclus par les parens germains (ceux qui sont liés des deux côtés) ; mais ils ne prendront part que dans leur ligne ; les germains prendront part dans les deux lignes : ainsi le parent du côté du père aura sa part dans la moitié affectée à la branche paternelle, le parent du côté de la mère, partagera la moitié échue à la branche maternelle, le parent des deux côtés sera admis aux partages des deux portions.

Vous connaissez actuellement, citoyens législateurs, les bases fondamentales de la première partie du projet ; je

n'ai pas besoin d'entrer dans d'autres détails; les articles
sur les successions déférées aux descendans, aux ascendans, aux collatéraux, sont le résultat fidèle de ce que
vous venez d'entendre.

Je dois seulement, avant de passer à d'autres objets, 13.
vous dire un mot de quelques dispositions particulières
qu'il suffira d'exposer pour en prouver la nécessité et la
convenance;

1°. Les ascendans succéderont, à l'exclusion de tous
autres, aux choses par eux données à leurs enfans décédés
sans postérité.

2°. Lorsqu'un fils mourra sans postérité, s'il laisse des
frères et sœurs, la succession sera divisée, moitié pour
les père et mère, moitié pour les frères et sœurs; si le
père ou la mère sont morts, ceux-ci auront les trois-
quarts.

Nous avons encore sur ce point interrogé les affections
de la nature. Sans doute des pères et mères doivent succéder de préférence à des collatéraux; mais lorsque perdant un de leurs enfans, il leur en reste d'autres encore,
le partage de la succession entre les pères et les enfans
n'est-il pas dans l'ordre de la nature? Dans le Droit romain, les ascendans excluaient les frères utérins ou consanguins; ils concourraient avec les frères germains. Dans
la plupart de nos coutumes, les père, mère, aïeul et
aïeule succédaient aux meubles et acquêts; ils ne succédaient pas aux propres : dans quelques provinces, les
aïeul et aïeule ne succédaient pas, mais seulement les
père et mère. Nous avons substitué à ces dispositions diverses une règle juste, simple et d'une application facile.
Les père et mère partageront avec leurs autres enfans la
succession du fils décédé; ils auront chacun leur quart,
et les enfans l'autre moitié. Si l'un des père et mère était
décédé, les enfans auraient les trois quarts, qu'ils parta-
geraient entre eux par portions égales s'ils étaient du
même lit. S'ils sont de lits différens, il s'opère une division entre les deux lignes; chaque enfant prend sa part
dans la sienne; et s'il n'y a d'enfans que d'un côté, ils
recueillent le tout.

Des dispositions si conformes au vœu de la nature n'ont
pas besoin d'être expliquées.

d 3

Je passe à un autre article qui n'aura plus besoin d'apologie.

14. Lorsque le défunt laisse un père ou une mère, s'il ne laisse d'ailleurs ni descendans, ni frère, ni sœur, ni neveux, ni aucun ascendant dans l'autre ligne, nous avons conservé dans ce cas au père ou mère survivant, l'usufruit du tiers des biens dévolus aux collatéraux, faible consolation sans doute pour le père ou la mère, mais consolation qui pourra leur procurer du soulagement dans l'âge des infirmités et des besoins. Cette disposition est encore fondée sur la volonté présumée du fils qui certainement n'eût pas voulu, pour hâter la jouissance des collatéraux, laisser dans la détresse les auteurs de ses jours.

15. Enfin, nous avons pensé que les parens au-delà du douzième degré ne devaient pas succéder. Les relations de familles sont effacées dans un si grand éloignement, et une longue expérience nous a prouvé que des successions dévolues à de telles distances étaient toujours en proie à une foule de contestations qui concentraient pour ainsi dire toute l'hérédité dans la main des gens de justice; heureux encore lorsque la cupidité enflammée ne soutenait pas ses prétentions par de fausses généalogies, si difficiles à reconnaître quand il faut remonter à plusieurs siècles!

Voilà sur-tout ce que j'avais à dire sur cette première partie.

Je passe à la seconde, celle des successions qu'on nomme irrégulières, parce qu'elles ne sont plus déférées dans l'ordre d'une parenté légitime.

Les anciennes lois appelaient, à défaut de parens, l'époux survivant, et à son défaut le domaine.

16. Nous avons admis ces dispositions; mais n'y a-t-il pas des droits plus légitimes encore, et qui doivent précéder ceux du conjoint et de la République? Je veux parler des droits des enfans naturels qui ont été reconnus.

Déjà vous avez sanctionné par votre suffrage une loi qui doit en même temps préserver les familles de toute recherche odieuse de la part d'enfans dont les pères ne sont pas connus, et laisser aux pères la faculté de constater, par leur reconnaissance, l'état des enfans.

Si la nature réclame pour ceux-ci une portion de patrimoine paternel, l'ordre social s'oppose à ce qu'ils le reçoivent dans les mêmes proportions et au même titre que les enfans légitimes.

Il faut en convenir, on ne s'est jamais tenu dans une juste mesure envers les enfans naturels. Un préjugé barbare les flétrissait, même avant leur naissance; et pendant que nous punissions ces infortunés pour la faute de leurs pères, les vrais, les seuls coupables, tranquilles et satisfaits, n'éprouvaient ni trouble dans leur jouissance, ni altération dans leur considération personnelle.

Ce renversement de tous les principes ne devait pas subsister; et si nous ne sommes pas encore parvenus à imprimer au vice toute la flétrissure qu'il mérite, du moins nous avons effacé la tache du front de l'innocent. Nous avons aussi dû mettre un terme à une espèce de réaction qui tendait à couvrir les enfans naturels d'une faveur qui ne leur est pas due.

Ils ne partageront pas avec les enfans légitimes le titre d'héritier; leurs droits sont réglés avec sagesse, plus étendus quand leur père ne laisse que des collatéraux, plus restreints quand il laisse des enfans légitimes, des frères ou descendans.

Enfin, à défaut de parens, l'enfant reconnu succédera. 17. Remarquez, je vous prie, que cet avantage n'est accordé qu'à l'enfant reconnu : or, la reconnaissance d'enfans adultérins ou incestueux n'étant pas permise, suivant les dispositions de la loi sur la paternité et la filiation, ils ne pourront réclamer la portion des enfans naturels.

Cependant comme la recherche de la maternité, admise par la même loi, pourrait entraîner la preuve de commerces adultérins ou incestueux, il a bien fallu assurer des alimens aux fruits malheureux de ces désordres révoltans; mais on n'a pas dû pousser plus loin l'indulgence : il serait inutile de justifier devant vous cet article ; et puisse notre siècle être assez heureux pour n'être jamais témoin de son application !

Après avoir fixé les droits des enfans naturels contre la 18. succession de leur père, on a dû établir aussi quelques règles sur leur propre succession : elles sont en petit nombre. Les père ou mère qui auront reconnu un enfant naturel lui succéderont, s'il n'a pas laissé de postérité. Si les père ou mère sont précédés, les biens seulement que les enfans naturels en avaient reçus passeront aux frères ou sœurs légitimes; les autres biens seront recueillis par les frères ou sœurs naturels, et au surplus la loi générale sur les successions sera exécutée.

19.   Au défaut d'enfans naturels reconnus, s'ouvre le droit du conjoint survivant et ensuite celui de la République.

20.   Je ne ferai qu'une observation sur cette partie. Les successions irrégulières ne peuvent s'ouvrir que dans le cas où il ne se présente pas d'héritiers légitimes; mais ceux-ci ont le droit de réclamer tant que leur action n'est pas prescrite : il a donc fallu veiller à ce que les biens de la succession fussent conservés pour eux s'ils paraissaient un jour et dans un tems utile. On a dû par conséquent faire constater avec exactitude la masse des biens, et obliger les prétendans à faire un inventaire; on a dû pareillement les forcer à un emploi du mobilier, ou à donner une caution qui en réponde.

Mais il peut arriver qu'il ne se présente, pour recueillir une succession, ni parens, ni enfans naturels, ni époux survivans, ni même la République. La succession est alors vacante. Il faut cependant que les personnes qui ont des droits à exercer contre elle trouvent un contradicteur légitime de leurs prétentions; la loi leur en donne un dans la personne d'un curateur à la succession vacante. Le projet explique, dans une section particulière, comment sera nommé ce curateur, les formalités qu'il doit remplir, les obligations dont il est tenu; il indique la caisse dans laquelle on doit verser les fonds. Tout est prévu pour qu'aucune portion de l'actif ne soit soustraite, qu'aucun droit légitime ne soit éludé, et que le curateur, qui n'est qu'un agent de la succession, ne puisse, par sa négligence ou par ses infidélités, faire tort, soit aux créanciers, soit aux héritiers qui pourraient se présenter.

Me voici parvenu à la dernière partie du projet, à la manière d'accepter ou de répudier une succession, au mode du partage, à ses effets et à l'acquit des dettes.

La loi serait imparfaite, si elle ne renfermait pas tout ce qui peut avoir trait à une succession; si après avoir commencé par fixer l'instant où elle est ouverte, elle ne parcourait pas tout l'espace qui se trouve entre cette

première époque et le moment où toutes les difficultés sont
aplanies, toutes les opérations terminées par un partage
définitif et irrévocable qui, fixant la part de chaque héritier, et dans les biens et dans les charges, fait disparaître entr'eux toute indivision.

Les règles sur cette partie sont renfermées dans les
deux derniers chapitres du projet. Ils contiennent un
grand nombre d'articles qui présentent le développement
de quelques principes, dont l'exposition ne peut être ni
longue, ni difficile.

Deux intérêts opposés doivent toujours occuper le légis- 21.
lateur en matière de successions, celui des héritiers, celui
des créanciers.

L'héritier recueille les biens; mais la loi ne les lui transmet que sous l'obligation d'acquitter les charges.

Les créanciers peuvent exercer leurs droits contre l'héritier; mais la loi donne à celui ci un délai suffisant pour
connaître l'état de la succession, et pour réfléchir sur le
parti qu'il doit prendre, d'accepter ou de refuser. Il n'est
pas dans cette partie du projet une seule disposition qui
ne tende à conserver un juste équilibre entre des intérêts
également recommandables, pour ne jamais favoriser l'un
au préjudice de l'autre.

Les précautions ordonnées ne permettront, ni de se
soustraire à la qualité d'héritier quand on l'aura prise,
soit expressément, dans un écrit authentique ou privé,
soit tacitement en faisant des actes qui supposent nécessairement l'intention d'accepter, ni de charger de cette
qualité celui qui n'aurait pas voulu la prendre, et qui ne
l'aurait pas prise en effet, de manière à ne laisser aucun
doute sur sa volonté.

Tant qu'un héritier n'a accepté, ni expressément, ni 22.
tacitement, il conserve sans contredit la faculté de renoncer; et comme son acceptation le rend héritier du
moment de l'ouverture de la succession, l'effet de sa renonciation doit aussi remonter à la même époque, et il
est réputé n'avoir jamais été héritier.

Une renonciation appelle d'autres héritiers, elle inté- 23.
resse aussi les créanciers de la succession : un acte de cette
nature doit être nécessairement public; il sera fait au

greffe du tribunal d'arrondissement dans lequel la succession est ouverte.

24.   La clandestinité pourrait couvrir beaucoup de fraudes : il est inutile, sans doute, de dire que celui-là ne pourra pas exercer la faculté de renoncer à une succession qui en aurait diverti ou recélé quelques effets. Il n'est pas moins superflu d'annoncer ici qu'un héritier appelé à une succession utile ne saurait en frustrer ses créanciers par des renonciations dont il aurait peut-être touché secrètement le prix : la bonne foi doit être la base de tous les actes, et les créanciers ont toujours le droit d'accepter, du chef de leur débiteur, une succession qu'ils peuvent croire avantageuse.

25.   Mais ne doit-il pas y avoir un terme moyen entre l'acceptation pure et simple qui soumet l'héritier à toutes les charges sans exceptions, quoiqu'elles excèdent de beaucoup les bénéfices, et la renonciation qui le dépouille de tout sans retour, encore que par l'évènement l'actif se trouve surpasser de beaucoup les dettes? Laissera-t-on nécessairement l'héritier entre la crainte d'une ruine totale par une acceptation hasardée, et la certitude d'un dépouillement absolu par une renonciation méticuleuse?

Ces inconvéniens n'avaient pas échappé à nos jurisconsultes; ils avaient dû se faire sentir plus vivement encore chez les Romains, qui attachaient une espèce de honte à mourir sans héritiers. Pour rassurer sur le danger des acceptations on avait admis d'abord le droit de délibérer, qui donnait la possibilité de connaître l'état d'une succession : on accordait au moins un délai de cent jours à l'héritier qui le demandait, et pendant ce tems il pouvait prendre connaissance de tous les papiers et de tous les titres.

Cette précaution pouvait cependant se trouver encore insuffisante, et il arrivait qu'une succession acceptée comme bonne était mauvaise en effet, par les charges découvertes dans la suite et qu'on avait d'abord ignorées.

Justinien crut devoir rassurer entièrement les héritiers, en leur accordant la liberté d'accepter sous bénéfice d'inventaire : l'effet de cette acceptation était d'empêcher la confusion des biens d'une succession avec les biens personnels de l'héritier, d'où il résultait, 1°. que celui-ci n'était tenu des dettes que jusqu'à due concurrence du bénéfice; 2°. qu'il conservait l'exercice des actions personnelles qu'il pouvait avoir contre le défunt.

Une institution aussi sage a été admise dans les pays coutumiers. A la vérité comme le Droit romain n'y avait pas force de loi, celui qui voulait jouir du bénéfice d'inventaire était obligé d'obtenir des lettres du prince; mais elles s'expédiaient sans difficulté à la grande chancellerie : c'était une affaire de pure forme; il n'en est plus question depuis plusieurs années.

Nous n'avons pas dû repousser dans notre projet une faculté utile à l'héritier, et nullement préjudiciable aux créanciers.

L'héritier aura trois mois pour faire inventaire, et ensuite pour délibérer un délai de quarante jours, qui même pourra être prorogé par le juge, si des circonstances particulières lui en démontrent la nécessité. Pendant ce tems l'héritier ne peut être contraint à prendre qualité, et il ne peut être exercé de poursuite contre lui.

D'un autre côté il a été entièrement pourvu à l'intérêt des créanciers,

1°. Par l'obligation imposée à l'héritier de déclarer au greffe qu'il entend jouir du bénéfice d'inventaire;

2°. Par la nécessité de faire un inventaire fidèle qui constate le véritable état de la succession;

3°. Par les précautions prises pour empêcher le dépérissement ou la soustraction du mobilier;

4°. Par la déchéance prononcée contre l'héritier qui n'aurait pas compris tous les effets dans l'inventaire,

5°. Par les formes prescrites pour la vente des meubles et des immeubles;

6°. Par le compte rigoureux que l'héritier doit rendre de son administration.

C'est ainsi que les intérêts opposés de l'héritier et des créanciers ont été scrupuleusement respectés dans le projet, et il ne paraît pas que cette partie soit plus que les autres susceptible d'objections fondées.

Il ne me reste plus qu'à vous parler du partage des successions ; c'est l'objet du dernier chapitre, il présente 26. cinq sections : du partage et de sa forme, des rapports, du paiement des dettes, des effets du partage et de la garantie des lots, de la rescision en matière de partages.

C'est encore ici l'intérêt des héritiers et l'intérêt des
créanciers qu'il s'agit de protéger et de maintenir ; toutes
les dispositions de ce chapitre, comme celles du chapitre
précédent, ne sont que la conséquence de quelques principes dont la vérité ne peut être méconnue.

C'est d'abord un point constant que personne ne peut
être contraint de rester avec d'autres dans un état d'indivision. On peut donc toujours demander un partage, si
il est possible, ou la licitation, si le partage ne peut pas
s'opérer. Cependant il peut exister quelques causes légitimes de différer, et il n'est pas défendu de suspendre
l'exercice de cette action pendant un tems limité : une
pareille convention doit être exécutée.

27.   Lorsque le partage s'opère entre héritiers tous majeurs
et présens, ils sont libres d'y procéder dans la forme
qu'ils trouvent la plus convenable, et s'il s'élève des difficultés, c'est au tribunal du lieu où la succession est ouverte qu'elles doivent être portées.

28.   Mais dans le nombre des co-héritiers, il peut se trouver
des mineurs, des interdits, des absens, et il a fallu tracer
des règles pour maintenir dans leur intégrité des intérêts
qui furent toujours placés sous une surveillance spéciale
de la loi.

Le législateur doit éviter deux dangers avec le même
soin, celui de ne pas pourvoir suffisamment à l'intérêt du
plus faible, et celui de blesser les intérêts des majeurs,
en les tenant dans une longue incertitude sur la solidité
des actes : le projet a prévenu ces deux inconvéniens.

L'apposition des scellés, la nécessité d'un inventaire,
les estimations par experts, la formation des masses devant un officier commis à cet effet, les ventes par autorité et sous les yeux de la justice, le tirage des lots au
sort ; tout garantit, autant que possible, la conservation
rigoureuse de tous les droits, et dans les opérations préliminaires du partage, et dans le partage lui-même : l'on a
par conséquent dû établir pour règle, que les actes faits
avec toutes ces formalités par les tuteurs, sous l'autorisation d'un conseil de famille ou par les mineurs émancipés, assistés de leurs curateurs, seront définitifs. Ils ne
pourront être attaqués que pour des causes communes à
toutes les parties, telles que le dol, la violence, ou la
lésion de plus du quart.

Pour faire un partage, il faut de toute nécessité former 29. avant tout, la masse des biens à partager; cette masse se compose et des biens existans actuellement dans la succession, et de ceux que les héritiers peuvent avoir reçu du défunt pendant sa vie.

Dans le droit romain, les enfans venant à la succession de leur père n'étaient pas tenus de rapporter les donations qu'ils en avaient reçues, si elles leur avaient été faites en préciput et avec dispense de rapport.

Nos coutumes inclinaient plus fortement à maintenir l'égalité entre les héritiers; quelques-unes ne permettaient même pas de conserver, en renonçant, les avantages qu'on avait reçus, mais dans les autres on avait senti qu'il eût été injuste d'interdire la faculté de marquer une affection particulière à l'un de ses héritiers présomptifs. Celui-ci pouvait retenir l'objet donné en renonçant à la succession du donateur. Et comme on distinguait dans la même succession autant de successions différentes qu'il y avait de natures de biens, ou de coutumes diverses dans lesquels ces biens étaient situés, la même personne prenait la qualité de donataire ou de légataire dans certains biens ou dans certaines coutumes, et la qualité d'héritier dans les autres.

Ces distinctions subtiles font place à des règles plus simples et plus conformes aux notions communes de la justice. Une loi particulière renfermera dans des bornes convenables l'exercice de la faculté de disposer en faveur d'un héritier présomptif; le donateur, ou le testateur seront libres de déclarer que leurs libéralités sont faites par préciput, et leur volonté recevra son exécution jusqu'à concurrence de ce dont ils auront pu disposer. S'ils n'ont pas affranchi l'héritier de l'obligation du rapport, il ne pourra pas s'y soustraire; ainsi la volonté du défunt sera toujours la règle qu'on devra suivre tant qu'elle ne se trouvera pas contraire à la disposition de la loi.

De nombreuses difficultés s'élevaient autrefois sur les questions si un fils devait rapporter ce qui avait été donné à son père, un père ce qui avait été donné à son fils, un époux ce qui avait été donné à l'autre époux; mais la source de toutes ces contestations est heureusement tarie. Les donations qui n'auront pas été faites à la personne

que font éclore tous les jours mille circonstances im-
prévues, ou la malice inépuisable des plaideurs.

Malgré quelques dispositions bizarres qui ont échappé
à d'utiles et successives réformes, il sera encore nécessaire d'étudier dans nos coutumes l'histoire de la législation française, et d'y chercher les premières traces des
règles que nous avons dû en extraire comme plus adaptées
au génie français et à nos mœurs actuelles.

Mais c'est sur-tout dans les lois du peuple conquérant
et législateur, qu'on puisera, pour me servir des expressions d'un auteur moderne, ces principes lumineux et
féconds, ces grandes maximes qui renferment presque
toutes les décisions ou qui les préparent : c'est là qu'il
faut chercher, pour se les rendre familières et propres,
ces notions sûres et frappantes qu'on peut regarder
comme autant d'oracles de la justice.

Les compilations du droit romain ne sont pas, j'en
conviens, exemptes de quelques défauts, ni d'un désordre
qui doit en rendre l'étude pénible ; mais quel courage ne
serait pas soutenu par la perspective de cette riche et
abondante moisson qui s'offre au bout de la carrière? Les
lois romaines, tirant d'elles-mêmes toute leur force, sans
autre autorité que celle de leur sagesse, ont su com-
mander à tous les peuples l'obéissance et le respect ; un
consentement unanime les a honorées du titre de raison
écrite, et elles devront toujours être l'objet principal
des méditations d'un bon magistrat et d'un véritable juris-
consulte.

De tous les priviléges dont l'homme s'enorgueillit, je
n'en connais qu'un de réel : c'est celui de pouvoir s'ins-
truire et raisonner ; sans doute l'exercice de cette faculté est utile dans tous les états ; il est un besoin absolu
pour ceux qui prétendent à l'honneur d'éclairer ou de
juger leurs concitoyens.

Pardonnez, citoyens Législateurs, des réflections qui
ne tiennent peut-être pas directement à l'objet que j'ai
dû me proposer ; j'espère cependant que vous ne les
jugerez pas déplacées dans un siècle où l'on semble
épuiser toutes les ressources de l'esprit pour se dispenser
d'acquérir de la science.

Je

Je n'ajouterai qu'un mot : le projet que nous présentons, long-tems médité au Conseil d'Etat a encore acquis un degré de perfection par les observations des commissaires du Tribunat.

RAPPORT

FAIT au Tribunat, par CHABOT *(de l'Allier), au nom de la section de législation, sur le titre I er. du III e. livre du projet de code civil, relatif aux* Successions.

Séance du 26 germinal an 11.

CITOYENS TRIBUNS,

Nous commençons aujourd'hui la discussion du troisième livre du projet du code civil ; il a pour objet d'établir les différentes manières d'acquérir et de transmettre la propriété.

Le premier livre a réglé ce qui est relatif aux *personnes*.

Les deux autres régleront ce qui est relatif aux *biens*.

La propriété des biens s'acquiert et se transmet par succession, par donation entre-vifs ou testamentaire, et par l'effet des conventions.

Elle s'acquiert aussi par accession ou incorporation, et par prescription.

Il ne s'agit en ce moment que de la manière dont on acquiert et transmet la propriété par *succession*.

Avant l'établissement des sociétés civiles, la propriété était plutôt un fait qu'elle n'était un droit.

La nature a donné la terre en commun à tous les hommes ; elle n'en a point assigné à chacun d'eux telle ou telle portion.

Tome   E

La propriété particulière ne pouvait donc avoir d'autre origine que le droit du premier occupant ou le droit du plus fort : elle ne durait que par la possession, et la force aussi pouvait la détruire.

La société civile est la seule et véritable source de la propriété : c'est elle qui garantit à chaque individu ce qu'il possède à juste titre, et cette garantie est elle-même le but principal de la société ; elle est un des premiers élémens de son existence, de sa conservation et de sa prospérité.

Mais si l'homme, dans l'état de nature, n'avait pas le droit de propriété, il ne pouvait le transmettre, lorsqu'il mourait ; car on ne peut transmettre, on ne peut donner ce qu'on n'a pas.

La transmission des biens par succession n'est donc pas du droit naturel, mais du droit civil.

Par-tout, en effet, l'ordre des successions a été réglé par des lois positives, et cet objet important a trouvé sa place dans le code de tous les peuples.

Il appelle aujourd'hui vos méditations, citoyens Tribuns. La France entière attend avec la plus vive sollicitude que cette partie de la législation, si long-tems étouffée par une masse de systêmes qui variaient dans chaque pays, et ne présentaient le plus souvent qu'incohérence et obscurité, soit enfin ramenée à l'unité si désirable dans les lois, et réduite à des règles simples, claires et précises, qui soient en harmonie avec les droits de la nature, avec les affections légitimes des familles et les intérêts de la société.

Tels sont les caractères éminens de la loi proposée par le Gouvernement. Je n'aurai constamment qu'à faire ressortir la justice et la sagesse de ses dispositions, en vous présentant le résultat de l'examen qu'en a fait votre Section de législation.

La succession est la manière dont les biens, les droits, les dettes et les charges des personnes qui meurent, passent à d'autres personnes qui entrent en leur place.

On distinguait dans le droit écrit et dans le droit coutumier deux espèces de successions, celles qui étaient déférées par la volonté de l'homme, et celles qui étaient déférées par la force de la loi, quand le défunt n'avait point exprimé sa volonté.

On appelait successions *légitimes* celles qui n'étaient réglées que par la disposition de la loi, parce qu'elles faisaient passer les biens de ceux qui mouraient, sans en avoir disposé, aux parens appelés par la proximité du sang, qui sont en effet les héritiers légitimes qu'indique la nature.

Les successions déférées par la volonté de l'homme, avaient leur source dans des institutions d'héritiers, faites par testamens ou par contrats de mariage.

Les Romains avaient admis les institutions testamentaires par une disposition de la loi des Douze Tables : *Uti quisque legassit, suæ rei itâ jus esto;* et même, pour que la liberté de ces institutions fût entière et ne pût être gênée par aucune autre convention, ils n'avaient point admis les institutions par contrat de mariage : on essaya de les introduire sous l'empire de Dioclétien et de Maximien; mais on trouve dans la loi 3 au Code, *De pactis conventis super dote*, la preuve qu'elles furent rejetées.

Les institutions testamentaires étaient d'un usage universel dans les provinces de la France qui étaient régies par le droit romain : elles n'avaient été admises que dans un très-petit nombre de nos coutumes.

Les institutions contractuelles formaient, au contraire, le droit commun des pays coutumiers, et on les recevait même avec faveur dans les pays de droit écrit.

Cet ordre de choses subsista jusqu'au décret du 7 mars 1793, qui, en abolissant la faculté de disposer de ses biens, soit à cause de mort, soit entre-vifs, soit par donations contractuelles, en ligne directe, ne permit plus de faire dans cette ligne aucunes institutions d'héritiers.

Peu de tems après, cette faculté fut aussi interdite en ligne collatérale par la loi du 5 brumaire an 2.

La fameuse loi du 17 nivôse suivant adopta le même système; elle autorisa cependant à disposer du dixième de son bien en ligne directe, et du sixième en ligne collatérale, mais seulement en faveur des non-successibles.

Ainsi, à compter de la publication de ces lois, les institutions testamentaires et contractuelles ne furent plus permises : il n'y eut plus que des héritiers légitimes et des successions *ab intestat;* et tel est encore aujourd'hui l'état de notre législation.

La loi du 4 germinal an 8 n'a pas rétabli les institutions d'héritiers ; elle n'a fait que donner plus d'étendue à la faculté de disposer.

Vous aurez donc à examiner, citoyens Tribuns, en vous occupant de cette matière, si la faculté de disposer ne se trouve pas encore restreinte dans des bornes trop étroites, si même elle ne doit pas être illimitée en ligne collatérale, et s'il ne convient pas de rétablir les institutions d'héritiers que l'expérience de plusieurs siècles avait consacrées.

Mais ce n'est point ici le lieu d'examiner ces questions ; elles appartiennent au titre des donations et des testamens, qui bientôt vous sera présenté.

J'ai voulu seulement établir la distinction entre les successions *ab intestat*, et celles qui pourront être déférées par la volonté de l'homme, pour qu'on ne les confonde pas dans la discussion, leurs règles n'étant pas toujours les mêmes.

Le projet de loi que nous avons à discuter aujourd'hui traite successivement de l'ouverture des successions ; de la saisine des héritiers, des qualités requises pour succéder, de la représentation, des successions déférées aux descendans, de celles déférées aux ascendans, de celles déférées aux collatéraux, des droits des enfans naturels sur les biens de leurs pères et mères, de la succession aux enfans naturels décédés sans posterité, des droits du conjoint survivant et de la République, de l'acceptation et de la répudiation des successions, du bénéfice d'inventaire, des successions vacantes, de l'action en partage et de sa forme, des rapports, du paiement des dettes, des effets du partage et de la garantie des lots, enfin de la rescision du partage.

Mon intention n'est pas, citoyens Tribuns, de suivre en détail ce projet dans toutes ses parties ; il doit suffire d'en exposer le système et les principes, de les comparer avec les systêmes et les principes anciens, pour en marquer la différence et les avantages, et de tracer ensuite les règles générales qu'il établit.

Il serait inutile de s'arrêter à une foule de dispositions secondaires qui ne sont que des conséquences et ne contiennent que des développemens.

Je me bornerai donc à quelques points fondamentaux,

et, sur chacun d'eux, aux dispositions principales qui doivent régler toutes les autres.

J'examinerai, 1°. à quelle époque sont ouverts les droits des héritiers, et quelles sont les qualités requises pour succéder.

2°. Dans quel ordre les héritiers légitimes sont appelés aux successions ;

3°. Comment se fait entre eux la division des biens ;

4°. Quels sont les droits des enfans naturels sur les biens de leurs père et mère, dans le cas où il y a des héritiers ;

5°. Comment se règle la succession aux enfans naturels décédés sans postérité ;

6°. A qui passent les successions *ab intestat*, à défaut d'héritiers du sang.

Je terminerai la discussion par une simple analyse des dispositions les plus importantes sur l'acceptation et la répudiation des successions, sur les rapports, les dettes et les partages.

A quelle époque sont ouverts les droits des héritiers ?

Quelles sont les qualités requises pour succéder ?

33. Il est d'abord très-important de bien constater l'époque de l'ouverture des successions, pour connaître quels sont les véritables héritiers.

Les successions s'ouvrent par la mort naturelle et par la mort civile.

Lorsqu'un homme décède, la place qu'il laisse vacante est aussitôt remplie par ceux de ses parens qui sont appelés à sa succession. A l'instant même où la mort lui enlève ses droits, la loi les confère à ses héritiers : il n'y a pas de lacune, et c'est là l'origine de cette maxime du droit coutumier ; *la mort saisit le vif.*

La mort civile produit aussi les mêmes effets, parce qu'elle est dans l'ordre civil ce que la mort naturelle est dans l'ordre physique.

34. Mais l'époque du décès n'est pas toujours connue, et ne peut pas être toujours constatée d'une manière certaine. Alors, s'il y a concours d'héritiers, il devient nécessaire de suppléer aux preuves par des présomptions,

et le projet de loi s'est attaché à choisir les plus naturelles et les plus vraisemblables.

Ainsi, lorsque plusieurs individus respectivement appelés à la succession l'un de l'autre, périssent dans un même évènement, sans qu'on puisse reconnaître lequel est décédé le premier, la présomption de survie doit être déterminée par les circonstances du fait.

Mais si les circonstances du fait sont elles-mêmes inconnues, ou si elles ne donnent aucuns renseignemens, on ne peut plus établir la présomption de survie que sur la force de l'âge et du sexe.

Dans l'âge ou l'individu n'a pas encore la jouissance entière des forces physiques, c'est le plus âgé qui est censé avoir survécu dans un évènement commun, parce qu'il était le moins faible, et qu'il a pu se défendre plus long-tems contre le danger.

Par le même motif, dans l'âge où les forces décroissent, c'est le moins âgé qui est censé avoir survécu.

Dans l'âge de la force, on suppose que le mâle a survécu, si la différence de l'âge n'excède pas une année ; mais entre personnes du même sexe, la présomption de survie ne peut plus se trouver dans l'ordre de la nature, et c'est alors le plus jeune qui est présumé avoir survécu au plus âgé.

35.   Quand l'époque de l'ouverture des successions est connue ou fixée par la loi, il s'agit de rechercher quels sont, à cette époque, les héritiers légitimes, et quelles qualités ils doivent avoir pour succéder.

La loi ne peut évidemment reconnaître d'autres héritiers légitimes que les parens du défunt, pour les biens dont il n'a pas disposé lui-même. Il répugnerait à la raison qu'elle préférât les étrangers aux parens.

Les familles sont les premières sociétés que la nature ait formées entre les hommes : elle sont la source et la base de la grande société civile ; il est donc dans les intérêts de l'ordre social de respecter les liens qui unissent les membres des familles, de les fortifier, de les étendre; et le moyen le plus sûr à cet égard, c'est d'établir la successibilité entre les parens.

Ici, d'ailleurs, la loi, n'ayant d'autre office à remplir que de suppléer la volonté de l'homme qui est mort sans l'exprimer, doit régler la transmission de ses biens, comme il est présumable qu'il en eût disposé lui-même : elle doit lui donner pour héritiers ceux qui auraient été le sujet de son propre choix, et l'on doit supposer naturellement qu'il aurait choisi ses propres parens, lorsqu'il n'a pas manifesté de volonté contraire, parce qu'il doit être présumé avoir eu plus d'affection pour ses parens que pour des étrangers.

Mais il est un terme auquel s'éteint la parenté, et auquel doit aussi s'arrêter la successibilité.

L'ancien droit romain n'accordait pas le droit de succéder au-delà du septième degré de parenté : *Loi* 4, *D. De gradibus et affinibus*, mais Justinien étendit le droit jusqu'au dixième degré inclusivement.

En France, il passait en général pour constant qu'il n'y avait pas de restriction dans cette matière, lorsqu'il était question d'exclure le fisc ; et dans la coutume même de Normandie qui paraissait conforme à l'ancien droit romain, on suivait la computation canonique ; ce qui faisait le quatorzième degré en droit civil où l'on compte des deux côtés.

La faveur due à la famille, et le titre naturel qui l'appelle à la succession, ont motivé la disposition du projet de loi qui prolonge jusqu'à douze degrés civils la faculté de succéder.

Cependant cette faculté est soumise à des règles particulières, et l'on n'en jouit que lorsqu'on a les qualités requises par la loi.

Ainsi d'abord, suivant le titre premier du code civil, **36.** l'individu mort civilement est incapable de succéder : c'est une conséquence du principe que les successions sont de droit civil.

Il résulte aussi d'une autre disposition du même titre qu'un étranger n'est admis à succéder aux biens que son parent, étranger ou Français, possède dans le territoire de la République, que dans le cas et de la manière dont un Français succède à son parent possédant des biens dans le pays de cet étranger.

Mais une règle générale dans cette matière, c'est que, pour succéder, il faut nécessairement exister à l'époque de l'ouverture de la succession, et l'on en déduit la conséquence que celui qui n'est pas encore conçu, et

l'enfant qui n'est pas né *viable*, sont incapables de succéder.

C'est un principe du droit écrit, comme du droit
coutumier, que la capacité ou l'incapacité de l'héritier se
règle au tems où la succession est ouverte ; il faut donc,
pour être habile à succéder, exister réellement à cette
époque.

Cependant il n'est pas nécessaire que l'individu soit né,
pour être habile à succéder : il suffit qu'il soit conçu,
parce que l'enfant existe réellement dès l'instant de la
conception, et qu'il est réputé né, lorsqu'il y va de son
intérêt, suivant la loi *Antiqui* 3 ff. *si pars hered. petatur*,
les lois 7 et 26 ff. *De statu hom.*, et la loi dernière ff.
De ventre in possess. mitt.

Cette présomption de naissance qui équipole à la naissance elle-même pour déférer le droit d'hérédité, cesse
d'avoir lieu, si l'enfant ne naît pas, et s'il ne naît pas
viable.

Lorsque l'enfant n'est pas vivant en sortant du sein de
sa mère, il est censé n'avoir pas vécu pour succéder ; car
c'était dans l'espoir de la naissance qu'on le regardait
comme vivant dès l'instant de la conception, et si cet
espoir est trompé, la présomption qui le faisait regarder
comme vivant, ne peut plus être fondée sur la réalité.

Lorsque l'enfant n'est pas né viable, il est aussi réputé
n'avoir jamais vécu, au moins pour la successibilité : en
ce cas, c'est la même chose que l'enfant soit mort, ou
qu'il naisse pour mourir.

La loi 3, au code *De posthumis hæredibus instituendis*,
exige que l'enfant naisse parfait : *si vivus perfectè natus
est*, c'est-à-dire qu'il ait atteint le terme auquel il est
possible qu'il vive.

La loi 2 du même titre, et la loi 3, au *Digeste*, *De
suis et legitimis hæredibus*, en ont aussi une disposition
formelle.

Le projet de loi ne fixe aucune règle sur l'époque de
la viabilité ; il ne pourrait en donner qui fussent assez
sûres et précises ; les secrets de la nature à cet égard sont
impénétrables. Il a préféré de laisser les diverses questions qui pourront s'élever sur cette matière, aux jugemens des tribunaux, qui se décideront d'après les faits
et les circonstances particulières.

Mais on peut être capable de succéder et être exclus 37.
comme *indigne*.

Le projet de loi n'admet que trois cas d'indignité, et
n'exclut, sous ce rapport, que celui qui serait condamné
pour avoir donné ou tenté de donner la mort au défunt,
celui qui aurait porté contre le défunt une accusation
capitale jugée calomnieuse, et l'héritier majeur qui, instruit du meurtre du défunt, ne l'aurait pas dénoncé à la
justice.

Néanmoins, dans ce dernier cas, le défaut de dénon- 38.
ciation ne peut être opposé, ni aux ascendans et descendans du meurtrier, ni à son époux ou a son épouse,
ni à ses frères ou sœurs, oncles ou tantes, neveux ou
nièces.

Ces dispositions sont infiniment sages et morales, et
n'ont pas besoin d'être justifiées.

Il s'agit maintenant d'examiner dans quel ordre sont
appelés aux successions *ab intestat* les parens qui ont les
qualités requises pour succéder.

Dans quel ordre les héritiers légitimes sont-ils appelés aux successions ?

Les motifs qui font admettre pour seuls héritiers les 39.
membres de la famille, sont aussi les mêmes qui doivent
régler entre les parens du défunt l'ordre de la succession.
Celui-ci doit naturellement recueillir l'hérédité pour lequel
le défunt doit être présumé avoir eu le plus d'affection,
et le défunt doit être présumé avoir eu plus d'affection
pour celui avec lequel il était uni le plus étroitement par
les liens du sang, que pour les autres parens plus éloignés
en degré ; c'est donc en général le parent le plus proche
qui doit être appelé à la succession, et il est conforme
au vœu de la nature de régler ainsi l'ordre des successions
sur celui des affections.

Sans doute, la présomption que le défunt préférait son
parent le plus proche, n'est pas toujours la vérité, sur-
tout en ligne collatérale ; mais comme elle est la plus naturelle, la plus raisonnable, et en un mot la plus vraisemblable, la loi ne devait pas en admettre d'autre,
lorsque le défunt avait gardé le silence.

40.

Cependant cette règle générale reçoit une exception
dans le sens même de la présomption qui lui sert de
base ; et comme dans l'ordre des affections, il existe une
représentation réelle qui met les enfans à la place des
pères qui sont décédés et reporte sur eux toute la tendresse de la famille, la loi admet aussi une représentation qui met également, pour la successibilité, les enfans
à la place de leurs pères, et rapproche en quelque sorte
les degrés, comme l'affection du défunt les avait elle-
même rapprochés.

Cette représentation admise par la loi n'est qu'une
fiction ; mais elle est une image réelle de la vérité, et
sans elle la loi serait presque toujours en opposition avec
les affections du défunt, et violerait presque toujours ses
intentions.

L'aïeul aime ses petits enfans comme il aimait son fils :
ils lui tiennent lieu du fils qu'il a perdu, et le représentent à ses yeux ; ils ont dans son cœur la même
place que leur père y occupait, ils auront aussi dans sa
succession les mêmes droits. C'est son vœu le plus cher
que la loi vient remplir.

Le droit de représentation a subi quelques variations
dans le droit romain.

La représentation en ligne directe descendante ne fut
dégagée de toutes restrictions, et la représentation en
ligne collatérale ne fut établie, que par la novelle 118.

Suivant le chapitre premier de cette novelle, la succession d'un ascendant doit être partagée entre tous ses
enfans, en quelque degré qu'ils soient, sans distinction,
ni du sexe, ni des siens, ni des émancipés : le partage se
fait entre eux par têtes, s'ils sont au premier degré, et
par souches, s'ils viennent à titre de représentation.

Par le chapitre second, les ascendans sont appelés au
défaut de tous les descendans, mais sans représentation ;
seulement lorsqu'il se trouve plusieurs ascendans au même
degré, il se forme entre eux une espèce de représentation
ou d'accroissement, en vertu de laquelle les ascendans
paternels prennent la moitié de la succession, quoique ce
nombre soit plus petit d'un côté que de l'autre.

Le chapitre troisième introduit la représentation en
ligne collatérale ; mais il la borne aux enfans des frères,
et ne l'étend pas aux enfans des autres collatéraux qui

tous viennent par têtes, selon leur nombre et leur degré
de proximité, les plus proches excluant toujours les
plus éloignés.

La représentation fut admise dans les pays coutumiers;
mais elle n'y fut reçue, ni d'une manière égale, ni dans
toutes les coutumes.

Il y en a qui l'ont rejettée tant en ligne directe
qu'en ligne collatérale, comme Ponthieu, Artois et
Boulonnais.

D'autres l'ont admise en directe, et l'ont rejettée en
collatérale.

Plusieurs l'ont admise à l'infini dans l'une et l'autre
ligne.

D'autres l'ont étendue en collatérale au-delà des
termes de droit, sans la porter à l'infini comme en
directe.

Quelques-uns l'admettant à l'infini en ligne directe, lui
ont donné en ligne collatérale plus d'étendue pour certaines espèces de biens que pour d'autres.

Plusieurs encore ne l'ont admise que pour certaines
personnes et des biens d'une nature particulière.

Mais dans le plus grand nombre, elle a été reçue dans
les termes de droit, c'est-à-dire jusqu'à l'infini en ligne
directe, et jusqu'aux enfans des frères du défunt en ligne
collatérale.

Pour ramener sur tous ces points à une législation
uniforme, il fallait choisir entre le droit écrit et les
divers usages des pays coutumiers, ce qui était le plus
conforme à la nature et à la présomption de la volonté
du défunt.

Or, point de difficulté en ligne directe descendante. 41.
L'affection de l'homme s'étend à tous ses descendans; tous
lui sont également chers. Ceux qui survivent, remplacent
dans son cœur ceux qui sont décédés; tous sont ses
enfans; la représentation ne doit donc pas avoir de limites en ligne directe descendante.

Il n'en est pas de même en ligne directe ascendante. 42.
L'enfant doit avoir et a réellement plus de tendresse
pour son père que pour son aïeul, et plus ses ascendans
sont éloignés de lui, moins il éprouve pour eux de cette

affection vive et spontanée que la nature elle-même inspire.

Les ascendans les plus proches doivent donc exclure des successions les ascendans les plus éloignés, et il ne peut y avoir entr'eux de représentation.

Il semble d'ailleurs que la représentation ne puisse avoir lieu qu'en remontant, et jamais en descendant.

43. Il y a plus de difficulté à l'égard de la ligne collatérale.

La représentation dans cette ligne doit-elle être bornée aux enfans des frères et sœurs du défunt, ou bien doit-elle être étendue à tous les descendans des frères et sœurs, ou enfin doit-elle être illimitée comme en ligne directe, et s'étendre à tous les parens collatéraux ?

Ces trois systèmes partageaient nos coutumes, et chacun d'eux a ses partisans et ses défenseurs.

Mais, pour décider quel est celui qui mérite la préférence, il ne s'agit toujours, en restant fidèles à notre principe, que de vérifier quel est le plus conforme au vœu de la nature, à l'ordre des affections, et à la présomption de la volonté du défunt.

L'homme qui n'a pas d'enfans, et qui perd un frère qu'il aimait, reporte naturellement son affection sur tous les descendans de ce frère. Ses neveux, ses petits neveux sont toujours pour lui ce qu'était son frère, dont ils prennent successivement la place, et qu'ils lui représentent tous également.

Il existe d'ailleurs une sympathie admirable entre la vieillesse et l'enfance ; on voit chaque jour que les petits enfans et les petits neveux sont précisément ceux auxquels s'attachent plus particulièrement les aïeuls et les grands oncles, et cet intérêt devient encore bien plus vif, lorsque ces enfans sont orphelins, et que leurs innocentes caresses semblent demander à leurs aïeuls et à leurs grands oncles de leur tenir lieu de père et de mère.

Imitant la nature qui a établi une succession d'amour et de tendresse entre les frères et leurs descendans, la loi doit donc aussi établir entre eux la succession de biens.

Gardons-nous de rompre trop vite, par nos institutions, les liens qui unissent les familles ; cette union fait le bonheur des Etats.

Mais aussi la loi ne doit pas aller plus loin que la nature elle-même, et supposer des affections égales, lorsque réellement elles n'existent pas.

Etendre la représentation à tous les parens collatéraux sans distinction, la faire remonter jusqu'aux oncles et grands oncles et à leurs enfans et descendans, mettre en concurrence des cousins et des arrière-petits cousins avec les descendans des frères et sœurs, c'est supposer que le défunt avait la même tendresse pour les uns et pour les autres, et cette supposition est contre la nature et la vérité, ou au moins contre la présomption la plus raisonnable. Le cœur de l'homme ne met pas ordinairement sur la même ligne les descendans des oncles et des grands oncles et les descendans des frères et des sœurs ; toute la ligne des frères et sœurs lui tient évidemment par des liens plus proches et conséquemment plus chers, et c'est une chose bien vraie, que la tendresse qui coule, comme de source, dans les lignes égales ou descendantes, ne remonte pas avec la même intensité aux lignes ascendantes.

Borner la représentation en ligne collatérale aux enfans et descendans des frères et des sœurs, c'est donc avoir suivi la nature dans l'ordre de ses affections ; et toutes les fois qu'on la prend pour guide, il est rare qu'on se trompe.

Il faut encore, dans cette matière comme dans toutes les autres, consulter les intérêts de la société, auxquels doivent être toujours subordonnés les intérêts individuels.

Or, si l'on admettait la représentation à l'infini, il y aurait presque toujours, pour chaque succession collatérale, un grand nombre d'héritiers, et l'agriculture et le commerce réclament pour que les biens des successions ne soient pas trop divisés.

Appeler à une succession un grand nombre d'héritiers, c'est d'ailleurs ne donner le plus souvent à chacun d'eux que des embarras et des procès.

Après avoir fait connaître l'origine et les motifs de la représentation, il faut en déterminer les règles et les effets.

D'abord, on ne représente pas les personnes vivantes, mais seulement celles qui sont mortes naturellement ou civilement.

Cette maxime est établie par Dumoulin : *rursus nota*
dit-il , *quod representatio numquàm est de personnâ
vivente , sed tantùm de parente mortuo naturaliter aut
civiliter.*

C'était aussi la disposition du droit écrit.

Il est évident qu'on ne peut pas entrer dans la place
de celui qui est vivant et qui remplit son degré.

45.   Mais lorsqu'un individu appelé à recueillir une succession y a renoncé gratuitement, ne peut-on pas le représenter, puisqu'il ne remplit pas son degré ?

Cette question a été long-tems controversée parmi les
jurisconsultes.

Le projet de loi la résout d'une manière conséquente
au principe de la représentation, et conformément à la
jurisprudence la plus suivie.

Les articles 6 et 7 disposent qu'on ne vient jamais
par représentation d'un héritier qui a renoncé, que sa
part accroît à ses co-héritiers, et que, dans le cas seulement où il est seul, sa portion est dévolue au degré
subséquent.

En effet, s'il y a d'autres héritiers en pareil degré que
le renonçant, ceux qui voudraient prendre sa part, ne
pourraient la réclamer qu'en prenant sa place par représentation ; mais on ne peut représenter un homme
vivant.

Si le renonçant avait pour co-héritiers présomptifs des
parens plus éloignés que lui à la vérité, mais rapprochés
de son degré par le bénéfice de la représentation, il est
certain encore qu'on ne pourrait prendre sa place pour
concourir avec ses co-héritiers, qu'en le représentant lui-
même.

Mais s'il était seul héritier, alors ses parens n'auraient
pas besoin de le représenter pour venir à la succession à laquelle il aurait renoncé ; ils la prendraient, non point à
titre de représentation, mais de leur chef, et à titre de
dévolution , conformément à l'édit du préteur appelé *suc-
cessorium.*

Les mêmes règles doivent évidemment s'appliquer au cas
où le plus prochain héritier serait mort, sans avoir accepté ni renoncé. Ses parens ne pourraient recueillir la
succession à laquelle il avait droit, que comme ses héritiers *personnels*, et non comme le représentant. L'héré-

dité qui lui était échue se trouverait dans sa propre succession, et ne pourrait en être distraite par des parens
qui voudraient le représenter dans un moment où il
vivait.

Il y aurait beaucoup d'inconvéniens à permettre qu'un
homme fît passer à ses enfans une succession qui lui serait
échue, sans avoir pris lui-même le titre d'héritier : il
trouverait ainsi le moyen de frustrer ses créanciers, et
l'on verrait souvent en pareille matière des fidéi-commis
frauduleux.

On peut cependant représenter celui à la succession du- 46.
quel on a renoncé, mais après sa mort seulement. En ce
cas, ce n'est pas de la main du représenté, mais de la
loi même que le parent tient ses droits : il prend, il est
vrai, la place du représenté ; mais ce n'est pas la volonté du représenté qui la lui donne, c'est la disposition
de la loi.

L'homme ne peut transmettre ses droits qu'à celui qui
lui succède : mais la représentation n'est pas une transmission ; c'est une subrogation entre les parens, qui n'est
établie que par la loi, et qui n'est pas au pouvoir de
l'homme.

Il y a d'ailleurs un grand motif d'équité pour qu'on
puisse prendre une succession à laquelle on est appelé
par la proximité du sang et par la loi, sans être obligé
d'accepter la succession onéreuse de celui qui était de son
vivant, le plus proche en degré. Les enfans dont le père
a été dissipateur, trouvent ainsi dans les successions de
leurs aïeux des moyens d'existence. Appelés par la nature
à ces successions, ils ne doivent pas en être privés par la
faute de leur père, et les créanciers du père ne peuvent
s'en plaindre, puisqu'ils n'ont jamais eu de droits sur des
successions qui ne sont échues qu'après la mort de leur
débiteur, et qu'ils n'auraient pas plus d'avantages, si les
successions étaient recueillies par d'autres que les représentans du débiteur.

J'ai prouvé, citoyens Tribuns, que les successions *ab
intestat* doivent être déférées aux parens qui sont les
plus proches, ou de leur chefs, ou par représentation.

Mais l'homme a des parens de deux lignes : il tient à 47.
deux familles, à celle de son père et à celle de sa mère ;

il est présumé avoir une affection égale pour ses parens de l'un et de l'autre côté, et il a d'ailleurs des biens qui proviennent de l'une et de l'autre ligne.

Ses parens des deux lignes doivent donc être également appelés à sa succession ; et pour que l'une ne soit pas entièrement exclue par l'autre, le projet de loi admet, lorsqu'il n'y a pas d'enfans ou descendans, le parent le plus proche du côté paternel, et le parent le plus proche du côté maternel.

C'est le vœu de la nature d'accord avec la justice.

C'est d'ailleurs resserrer les liens des deux familles que d'établir entre elles le droit de successibilité réciproque.

48.   Cependant, après cette division entre la ligne paternelle et la ligne maternelle, il ne doit plus s'en faire d'autre entre les diverses branches de chaque ligne.

Le système de fente et de refente qu'on avait cru voir dans la loi du 17 Bivôse an 2, aurait étendu beaucoup trop loin le droit de succéder, et chaque succession eût été encore morcelée entre une foule d'héritiers.

Dans chaque ligne, le parent le plus proche en degré, ou de son chef, ou par représentation, sera seul héritier, sans descendre jusqu'aux diverses branches de la ligne, pour y faire encore la distinction de parens paternels et de parens maternels dans cette ligne. Qu'il soit de l'un ou de l'autre côté, ou des deux à la fois, peu importe, pourvu qu'il soit dans la ligne le plus proche du défunt.

49.   Mais les individus qui sont tout à la fois parens du côté du père et du côté de la mère, excluront-ils ceux qui ne sont parens que de l'un des côtés ? C'est la question *du double lien,* qui mérite d'être examinée.

Le privilége du double lien consistait en ce que des parens qui étaient unis tout à la fois du côté du père et du côté de la mère, eussent le droit de se succéder, en tout ou en partie, dans de certains degrés, ou même à l'infini, à l'exclusion des parens qui n'étaient joints que d'un côté seulement.

Ainsi les frères utérins ou consanguins étaient exclus par les frères germains, et même par les neveux qui étaient de l'un et de l'autre côté.

Ce privilége n'était pas connu dans l'ancien droit romain, et il ne pouvait y être admis, puisque les parens maternels

n'y

n'y succédaient pas, et que tous les droits de succession dérivaient de la parenté paternelle et de la proximité du degré, sans aucune représentation en ligne collatérale.

Il n'en fut question ni dans le Digeste, ni dans le code ; et ce ne fut que par la novelle 118 qu'il fut établi.

Nous n'examinerons pas s'il était déjà connu dans la France, ou s'il n'y fut introduit qu'avec les lois romaines.

Mais il ne fut reçu dans nos coutumes qu'avec des modifications infiniment variées, soit à l'égard des personnes, soit à l'égard des biens, auxquels il fut appliqué.

Il est d'abord un grand nombre de coutumes qui l'ont expressément rejeté, notamment celles de Paris et de Bordeaux.

D'autres n'en ont pas fait mention ; et celles qui l'ont reçu, se divisent en neuf classes, à raison de leurs différences sur les personnes qu'elles admettent au privilége.

Elles diffèrent aussi beaucoup entre elles et avec le droit écrit, quant aux biens.

De sorte qu'il y avait dans les diverses provinces la plus grande variation sur la prérogative du double lien.

Il eût fallu la refondre dans une législation uniforme, si le système avait été bon en lui-même ; mais il est évidemment contraire à la justice et à la raison.

Comment, en effet, serait-il juste, comment serait-il raisonnable, que l'individu qui est parent d'un côté, n'eut pas au moins une portion des biens attribués à la ligne par laquelle il tient à celui dont la succession est ouverte, s'il n'y a pas dans cette ligne un autre parent plus proche en degré ?

Que l'individu qui est parent des deux côtés, prenne dans les deux lignes, cela est équitable ; mais lorsque dans une des lignes il y a un autre parent *égal en degré*, ce parent a évidemment autant de droits aux biens attribués *à cette ligne*, que celui qui est parent des deux côtés : donner le tout à celui-ci, et ne rien donner à celui-là, c'est donc une injustice.

Ainsi, le frère germain vient à la succession pour la ligne paternelle et pour la ligne maternelle, parce qu'il tient aux deux lignes. Il prendra tout ce qui est attribué à la ligne maternelle, s'il n'a qu'un frère consanguin qui est étranger à cette ligne ; ou bien il prendra tout ce qui

Tome F

est attribué à la ligne paternelle, s'il n'a qu'un frère utérin qui est également étranger au côté paternel : point de difficulté à cet égard. Mais pourquoi donc aurait-il le droit de tout prendre dans la ligne où il se trouve un autre frère ? Issus, l'un comme l'autre, de cette ligne, égaux en degré, n'est-il pas de toute justice qu'ils partagent entre eux également les biens qui sont attribués à cette ligne à laquelle ils appartiennent au même titre ?

Nos aïeux le pratiquaient ainsi : ils donnaient deux portions aux frères germains, et une seulement aux frères consanguins, dans les meubles et les acquêts du défunt, et cette règle était suivie, non-seulement entre frère, mais encore dans les degrés ultérieurs de la ligne collatérale, ainsi que l'atteste l'auteur du grand coutumier.

On divisait aussi les biens en deux lignes, l'une du côté du père, l'autre du côté de la mère : les frères germains prenaient une part dans chaque ligne, et les demi-frères ne prenaient leur part que dans la ligne dont ils procédaient.

Telle est encore la disposition de plusieurs coutumes, notamment de celles d'Anjou et du Maine, qui conservent tant de traces de notre ancien droit.

Et telle est aussi la disposition que le projet de loi propose de consacrer irrévocablement, parce qu'elle est la plus juste, la plus raisonnable, et la plus conforme à l'ordre de la nature.

J'ai fait connaître, citoyens Tribuns, l'ordre suivant lequel doivent être appelés aux successions les héritiers légitimes.

Il me reste à exposer les principes d'après lesquels doit s'opérer entr'eux la division des biens.

50. Il est d'abord sans difficulté que ceux qui sont héritiers au même degré, doivent partager entr'eux *par têtes*, puisqu'ils ont tous les mêmes droits, et cette règle doit aussi s'appliquer à tous ceux qui sont appelés de leur chef, sans le secours de la représentation.

Mais lorsque la représentation a lieu, tous les représentans ne peuvent avoir conjointement que les droits qu'avait le représenté ; ils ne doivent donc avoir entr'eux tous que la part qu'il aurait eue, et conséquemment ils ne partagent que par souche avec les autres héritiers ; mais ensuite ils divisent entr'eux par tête la portion du représenté, parce qu'entr'eux chacun a des droits égaux sur cette portion.

Ici se présente, citoyens Tribuns, la question de savoir si l'égalité doit être rigoureusement établie dans le partage des successions *ab intestat*, et si la loi seule peut et doit y porter atteinte, indépendamment de la volonté de l'homme, et même contre sa volonté.

Cette question est du plus grand intérêt, et mérite de fixer particulièrement votre attention.

Il n'y avait rien de plus recommandable que l'égalité de partage entre les enfans, suivant le chapitre dernier de la novelle 22 *de nuptiis*, et la loi 77, § *evictis de legat.* 2.

Cette égalité entre les enfans est un droit de la nature elle-même, et cependant combien de nos coutumes l'avaient violé!

En examinant la distinction qu'elles établissaient entre les mâles et les filles, entre les aînés et les puinés, on serait tenté de croire qu'elles ne regardaient pas les filles comme des enfans légitimes, et qu'elles doutaient de la légitimité des puinés.

La totalité des successions appartenait aux mâles : la moindre dot, un simple chapeau de roses composait la légitimité des filles.

Mais parmi les mâles, les aînés emportaient presque tout, et les puinés étaient traités à peu près comme les filles.

De là, les dissentions dans les familles, la discorde parmi les enfans, et ces inégalités choquantes qui comblaient de richesses les aînés, et réduisaient les puinés et les filles à un état misérable.

Ces enfans deshérités n'avaient le plus souvent d'autre ressource que de s'ensevelir dans les cloîtres où ils gémissaient pendant leur vie entière, victimes innocentes de la barbarie des lois et de la dureté de leurs parens.

Mais il fallait soutenir l'éclat des familles, il fallait soutenir l'honneur d'un grand nom, et comme alors l'éclat et l'honneur résidaient dans les richesses et dans la puissance, et non dans les vertus et les talens, on sacrifiait sans pitié à de vaines chimères, le bonheur de ses enfans, et pourvu que l'un d'eux pût jouer un rôle brillant dans le monde, on voyait avec une froide indifférence la situation déplorable de tous les autres.

Telle fut la cause de ces guerres toujours existantes entre les aînés et les cadets, de ces jalousies que le malheur aigrissait sans cesse, de ces haines profondes et invétérées qui avaient rompu tous les liens des familles, qui ont produit tant de crimes et qui se sont développées de nos jours avec tant de force.

Chez les Romains, le droit d'aînesse et d'exclusion légale des filles étaient méconnus, *ff. emancipi. 9. aux instit. de hœredit. quœ ab intest. defer.*

Cependant la loi des Douze Tables avait attribué les successions aux héritiers siens à l'exclusion des émancipés, et aux parens du côté des mâles à l'exclusion des parens du côté des femmes.

Mais l'empereur Justinien effaça ces distinctions par la novelle 118, restitua à tous les enfans des droits égaux, rappela tous les parens du côté paternel et du côté maternel à la succession légitime, selon le degré de parenté de chacun d'eux, et cette novelle qui forme le dernier état de la législation romaine, était constamment suivie dans les pays de droit écrit.

Ce fut le régime féodal qui introduisit en France une législation contraire, et l'on sait qu'elle ne remonte pas à une date fort ancienne.

Sous les deux premières races de nos rois, l'aîné partageait également avec ses frères et sœurs dans les possessions féodales, comme dans les autres biens ; on en trouve la preuve dans cette loi d'Édouard le confesseur : *Si quis intestatus obierit, liberi ejus succedunt in capita.*

Mais lorsque la révolution eut porté les Capétiens sur le trône, les propriétaires des grands fiefs s'étant réunis pour secouer le joug de l'autorité royale, et bientôt, à leur exemple, tous les seigneurs voulant acquérir de nouvelles prérogatives, le droit d'aînesse fut établi, afin de réunir dans une même main toute la puissance du père et des moyens assez forts pour soutenir ses prétentions.

L'usage s'établit donc d'abord de donner toutes les possessions féodales à l'aîné mâle. Cet ancien droit est consigné dans l'assise de Geoffroy, comte de Bretagne, de l'an 1185. *Majores natu integrum dominium obtineant, et junioribus, pro posse suo, provideant de necessariis, ut honestè viverent.*

A l'imitation des grands, les roturiers voulurent aussi

faire des avantages considérables aux aînés, dans l'espoir de relever leurs familles, et le droit d'aînesse fut établi pour les biens en roture, comme il l'avait été pour les fiefs.

L'exclusion des filles eut la même origine et les mêmes motifs.

Mais comme ce qui est injuste devient toujours arbitraire, les coutumes varièrent à l'infini sur le droit d'aînesse et l'exclusion des filles.

Les unes n'admettaient le droit d'aînesse qu'en ligne directe; les autres l'admettaient en ligne collatérale.

Les unes n'accordaient qu'un préciput; les autres accordaient, en outre, une portion avantageuse; quelques-unes même ne reconnaissaient pour seul héritier que l'aîné, ne réservant qu'une faible portion aux puînés.

Les unes donnaient le préciput à la fille, si elle était l'aînée des enfans; les autres l'attribuaient aux mâles, quoique puînés.

Les unes distinguaient dans le partage des successions, la qualité des biens, et voulaient que ceux possédés noblement se partageassent d'une manière, et ceux en roture d'une manière différente; les autres confondaient à cet égard les biens nobles et les biens en roture.

Les unes distinguaient la qualité des personnes et n'accordaient qu'aux nobles le droit d'aînesse; les autres l'accordaient aussi aux roturiers, et au nombre de ces dernières se trouvait la coutume de Paris qui formait le droit commun dans toutes celles qui n'avaient point de dispositions contraires.

Quant aux exclusions des filles, il y avait aussi une foule de variations et de différences dans les coutumes.

Dans les unes, il suffisait pour que la fille fût exclue, qu'elle eût été dotée ou par son père, ou par sa mère, ou par son aïeul ou aïeule; dans d'autres, il était nécessaire qu'elle fût dotée par le père; d'autres encore exigeaient qu'elle fût dotée par le père et par la mère, ou par le père, du vivant de la mère.

Ici, le père noble avait seul le droit d'exclure sa fille; là, le même droit appartenait au père roturier, à la mère et aux aïeux.

Telle coutume excluait de toutes successions collatérales les filles dotées; telle autre les admettait précisément aux successions collatérales.

f 3

Dans presques toutes, la dot la plus modique suffisait
pour exclure.

En Normandie, les filles ne pouvaient demander aucune
partie de l'héritage de leurs père et mère, contre leurs
frères ni contre leurs enfans, mais seulement le mariage
avenant.

Suivant les coutumes d'Anjou, de la Touraine et du
Maine, la fille dotée d'un chapeau de roses ne pouvait
rien demander de plus.

Il faudrait s'étonner sans doute de toutes ces bizarre-
ries, de toutes ces inégalités si injustes, si contraires au
vœu de la nature, si l'on ne savait pas sur quels préjugés
elles étaient établies. L'orgueil féodal avait corrompu toutes
les sources de la morale, il avait étouffé tous les sentimens de la nature; et cet orgueil se communiquant aux
roturiers, qui n'étaient que trop souvent les serviles imi-
tateurs des grands, avait brisé dans toutes les classes du
peuple tous les liens des familles.

Ici, d'ailleurs, il faut bien remarquer que la volonté des
lois était souvent en opposition avec la volonté de l'homme.
L'enfant aîné n'était pas toujours celui que le père affec-
tionnait le plus, et qui remplissait le mieux à son égard
les devoirs de la piété filiale; et cependant la loi, malgré
la volonté du père, attribuait à cet aîné des avantages
considérables sur les autres enfans.

Souvent un père eût voulu récompenser sa fille de la
tendresse qu'elle avait toujours eue pour lui, et des soins
qu'elle prenait de sa vieillesse lorsqu'il était abandonné de
ses autres enfans; mais la loi s'y opposait, et il mourait
avec la triste certitude que sa fille chérie n'aurait presque
rien dans sa succession.

La loi cependant ne devrait avoir pour objet, sur-tout
dans les successions en ligne directe, que de suppléer la
volonté de l'homme; elle ne devrait remplir d'autre office
que de régler la transmission des biens du défunt, comme
il est présumable qu'il en eût disposé lui-même; et la présomption qu'indiquent la nature et la justice est toute en
faveur de l'égalité entre les enfans.

Aussi, l'Assemblée constituante regarda comme un de
ses premiers devoirs de faire cesser tous ces privilèges
odieux qui ne résultaient que de la primogéniture, ou de

la différence des sexes, ou de la féodalité des biens, ou de la seule volonté de la loi.

Dès le 15 mars 1790, elle prononça l'abolition de toutes inégalités résultantes des lois féodales; et le 15 avril 1791, elle prononça l'abolition de toutes celles qui résultaient entre toutes sortes de personnes et à l'égard de toutes sortes de biens, soit de la différence des sexes, soit de la primogéniture, soit des exclusions coutumières.

Ainsi, les descendans d'un même père, les parens de la même ligne, égaux par la nature, devinrent égaux en droits par la loi.

Cette disposition, citoyens Tribuns, se trouve consignée dans le projet de loi que nous discutons, et sans doute elle obtiendra votre assentiment unanime.

Mais il faut bien observer qu'il ne s'agit ici d'égalité que dans la succession *ab intestat*, c'est-à-dire dans les biens dont le défunt n'a pas disposé.

Nous n'entendons pas que la volonté de l'homme soit liée à cette égalité rigoureuse, et qu'il ne puisse disposer d'aucune portion de ses biens en faveur d'un ou plusieurs de ses enfans, ou autres héritiers.

Mais ce qu'il peut faire à cet égard, la loi ne doit pas se le permettre.

Il peut avoir des raisons particulières d'affection, de reconnaissance ou de bienfaisance, pour avantager un de ses héritiers, et il doit être enfin le maître de disposer des biens qui lui appartiennent; mais la loi ne peut avoir ni les mêmes motifs, ni le même droit; et n'ayant pas à donner, mais seulement à *transmettre* les biens, elle ne doit suivre d'autre règle dans cette transmission, que la volonté de l'homme ou le droit de la nature. Lorsque le défunt n'a fait aucune disposition de ses biens, il est censé avoir voulu qu'ils fussent partagés également entre ses héritiers; lorsqu'il n'a disposé que d'une partie, il est censé avoir voulu laisser le reste dans le partage égal; et dans l'un et l'autre cas, sa volonté doit être respectée par la loi.

Seulement, il faut donner à la loi le droit de modifier les libéralités faites par le défunt, lorsqu'elles sont exhorbitantes et contraires à l'ordre social, qui réclame pour le maintien des familles, que, dans certains cas, les héritiers ne soient pas entièrement dépouillés.

Mais constamment assujettie ou à la volonté de l'homme,
lorsque cette volonté est restreinte dans de justes bornes,
ou aux droits de la nature qu'elle doit respecter, la loi
ne peut ni étendre les libéralités faites par le défunt, ni
en faire elle-même.

En un mot, elle doit se borner à *transmettre* ce que
l'homme ou la nature a *réglé*.

C'est ainsi qu'il faut entendre et concilier l'égalité dans les
partages consacrée par la loi sur les successions, et les inégalités qui sont permises par la loi sur les donations et testamens.

51.   Les coutumes avaient établi une autre espèce d'inégalité
légale, par la distinction qu'elles faisaient des biens en acquêts et en propres, et par la manière dont elles distribuaient
ces biens à diverses classes d'héritiers, et même souvent aux
parens les plus éloignés.

Cet objet, citoyens Tribuns, mérite encore de fixer votre
attention.

Les législateurs les plus célèbres de l'antiquité ne distinguaient pas dans les successions ce qui provenait du père du
défunt, d'avec ce qui provenait de sa mère : ils ne formaient
du tout qu'un seul patrimoine qu'ils donnaient au plus proche héritier.

Les Romains le pratiquèrent ainsi tant qu'ils furent libres.
Quod videlicet unius duo patrimonia esse non viderentur ;
dit la loi, *jurisperitos* §. *Cùm oriundus ff. De excusat. tut.*

Ce ne fut que sous les Empereurs que la loi 4 *De maternis
bonis et materni generis*, au Code Théodosien, établit une
législation contraire : elle donna aux parens paternels, même
à l'exclusion d'autres parens les plus proches en degré, les
biens que le défunt avait recueillis du chef de son père ou de
ses autres parens paternels, et réciproquement pour les biens
maternels.

Mais il est vraisemblable que cette loi contraire aux
mœurs et aux habitudes des Romains, ne fut pas long-
tems en usage : on n'en trouve pas la moindre trace dans
le code de Justinien ; et d'après les dispositions de ce code,
on ne reconnaissait d'autre règle dans nos pays de droit
écrit, que d'attribuer la totalité des biens du défunt au
parent le plus proche, sans distinguer la nature ni l'origine des biens.

On séparait, au contraire, dans les pays coutumiers

toute succession collatérale en plusieurs patrimoines, et l'on y distinguait plusieurs espèces de biens qu'on distribuait à des héritiers de diverses classes.

On distinguait d'abord, les meubles, les acquêts et les propres.

On divisait ensuite les propres, en propres naissans et propres anciens, en propres paternels et propres maternels, en propres de ligne et propres sans lignes.

Chaque coutume avait, en outre, des principes différens pour régler la nature, la distinction et la transmission de ces diverses espèces de biens.

Ici, pour succéder à un propre, il fallait être parent du défunt du côté de celui qui avait mis l'héritage dans la famille; et lorsqu'on avait cette qualité, on excluait les parens des autres côtés, quoique plus proches.

Là, on ne pouvait succéder à un propre qu'autant qu'il avait appartenu à un ascendant commun entre le défunt et son héritier; en sorte qu'à défaut de parens venant de la même souche que celui auquel il s'agissait de succéder, le propre perdait sa qualité, et appartenait à l'héritier le plus proche et sans distinction de ligne.

Ailleurs, pour succéder à un propre, il ne suffisait pas d'être parent du défunt du côté dont provenait le propre, ni même de descendre d'une même souche : il fallait être descendu, comme le défunt, de l'acquéreur qui avait mis l'héritage dans la famille.

Dans d'autres coutumes, on n'exigeait pas la proximité du degré du représentant avec le défunt, mais seulement la proximité et habileté de succéder de la personne représentée, avec celui qui avait mis l'héritage dans la famille.

Dans d'autres enfin, l'héritage propre qui se trouvait dans la succession d'une personne décédée sans enfans, était déféré à son plus prochain héritier du côté du parent par le décès duquel cet héritage lui était échu, sans remonter plus haut, ni chercher plus loin de quelle part ce parent l'avait eu lui-même.

Et dans chacune de ces coutumes, il y avait encore des règles différentes pour l'application des mêmes principes : il y avait chaque jour, et diversité de jurisprudence, et questions nouvelles, qui donnaient lieu à une foule de contestations.

Les règles particulières au privilège du double lien, les

différentes manières de faire contribuer aux dettes mobiliaires, ou immobiliaires suivant la nature et l'origine des
biens, les distinctions à faire dans l'application des rapports,
et le grand nombre de divisions et de subdivisions qu'il
fallait opérer pour arriver au partage entre les diverses espèces d'héritiers, augmentaient encore d'une manière ef-
frayante les embarras, les difficultés, et il était rare qu'une
succession collatérale, tant soit peu importante, ne fut pas
une pépinière de procès.

Cet ordre de succession si compliqué, si varié, si difficile, consacrant encore une foule d'inégalités, et si peu
conforme d'ailleurs au vœu de la nature, puisqu'il appelait
souvent des parens éloignés à l'exclusion des parens les
plus proches, devaient être remplacé par un autre ordre
qui eût d'abord le grand mérite d'être uniforme pour
toute la République, et qui fut d'ailleurs simple dans ses
élémens, facile dans son exécution, fidèle aux principes
de l'égalité des droits, et qui, sur-tout, eût pour base
l'ordre même des affections de l'homme.

Tels sont, citoyens Tribuns, les caractères et les avantages du nouveau système qu'établit la loi proposée.

Comme chez les Romains, comme dans le droit écrit,
chaque succession ne formera plus qu'un seul patrimoine,
et l'on n'y distinguera plus diverses espèces de biens, pour
les distribuer, suivant leur nature, à diverses lignes ou
branches d'héritiers : tous les biens resteront confondus,
comme ils l'étaient dans la main du défunt qui pouvait
disposer de tous, et ils seront tous également déférés au
plus prochain héritier dans chaque ligne, soit de son
chef, soit par représentation.

Chaque ligne profitera donc des biens ; et c'est là l'intention générale de l'ancienne règle, *paterna paternis*.

Cette règle avait eu pour objet de modifier le principe
qui attribuait la totalité des biens au plus proche parent,
sans rien donner à la ligne dans laquelle n'était pas issu
le parent le plus proche.

Mais on la modifie elle-même à son tour, parce qu'elle
morcelait trop les successions, en les divisant entre les diverses branches ou individus de chaque ligne. Le projet
de loi se borne à les diviser en masse par moitié entre les
deux lignes.

Ainsi, plus de recherches longues et pénibles pour dé-

couvrir et constater de quel côté, de quel individu venaient
les biens ; plus de contestations sur leurs qualités de propres
ou d'acquêts ; plus de difficultés sur la distinction des diverses espèces de propres ; plus de débats sur les droits
et les qualités des divers héritiers ; partage facile sans frais.
Ce sont là sans doute de grandes améliorations ; et lorsqu'on y ajoute encore tous les autres avantages que nous
avons fait remarquer dant le cours de la discussion ; il reste
pleinement démontré que le nouveau système est tout à la
fois beaucoup plus simple et bien mieux combiné dans
l'ordre de la nature et dans les intérêts de la société, que
tous ceux que le droit écrit et les coutumes avaient introduits dans les diverses provinces de la France.

Vous connoissez maintenant, citoyens Tribuns, les règles
générales sur les successions ; et comme les règles qui sont
particulières à chaque ligne, n'en sont que des conséquences, ou, pour mieux dire, l'application, il suffira de
vous les présenter dans un ordre méthodique, sans qu'il
soit besoin de les accompagner d'aucun commentaire : elles
peuvent se réduire à huit.

1°. Les enfans ou leurs descendans succèdent à leurs 52.
père et mère, aïeuls, aïeules ou autres ascendans, sans
distinction de sexe ni de progéniture, et encore qu'ils soient
issus de différens mariages.

Ils succèdent par égales portions et par tête, quand ils
sont tous au premier degré et appelés de leurs chef ; ils
succèdent par souche, lorsqu'ils viennent tous, ou en
partie, par représentation.

2°. Si le défunt n'a laissé ni postérité, ni frères, ni
sœurs, ou descendans d'eux, la moitié de sa succession
est dévolue à ses ascendans de la ligne paternelle, et
l'autre moitié aux ascendans de la ligne maternelle.

Celui qui se trouve au degré le plus proche, recueille
la moitié affectée à sa ligne, à l'exclusion de tous autres.

Les ascendans au même degré dans la même ligne succèdent par tête.

S'il n'y a d'ascendans que dans une ligne, ils ne prennent
toujours que la moitié de la succession, et l'autre moitié
appartient aux parens les plus proches de l'autre ligne (1).

_____

(1) Néanmoins, si le défunt a disposé des trois quarts de ses

Dans ce dernier cas, si l'ascendant est le père ou la mère, il a, en outre, l'usufruit du tiers des biens auxquels il ne succède pas en propriété,

3°. En cas de prédécès des père et mère d'un individu mort sans postérité, ses frères et sœurs, ou leurs descendans, sont appelés à l'exclusion de tous autres ascendans et collatéraux.

4°. Si le père et la mère de l'individu mort sans postérité lui ont survécu l'un et l'autre, et s'il y a, en outre, des frères ou sœurs du défunt, ou descendans d'eux, la succession se divise en deux portions égales, dont moitié seulement est déférée au père et à la mère qui les partagent entre eux également ; l'autre moitié appartient aux frères, sœurs, ou descendans d'eux,

Si le père ou la mère seulement a survécu, les trois quarts de la succession appartiennent aux frères et sœurs, ou à leurs descendans.

5°. Le partage de ce qui est dévolu aux frères ou sœurs, s'opère entre eux par égales portions, s'ils sont tous du même lit.

S'ils sont de lits différens, la division se fait par moitié entre les deux lignes paternelle et maternelle du défunt ; les germains prennent part dans les deux lignes, et les utérins et consanguins chacun dans leur ligne seulement.

S'il n'y a de frères ou sœurs que d'un côté, ils succèdent à la totalité, à l'exclusion de tous autres parens de l'autre ligne. Ils excluent tous les parens qui ne sont pas dans le cas de la représentation.

6°. Dans tous les cas qui viennent d'être expliqués, les ascendans succèdent, *hors part et à l'exclusion de tous autres*, aux choses par eux données à leurs enfans ou descendans décédés sans postérité, lorsque les objets donnés se retrouvent en nature dans la succession.

Si les objets ont été aliénés, les ascendans recueillent le prix qui peut en être dû ; ils succèdent aussi à l'action en reprise que pouvait avoir le donataire.

7°. Si le défunt n'a laissé ni enfans ou descendans, ni

---

biens, la *totalité* du quart qui reste dans la succession *ab intestat* appartient aux ascendans, lorsqu'il n'y a pas de frères ou sœurs ou descendans, conformément à l'article 205 du code, titre *des donations et testamens.*

frères ou sœurs, ou descendans d'eux, ni ascendans dans l'une et l'autre ligne, sa succession se divise en deux parts égales, l'une pour les parens de la ligne paternelle, l'autre pour les parens de la ligne maternelle.

La moitié dévolue à chaque ligne appartient à l'héritier, ou aux héritiers les plus proches en degré, soit de leur chef, soit par représentation entr'eux, et il ne se fait pas de division entre les deux branches de la même ligne.

8°. A défaut de parens successibles dans une ligne, les parens de l'autre ligne succèdent pour le tout.

Toutes ces règles particulières, citoyens Tribuns, sont en harmonie parfaite avec les principes que nous avons établis ; toutes sont conformes au vœu de la nature, et il était impossible de suivre d'une manière plus exacte l'ordre des affections humaines. C'est une vérité de sentiment dont chacun de nous trouvera la preuve dans son cœur.

Je n'étendrai donc pas plus loin la discussion sur la partie du projet de loi relative aux successions légitimes.

Mais le projet établit une autre espèce de successions qu'il appelle irrégulières, et il range dans cette classe, 1°. les droits des enfans naturels sur les biens de leurs père et mère ; 2°. la succession aux enfans naturels décédés sans postérité ; 3°. la transmission des biens de l'individu qui ne laisse pas d'héritiers légitimes. 53.

Je discuterai brièvement ces trois objets.

L'ancienne législation était injuste et barbare à l'égard des enfans naturels ; elle ne leur accordait que de simples alimens, même lorsqu'ils étaient reconnus, et la totalité des biens de leurs pères et mères passait, à leur préjudice, aux parens collatéraux les plus éloignés, et même au fisc.

Les lois des 4 juin 1793 et 12 brumaire an 2 tombèrent dans un excès contraire ; elles donnèrent aux enfans naturels tous les droits des enfans légitimes.

Le projet de loi a pris un tempérament beaucoup plus équitable et plus moral.

Il n'accorde pas aux enfans naturels les droits et les honneurs de la légitimité, il ne les place pas dans la famille, il ne les appelle même, en aucun cas, comme héritiers ; mais il leur attribue, sur les successions de leurs pères et mères, un droit proportionné à la valeur des biens, et dont la quotité se trouve plus restreinte lorsqu'il y a des enfans légitimes, plus étendue lorsqu'il n'y a que des ascendans, ou frères ou sœurs, et plus considérable encore, lorsque les parens successibles sont à des degrés plus éloignés.

Dans le premier cas, le droit de l'enfant naturel est d'un tiers de la portion héréditaire qu'il aurait eue, s'il eût été légitime; dans le second cas, le droit est de la moitié; dans le troisième, il est des trois quarts; mais il ne s'élève jamais à la totalité, tant qu'il y a des héritiers légitimes.

Cette mesure concilie parfaitement les droits de la nature, avec ce qu'exigent les bonnes mœurs, la faveur due au mariage, et les droits des familles.

54. En cas de prédécès de l'enfant naturel, ses descendans peuvent réclamer les mêmes droits, parce qu'ils le représentent.

55. L'enfant naturel, ou ses descendans, sont tenus d'imputer, sur ce qu'ils ont droit de prétendre, tout ce qu'ils ont reçu du père ou de la mère, dont la succession est ouverte, et qui serait sujet au rapport, d'après les règles établies dans le projet de loi.

Cette disposition est, pour les parens légitimes, une garantie que les enfans naturels n'auront pas plus que la loi ne permet de leur donner.

56. Les pères et mères des enfans naturels pourront les réduire à la moitié de la portion que la loi leur attribue.

Il était convenable de laisser aux pères et mères cette faculté qui retiendra les enfans dans les devoirs de la piété filiale; mais aussi cette faculté devait avoir des limites, pour que les pères et mères n'eussent pas le pouvoir de priver entièrement les enfans naturels de leurs droits.

57. Quant aux enfans adultérins ou incestueux, la loi ne s'en occupe qu'avec regret. Ils existent; il faut bien qu'elle leur assure des alimens, mais elle ne leur confère aucun autre droit. Le crime qui leur a donné naissance ne permettait pas de les traiter comme les enfans nés de personnes libres.

58. La succession de l'enfant naturel qui décède sans postérité, doit appartenir au père ou à la mère qui l'a reconnu, ou par moitié à tous les deux, s'il a été reconnu par l'un et par l'autre.

L'enfant naturel qui ne laisse pas de descendans, n'a aucuns parens légitimes, et, suivant le droit commun de la France, ses biens devraient passer au fisc. Il est préférable sans doute qu'il ait pour héritiers ses père et mère qui, en le reconnaissant, ont rempli les devoirs de la nature, et méritent de jouir de tous les droits de la paternité.

Il est également juste qu'en cas de prédécès des père et 59. mère de l'enfant naturel, les biens qu'il en ayrit reçus retournent aux enfans légitimes, si lui-même n'a pas d'enfans ou descendans.

Mais le surplus de ses biens ne peut également appartenir aux enfans légitimes, parce qu'il ne peut y avoir entr'eux et les enfans naturels de successibilité : ils ne sont pas membres de la même famille.

Les biens que l'enfant naturel n'a pas reçu de ses père et mère sont déférés, s'il n'a pas de postérité, à ses frères ou sœurs *naturels* ou à leurs descendans, et, s'il n'y en a pas, à la République ; et il est bien évident que cette successibilité établie entre les frères et sœurs naturels n'est qu'une faveur de la loi, le droit de succéder ne pouvant appartenir qu'aux parens légitimes ; mais la République qui seule, en ce cas, aurait des droits, peut y renoncer.

Lorsque le défunt n'a pas laissé de parens, ou que ceux 60. qu'il a laissés ne sont pas successibles d'après les règles précédemment établies, alors, mais alors seulement, la totalité des biens du défunt appartient à ses enfans naturels légalement reconnus, ou à leurs descendans ; et il est, en effet, dans l'ordre de la nature qu'ils soient préférés à des étrangers.

Mais ils ne sont pas même encore appelés comme héritiers ; ils sont tenus de demander aux tribunaux la délivrance des biens, et, dans aucun cas, ils ne peuvent réclamer de droits sur les successions *des parens* de leurs pères et mères, parce qu'encore une fois ils ne sont jamais membres de la famille légitime. Ce n'est qu'à défaut de la famille, et parce qu'elle est éteinte, que les biens de leurs pères et mères seulement leur sont déférés comme par déshérence.

A défaut d'héritiers légitimes et d'enfans naturels, les biens du défunt sont attribués à son conjoint survivant *non divorcé*, conformément à la disposition du droit romain ; au titre *Unde vir et uxor.*

Cette disposition était observée dans tous les pays de droit

écrit : plusieurs de nos coutumes l'avaient formellement
adoptée ; elle était même suivie dans toutes les autres qui
n'avaient pas de disposition contraire.

Il est naturel de présumer que les conjoints se préféraient
au fisc pour se succéder l'un à l'autre.

Mais cette présomption de préférence ne peut plus exister,
lorsque les conjoints étaient divorcés. Le divorce les ayant
rendus étrangers l'un à l'autre, comme s'ils n'avaient jamais
été conjoints, le survivant ne peut pas plus avoir de droits
que tout autre étranger quelconque, à la succession du prédécédé.

Enfin, lorsqu'il n'y a ni héritiers légitimes, ni enfans
naturels ou descendans, ni conjoint survivant non divorcé,
les biens du défunt appartiennent à la République.

C'était une règle générale dans le pays de droit écrit,
comme dans le pays coutumier.

*Scire debet gravitas tua, intestatorum res qui sine legi-
timo hærede decesserent, fisci nostri rationibus vindicandas.*
L. 1, c. De bon. vacant.

Les biens qui ne se trouvent avoir aucun maître, passent
à l'usage du public, et appartiennent à la société entière.

Mais ni la République ni le conjoint survivant ne sont
saisis des biens par le décès de celui qui en était le propriétaire. Comme les enfans naturels, ils doivent demander
aux tribunaux l'envoi en possession ; et ils sont tous également tenus de faire apposer les scellés, et de faire faire
inventaire pour la sûreté des droits des héritiers légitimes
qui peuvent se présenter par la suite, et à qui les biens doivent
être restitués.

J'ai terminé, citoyens Tribuns, l'examen de la partie
la plus importante du projet de loi ; l'autre partie, relative aux acceptations, aux renonciations, aux rapports,
aux dettes et aux partages, exigera moins de développemens ; elle n'offre pas à discuter, comme la première, un
système nouveau ; elle ne contient que des règles déjà
connues, mais choisies avec beaucoup de discernement dans
le droit écrit, dans les diverses coutumes et dans la jurisprudence : je me bornerai donc à examiner les dispositions les plus importantes.

61.   L'héritier appelé par la loi n'est pas tenu d'accepter la
succession qui lui est échue : le droit français n'a jamais
reconnu d'héritier nécessaire.

Mais

Mais la renonciation ne doit pas se présumer. L'héritier **62.**
présomptif doit être toujours censé héritier, tant qu'il n'a
pas renoncé; et pour que sa renonciation soit constante
et publique, le projet de loi exige qu'elle soit faite au greffe
du tribunal de première instance dans l'arrondissement duquel s'est ouverte la succession.

Les coutumes et la jurisprudence variaient encore beaucoup à cet égard.

Suivant l'article 43 des placités de Normandie, la coutume de Poitou et quelques autres, l'héritier présomptif,
quoiqu'il n'eût pas renoncé, n'était pas censé héritier, s'il
n'en avait pas fait acte ou pris la qualité.

D'autres coutumes, notamment celles d'Auvergne et de
la Marche, avaient une disposition contraire.

On distinguait aussi pour la nécessité de la renonciation,
entre la succession directe et la succession collatérale, et
la jurisprudence variait encore dans les pays dont les coutumes étaient muettes sur ce point.

Mais il est préférable de regarder comme héritier, tant
qu'il n'y a pas de renonciation, celui qui est héritier présomptif. La loi lui a donné un droit réel; il est saisi de
la succession dès le moment de son ouverture, et il ne peut
être privé de son droit, il ne peut perdre la saisine, s'il
n'y a expressément renoncé.

Appelé par la loi, c'est à lui à s'expliquer; et il faut aussi
que les créanciers de la succession connaissent l'héritier
contre lequel ils peuvent se pourvoir.

Cependant s'il n'a pas accepté, il ne peut être pour- **63.**
suivi par les créanciers immédiatement après l'ouverture de
la succession. A compter de cette époque, il a trois mois
pour faire inventaire, et en outre quarante jours pour délibérer sur l'acceptation ou la renonciation. Pendant la
durée de ces délais, il ne sera pas contraint à prendre qualité, et il ne pourra être obtenu contre lui de condamnation.

L'effet de l'acceptation remonte au jour de l'ouverture de **64.**
la succession : *Hæres quandoque adeundo hæreditatem, jam
tunc à morte successisse defuncto intelligitur.* L. 54. §.
De acq. vel quitt. hæred.

L'acceptation ne résulte pas seulement d'un acte authen- **65.**

Tome I.   G

tique ou privé dans lequel on aurait pris le titre ou la
qualité d'héritier ; elle résulte encore de tout acte qu'on
n'avait droit de faire qu'en qualité d'héritier, et qui suppose nécessairement de la part de l'héritier qui l'a fait,
l'intention d'accepter la succession.

Ainsi une donation, vente ou transport de ses droits successifs, et une renonciation faite moyennant un certain
prix, sont des actes d'addition d'hérédité.

La renonciation, *même gratuite*, au profit d'un ou de
plusieurs des héritiers, et non pas au profit de tous, est
aussi un acte d'héritier, par la raison que celui qui renonce vraiment, doit s'abstenir de tout ce qui concerne
l'hérédité ; que conséquemment il n'a le droit de disposer
de sa portion en faveur de personne, et que, si de semblables dispositions étaient permises, on vendrait tous les
jours effectivement ses droits, sous le titre d'une renonciation gratuite.

Mais les actes purement conservatoires, de surveillance
et d'administration provisoire, ne sont pas des actes
d'héritier, si l'on n'y a pas pris le titre ou la qualité d'héritier.

66.   Une succession peut être acceptée purement et simplement ; ou sous bénéfice d'inventaire.

Lorsqu'elle est acceptée purement et simplement, l'héritier est tenu indéfiniment, même sur ses biens personnels,
de toutes les charges et dettes de l'hérédité : il représente
entièrement le défunt.

67.   L'effet du bénéfice d'inventaire est de donner à l'héritier
l'avantage.

1°. De n'être tenu du paiement des dettes de la succession qu'à concurrence de la valeur des biens qu'il a recueillis, même de pouvoir se décharger du paiement des
dettes, en abandonnant tous les biens de la succession aux
créanciers et aux légataires.

2°. De ne pas confondre ses biens personnels avec ceux
de la succession, et de conserver contre elle le droit de
réclamer le paiement de ses créances.

L'héritier bénéficiaire administre les biens de la succession, à la charge de rendre compte, et ne peut vendre
les meubles qu'aux enchères et les immeubles dans la forme
prescrite par le code de la procédure civile.

L'héritier qui renonce est censé n'avoir jamais été hé- 68. ritier; mais s'il avait fait antérieurement un acte d'addition d'hérédité, sa renonciation ne serait pas valable, et pourrait être contestée par les créanciers.

L'héritier qui a diverti ou recélé des effets d'une succes- 69. sion, est déchu de la faculté d'y renoncer: il demeure héritier pur et simple, et ne peut prétendre aucune part dans les objets divertis ou recélés; c'est une juste peine de sa fraude.

Il fallait aussi veiller aux intérêts des créanciers dans le 70. le cas où un héritier renoncerait au préjudice de leurs droits. Ils sont admis à se faire autoriser par justice à accepter la succession du chef de leur débiteur, et en son lieu et place; mais la renonciation n'est annullée, en ce cas, qu'en faveur des créanciers, et jusqu'à concurrence seulement de leurs créances: elle ne l'est pas au profit de l'héritier qui a renoncé.

La femme mariée ne peut valablement accepter une suc- 71. cession sans l'autorisation de son mari, ou de justice, conformément aux dispositions du cinquième titre du code civil.

Les successions échues aux mineurs et aux interdits ne 72. peuvent être valablement acceptées conformément aux dispositions du titre sur les tutelles.

Le majeur ne peut attaquer l'acceptation expresse ou ta- 73. cite qu'il a faite d'une succession, que dans le cas où cette acceptation aurait été la suite d'un dol pratiqué envers lui. Il ne peut jamais réclamer sous prétexte de lésion, excepté seulement dans le cas où la succession se trouverait absorbée ou diminuée de plus de moitié, par la découverte d'un testament inconnu au moment de l'acceptation.

Le dol vicie tous les contrats; mais si la lésion était admise en cette matière, il n'y aurait jamais rien de certain. L'héritier a le moyen de ne pas s'y exposer, en ne se portant héritier que sous bénéfice d'inventaire.

La faculté d'accepter ou de répudier une succession se 74. prescrit par le laps de tems requis pour la prescription la plus longue des droits immobiliers.

Tant que la prescription du droit d'accepter n'est pas 75.

acquise contre l'héritier qui a renoncé, il a la faculté d'accepter encore la succession ; mais il ne peut exercer cette faculté que dans le cas seulement où la succession n'a pas été acceptée par d'autres héritiers, et sans préjudice des droits acquis à des tiers sur les biens de l'hérédité.

76. Les coutumes avaient imaginé un nouveau moyen d'exclure les filles des successions: c'était de les faire renoncer dans leurs contrats de mariage à des successions même non encore échues.

Il est évident que ces renonciations contraires au principe général qui veut qu'on ne puisse renoncer à la succession d'un homme vivant, avaient la même origine et les mêmes motifs que les exclusions coutumières: c'était toujours pour conserver aux mâles, et sur-tout à l'aîné, une grande fortune, pour soutenir l'éclat et le nom de la famille.

Les renonciations auxquelles on forçait les filles de souscrire par leurs contrats de mariage, et sans lesquelles on ne leur permettait guère de se marier, avaient donc la même tache d'injustice et de féodalité que les exclusions coutumières : elles blessaient également la nature et l'égalité, et il fallait également les proscrire. Le projet de loi se prononce à cet égard d'une manière très-positive. « On » ne peut, même par contrat de mariage , dit l'art. 81, » renoncer à la succession d'un homme vivant, ni aliéner » les droits éventuels qu'on peut avoir à cette succession. »

77. Il est dans les principes de l'équité que tout héritier rapporte à ses co-héritiers les dons et legs qu'il a reçus de la part du défunt, à moins qu'il n'en soit valablement dispensé.

Aussi le rapport était de droit commun dans la France, et un très-petit nombre de coutumes en avait dispensé.

La loi première , D. *De collatione*, commence par ces mots : *Hic titulus manifestam habet æquitatem.*

Si le rapport n'était pas connu dans l'ancien droit romain, c'est que dans aucun cas, il ne pouvait y avoir lieu, puisque la loi des Douze Tables n'appelait à la succession du père que les enfans siens, c'est-à-dire ceux qui étaient sous la puissance du père de famille au moment de son décès, et que cette puissance empêchait toutes obligations, tous actes, et par conséquent toutes donations entre le père et les enfans.

Mais lorsque le préteur eut appelé à la succession les enfans émancipés, comme toutes les acquisitions faites par les héritiers siens faisaient partie de la succession du père, et qu'au contraire les enfans émancipés pouvaient acquérir pour leur propre compte, il devint nécessaire, pour établir l'égalité entr'eux, d'introduire une espèce de rapport, c'est-à-dire d'obliger les émancipés à confondre aussi dans la succession les biens qu'ils avaient acquis.

Ce rapport qui n'était, dans l'origine, qu'une indemnité en faveur des héritiers siens, s'étendit successivement à d'autres cas, à mesure qu'il s'opéra des réformes dans la législation.

Il n'eut lieu d'abord que dans les successions *ab intestat*, ou du moins il fallait qu'il fût expressément ordonné pour les successions testamentaires ; mais Justinien ordonna, par la novelle 18, chap. 6, qu'il aurait lieu entre les héritiers institués, comme entre les héritiers légitimes, et que, pour en dispenser, il faudrait une prohibition expresse de la part du testateur.

Tel est le dernier état de la législation romaine sur cette matière, et les pays de droit écrit s'y conformaient entièrement.

Nos coutumes variaient beaucoup à cet égard.

Les unes rejetaient absolument le rapport, d'autres ne l'admettaient qu'avec des modifications diverses ; mais il n'en était aucune qui contînt une disposition absolument prohibitive, et à laquelle par conséquent la volonté de l'homme ne put déroger.

Nous allons voir comment le projet de loi a réglé d'une manière uniforme ce qui l'était si diversement dans le droit écrit et dans les coutumes.

Le droit romain ne soumettait à la loi du rapport que les héritiers en ligne directe descendante : il en exemptait les ascendans et collatéraux.

Plusieurs coutumes soumettaient également au rapport les héritiers de toutes les lignes ; et le projet de loi a préféré cette disposition générale, parce qu'elle est, en effet, la plus équitable, parce qu'elle est conforme au principe d'égalité qu'il faut tendre continuellement à établir dans toutes les successions, et qu'enfin, à l'égard des collatéraux et des ascendans, comme à l'égard des descendans, la présomption de la volonté du défunt est en faveur du rapport, lorsqu'il n'en a pas formellement dispensé quoiqu'il en eût le droit.

g 3

78.

Il y avait des coutumes dans lesquelles on ne pouvait dispenser du rapport à la succession, et d'autres dans lesquelles
la dispense était permise, mais en prohibant expressément le
rapport, ou en qualifiant la donation de préciput.

Suivant le droit écrit, le rapport pouvait être également
prohibé, et il fallait aussi que la prohibition fût expresse,
nisi expressim designaverit se velle non fieri collationem, dit
Justinien, novelle 18, chap. VI.

Le projet de loi autorise le donateur ou testateur à dispenser du rapport, mais seulement jusqu'à concurrence de
la quotité qui était disponible de la part du testateur, ou
donateur. Et en effet, puisque la loi permet à l'homme de
disposer en propriété d'une certaine portion de ses biens,
même en faveur de ses héritiers, il est conséquent qu'il
puisse dispenser du rapport de la chose qu'il donne, si
elle n'excède pas la portion disponible ; autrement il n'en
aurait pas réellement la disposition libre et entière.

79.

Le projet de loi dispense même formellement du rapport
les donataires qui ne se trouvent pas successibles des donateurs, au moment de l'ouverture des successions, et tous
ceux qui ne viennent pas, par représentation des donataires, aux successions des donateurs.

Mais cette dispense ne peut toujours avoir lieu que jusqu'à concurrence de la portion disponible.

Ainsi l'héritier qui renonce à la succession peut retenir
le don entre-vifs, ou réclamer le legs, jusqu'à concurrence de la portion disponible.

Dans le droit romain, la renonciation à l'hérédité dis-
pensait pareillement du rapport : il était même permis à la
fille qui renonçait, de réclamer sa dot.

Le plus grand nombre des coutumes avait une disposition semblable : mais d'autres aussi avaient une disposition
contraire, ou ne dispensaient du rapport l'héritier renonçant que dans certains cas.

La dispense entière est admise, dans tous les cas, par
le projet de loi, et la raison qui la justifie, c'est que le
rapport n'ayant d'autre objet que d'établir l'égalité entre
les co-héritiers, il ne peut être dû que par les héritiers ; et
l'on ne doit pas craindre que ce soit un moyen de faire
des avantages frauduleux, puisque la portion disponible
étant fixée par la loi, le donateur ou testateur aurait pu

lui-même en disposer, même en dispensant expressément du rapport.

Par une autre conséquence du même principe, le donataire qui n'était pas héritier présomptif lors de la donation, *mais qui se trouve successible au jour de l'ouverture de la succession*, doit le rapport, à moins que le donateur ne l'en ait dispensé.

Mais le fils de celui qui se trouve successible, n'est pas soumis au rapport, parce qu'il n'est pas lui-même héritier. Ce sera bien, si l'on veut, un avantage indirect pour le père, dans certaines circonstances; mais il ne faut pas oublier que la portion disponible est réglée, et que l'aïeul pouvait la donner à son fils, comme à son petit-fils.

Pareillement, le fils venant *de son chef* à la succession du donateur, n'est pas tenu de rapporter le don fait à son père, même quand il aurait accepté la succession de celui-ci; mais s'il vient *par représentation*, il doit rapporter ce qui avait été à son père, même dans le cas où il aurait répudié sa succession.

La raison de la différence, c'est que dans le second cas, prenant la place de son père, il doit remplir les obligations dont son père était tenu, puisqu'il profite de ses droits, et conséquemment qu'il doit faire le rapport qui était dû par son père ; au lieu que, dans le premier cas, venant de son chef, et non par représentation, il ne peut être tenu, comme héritier personnel du donateur, du rapport d'une chose qui ne lui a pas été donnée, et qu'en ce cas l'obligation au rapport qui était à la charge de son père, ne peut l'affecter lui-même, quoiqu'il ait accepté sa succession, puisqu'il ne vient pas à la succession du donateur, comme héritier de son père, et qu'on ne doit confondre ni ses deux qualités, ni les deux successions.

Toujours par conséquence des mêmes principes, le conjoint de l'époux successible n'est pas tenu au rapport de ce qu'il a reçu personnellement ; mais si les dons et legs ont été faits conjointement aux deux époux, celui qui est successible doit le rapport de la moitié, à moins qu'il n'en ait été dispensé.

Ainsi, dans tous les cas, le rapport n'est dû que par le 80. co-héritier à son co-héritier ; il n'est pas dû aux légataires, ni aux créanciers de la succession, parce qu'encore une fois le rapport n'a d'autre objet que l'égalité entre les co-héritiers, et qu'il ne peut conséquemment être ordonné qu'en leur faveur.

81. Les frais de nourriture, d'entretien, d'éducation et d'apprentissage, les frais ordinaires d'équipement, ceux de nôces et présens d'usage, ne doivent pas être rapportés ; mais le rapport est dû de ce qui a été employé pour l'établissement d'un des co-héritiers, ou pour le paiement de ses dettes.

Telle était la disposition du droit écrit et de presque toutes les coutumes ; elle est équitable. Il serait beaucoup trop sévère que les alimens et les frais d'éducation fussent sujets au rapport ; il faut aussi laisser quelques droits à la nature et à la tendresse, et ce serait les contraindre d'une manière insupportable, que de leur interdire jusqu'à de simples dons qui, d'ailleurs, sont si utiles pour resserrer les liens de famille.

Mais les frais d'établissement, et le paiement des dettes sont de véritables libéralités qui, à raison de leur importance, doivent rentrer dans la règle générale.

82. Il y a plus de difficulté à l'égard des associations qui avaient été faites entre le défunt et l'un de ses héritiers, et généralement de toutes conventions entr'eux dont l'héritier a pu retirer quelques profits.

Mais il ne pouvait leur être défendu de s'associer, et de faire toutes autres conventions, pourvu qu'il n'y eût ni fraude ni avantage indirect en faveur de l'héritier ; et quoique ces conventions leur aient procuré à l'un comme à l'autre des profits, ce n'est pas toujours une preuve qu'il y eût réellement avantage indirect de la part du défunt.

C'est donc l'intention réelle et le fait qu'il faut considérer dans cette matière.

Si le défunt n'a rien sorti de son patrimoine pour le faire entrer dans celui de son héritier, s'il a traité avec lui comme il aurait traité avec un étranger, quoiqu'il en soit résulté des profits pour l'héritier, il n'y a pas lieu à rapport.

Le défunt a bien procuré à son héritier l'occasion de gagner ; mais il l'a fait, sans rien perdre lui-même, et il n'y a que la certitude d'un avantage frauduleux qui puisse, en pareil cas, obliger au rapport.

83. Les héritiers représentent celui auquel ils succèdent, et

comme tous ses droits actifs leur appartiennent, ils supportent aussi toutes les charges et les dettes dont il était tenu.

Ainsi, les créanciers du défunt ont contr'eux les mêmes droits qu'ils avaient contre lui.

Il est de justice que chaque co-héritier ne contribue à l'acquit des dettes et charges de la succession que dans la proportion de ce qu'il y prend : néanmoins, il n'est pas seulement tenu personnellement pour sa portion virile ; il est encore tenu hypothécairement pour le tout, c'est-à-dire que les créanciers hypothécaires peuvent exercer la totalité de leurs droits sur la portion de biens qui lui est échue, parce que l'hypothèque est indivisible et ne peut être ni détruite, ni morcelée par la mutation de propriété, ou par la division des biens ; mais, en ce cas, l'héritier a un recours, soit contre ses co-héritiers, soit contre les autres successeurs à titre universel, à raison de la part pour laquelle ils doivent y contribuer.

Il ne peut cependant exercer ce recours contre les autres co-héritiers, ou successeurs à titre universel, que pour la part que chacun d'eux doit personnellement en supporter, quoiqu'il se soit fait subroger aux droits des créanciers, parce que cette subrogation est un avantage qu'il doit communiquer à tous ses co-héritiers, et qu'il y aurait circuit d'actions, s'il se faisait payer la totalité par un de ses co-héritiers qui, en ce cas, reviendrait à son tour contre lui par la force de l'hypothèque et de la subrogation.

Dans le cas d'insolvabilité d'un des co-héritiers ou successeurs à titre universel, sa part dans la dette hypothécaire est répartie sur tous les autres, au marc le franc.

84. Le légataire à titre universel contribue avec les héritiers au prorata de son émolument ; mais le légataire particulier n'est pas tenu des dettes et charges, parce qu'elles doivent être déduites avant de lui délivrer le legs, si ce legs excède la portion dont le testateur pouvait disposer sans aucune charge.

Le légataire *universel* est celui auquel le testateur a légué *tous* ses biens.

Le légataire *à titre universel* est celui auquel le testateur a légué une *quote-part* de ses biens, telle qu'une moitié, un tiers, ou tous ses immeubles, ou tout son mobilier, ou une quotité fixe de tous ses immeubles, ou de tout son mobilier.

Le légataire *particulier* est celui auquel le testateur a légué un ou plusieurs objets certains et déterminés, comme une maison qui est désignée, un ou plusieurs domaines qui sont spécialement indiqués, une somme fixe en argent, en bijoux, etc.

85. Le plus grand nombre de nos coutumes avait admis que le créancier du défunt ne pouvait exercer de poursuites contre les héritiers personnellement, qu'après avoir fait déclarer exécutoires contre eux, les titres authentiques qu'il avait contre le défunt.

Mais cette formalité ne servait qu'à occasionner des frais, à multiplier les procès, et à fournir au débiteur de mauvaise foi des exceptions de forme pour éluder le paiement, était évidemment en opposition avec ce principe, que l'héritier représente le défunt et succède à tous ses droits actifs et passifs, et avec cet autre principe également incontestable, qu'un titre authentique ne peut être altéré par l'évènement du décès du débiteur.

Lorsqu'un héritier poursuit le paiement d'une créance de la succession, il n'a pas besoin d'un jugement qui le reconnaisse pour créancier; il suffit que sa qualité d'héritier soit certaine.

Pourquoi donc, lorsqu'il est poursuivi lui-même par un créancier du défunt en vertu d'un titre authentique, serait-il nécessaire d'obtenir un jugement qui le reconnaisse pour débiteur ? Sa qualité de débiteur ne résulte-t-elle pas *ipso jure* de celle de l'héritier ?

Est-ce pour lui donner un délai qu'on a imaginé cette procédure ? Mais il a déjà eu trois mois pour faire inventaire et quarante jours pour délibérer, et l'on a déjà vu que dans cet intervalle de tems il ne peut être poursuivi par les créanciers.

On pourrait donc, tout au plus, obliger le créancier à faire signifier ses titres à l'héritier, et après cette signification surseoir encore pendant quelques jours aux poursuites, pour que l'héritier puisse vérifier si les titres sont légitimes et s'opposer à leur exécution, s'il en a le droit : cette disposition se trouve dans le projet de loi; mais il abroge expressément toute action en déclaration de titre exécutoire, parce qu'il est évident que cette action absolument inutile et contraire aux principes, n'est qu'un germe de procès que le code civil doit prévenir.

Ceux qui ont une chose commune entr'eux, dit Domat, 86.
ne peuvent être contraints de la posséder toujours indivise.
Ils peuvent bien convenir de remettre le partage à un certain tems, mais non pas qu'il ne puisse jamais être fait.

Les père et mère ne peuvent pas même défendre le partage entre leurs héritiers, dit Lebrun : ce serait vouloir
empêcher l'exécution des lois dans leurs successions, ce qui
est contre la disposition de la loi, *nemo ff. De legat.* 1.

Conformément à ces principes, le projet de loi dispose
que nul ne peut être contraint à demeurer dans l'indivision, et que le partage peut être toujours provoqué, nonobstant prohibitions ou conventions contraires.

On peut cependant convenir de suspendre le partage 87.
pendant un tems limité ; mais cette convention ne peut
être obligatoire au-delà de cinq ans : seulement elle peut
être renouvelée.

Suivant la glose sur la loi, *Si major c. communi divid.*, 88.
le partage était présumé par une jouissance divise pendant
dix années entre présens, et vingt années entre absens.

Quelques coutumes avaient une disposition semblable.

Mais l'action en partage pouvant être exercée pendant
trente ans, lorsqu'il y a indivision, il serait contradictoire
que l'un des héritiers pût acquérir, par une jouissance
moins longue, la part de son co-héritier. La jouissance séparée ne peut être qu'une *présomption* de partage, et cette
présomption ne doit pas l'emporter sur le *droit* de partage
qui appartient à chaque héritier, à moins que la jouissance
divise n'ait été assez longue pour anéantir le droit par la
prescription.

Aussi on admettait presque généralement qu'une jouissance divise pendant un tems qui ne pouvait acquérir la
prescription, ne nuisait pas à l'action en partage ; et le
projet de loi adopte cette disposition.

Le partage a pour objet de faire cesser l'indivision et 89.
d'attribuer à chaque co-héritier la portion à laquelle il a
droit sur la masse commune : il n'est question dans un
partage que de distribuer à chacun la juste valeur de ce
qui lui appartient et de ce qu'il possédait auparavant par
indivis. Ce n'est pas une affaire de négoce ni de commerce :
il n'y a de part ni d'autre, ni vente, ni échange. Tout

consiste à régler divisément la portion dont chacun était déjà propriétaire dans la masse indivise.

Il faut donc que l'égalité règne dans les partages : elle y est rigoureusement nécessaire, et toutes les conséquences qui en résultent, doivent être maintenues avec soin.

Ainsi, chacun des co-héritiers ayant également son droit, sur chaque espèce de biens de la succession, chacun d'eux peut demander sa part en nature des meubles et des immeubles ; et si cette distribution ne peut avoir lieu sans morceler les héritages, et sans diviser les exploitations, ce qu'il faut toujours éviter, on doit au moins faire entrer, s'il se peut, dans chaque lot, la même quantité de meubles, d'immeubles, de droits ou de créances de même nature et valeur.

90.   Si le rapport des choses qui avaient été données à l'un des héritiers, ne peut pas être fait en nature, les co-héritiers auxquels il est dû ont droit de prélever une portion égale sur la masse de la succession, et ces prélèvemens doivent se faire, autant que possible, en objets de même nature, qualité et bonté que les objets non rapportés.

91.   Mais si la formation des lots, égaux en nature, n'est pas praticable, sans nuire à tous les héritiers, elle ne peut être exigée par un ou plusieurs d'entr'eux, et dans ce cas, l'inégalité des lots se compense par un retour, soit en rente, soit en argent.

92.   C'est encore un des effets de l'égalité qui doit régner dans les partages, que tous les co-héritiers soient garans respectivement de leurs lots et des troubles et évictions qu'ils peuvent mutuellement éprouver.

Cette garantie est de droit, il n'est pas besoin de l'exprimer ; on peut cependant y déroger, en tout ou partie, par une clausse expresse de l'acte de partage : elle cesse, lorsque c'est par sa faute que le co-héritier souffre l'éviction.

93.   Les étrangers qui achètent des droits successifs, apportent presque toujours la dissension dans les familles et le trouble dans les partages. Le projet de loi donne le moyen de les écarter. L'article 131 dispose que toute personne, même parente du défunt, qui n'est pas son successible, et à laquelle un co-héritier aurait cédé son droit à la succession, peut être

écartée du partage, soit par tous les co-héritiers, soit par un seul, en lui remboursant le prix de la cession.

Cette disposition infinimeut sage est conforme aux lois *Per diversas et ab Anastosio*, qui avaient été généralement admises dans notre jurisprudence.

Il est de l'intérêt des familles qu'on n'admette point à pénétrer dans leurs secrets, et qu'on n'associe point à leurs affaires des étrangers que la cupidité ou l'envie de nuire ont pu seules déterminer à devenir cessionnaires, et que les lois romaines dépeignaient si énergiquement par ces mots : *Alienis fortunis inhiantes.*

94. Il ne doit être procédé à la licitation que dans le cas seulement où les immeubles ne peuvent pas se partager commodément, c'est-à-dire sans désavantage pour les héritiers.

95. Entre majeurs présens, les partages peuvent être faits à l'amiable, et il doit être procédé à la vente par licitation devant le tribunal, à moins que les parties ne consentent qu'elle ait lieu devant un notaire.

96. Mais si tous les co-héritiers ne sont pas présens, ou s'il y a parmi eux des interdits, ou des mineurs même émancipés, les partages et licitations ne peuvent avoir lieu qu'en justice.

97. Les partages qui ont été faits, conformément aux règles prescrites, soit avec les tuteurs dûment autorisés, soit avec les mineurs émancipés autorisés par leurs curateurs, soit aux nom des absens ou non présens, avec les parens envoyés en possession, sont définitifs : ils ne sont que provisionels, si les règles prescrites n'ont pas été observées.

98. Mais, quoique définitifs, ils peuvent être rescindés pour cause de violence ou de dol, et même pour cause de lésion.

Le dol et la violence, qui sont des vices résolutifs de tous les contrats, semblent encore plus odieux dans un acte de famille.

99. L'égalité qui doit être observée dans les partages, exigeait aussi que la rescision fût admise pour cause de lésion, et même pour une lésion moindre que celle qui est nécessaire en vente ordinaire, puisque dans les ventes ordinaires, il se fait une espèce de commerce ou de négoce

qui n'exige pas une égalité aussi rigoureuse que dans les partages où rien n'est à commercer ni à négocier.

C'est par ce motif qu'il était généralement reçu dans notre droit français que la lésion de plus du quart suffisait pour opérer la rescision des partages, le projet de loi maintient cette disposition : et pour qu'on ne puisse pas l'éluder en donnant à l'acte de partage une autre dénomination, il dispose que tout acte qui aura pour objet de faire cesser l'indivision entre co-héritiers, sera considéré comme un partage.

100.　Cependant comme il faut un terme aux actions rescisoires, si le partage a été suivi d'une transaction faite sur des difficultés réelles, il sera irrévocable, même quand il n'y aurait pas eu à ce sujet de procès commencé.

On verra au titre *des prescriptions* par quel laps de tems doit se prescrire à l'avenir l'action en rescision ; jusqu'à ce qu'il en soit autrement ordonné, elle sera admise, pendant dix ans, conformément à la législation actuellement existante.

101.　C'était une question controversée parmi les jurisconsultes et diversement décidée par les tribunaux, que de savoir si la lésion devait donner lieu à la restitution contre une vente de droits successifs faite avant le partage, sans garantie et aux risques et périls de l'acquéreur.

D'une part, on disait que la restitution ne pouvait avoir lieu pour cause de lésion contre les contrats où le prix de la chose était incertain, parce qu'alors il était impossible de juger s'il y avait réellement lésion, et l'on en concluait que la rescision ne pouvait être admise contre les ventes de droits successifs faites sans garantie, et aux risques et périls de l'acquéreur, parce que l'incertitude sur les dettes, et même sur la quotité des biens, rendait absolument incertain le prix de la vente : c'était, disait-on, le *jactus retis* permis par les lois romaines.

D'autre part, on distinguait entre la vente de droits successifs faite à un étranger et celle faite à un co-héritier.

A l'égard de la première, on convenait qu'elle ne pouvait être rescindée pour cause de lésion, mais seulement pour cause de violence ou de dol.

Quant à la seconde, on soutenait que le premier acte entre co-héritiers qui faisait cesser l'indivision, était toujours un partage, quelque dénomination qui lui eût était donnée, et l'on invoquait l'égalité qui devait être constamment la base des actes entre co-héritiers.

Quelques-uns cependant convenaient encore qu'il n'y avait pas lieu à rescision même entre co-héritiers, si le vendeur était censé avoir eu la même connaissance que l'acquéreur, des forces de la succession. Dans cette opinion, c'était évidemment n'admettre la rescision qu'en cas de dol et de fraude; c'est-à-dire, si l'héritier acquéreur qui connaissait bien la valeur de la succession, avait trompé le vendeur qui ne la connaissait pas.

Le projet de loi n'admet pas l'action en rescision pour cause de lésion contre une vente de droits successifs faite à un étranger; mais on a déjà vu que cet étranger pourra être écarté du partage par les co-héritiers du vendeur.

Il n'admet pas même, en général, l'action en rescision pour simple lésion, lorsque la vente a été faite à l'un des co-héritiers; mais si la lésion est l'effet de la *fraude*, dans ce cas seulement elle peut donner lieu à la rescision.

Les tribunaux décideront quand il y aura fraude : elle dépend presque toujours de circonstances particulières sur lesquelles on ne peut établir de règles générales.

Tribuns, je termine enfin une discussion qui peut-être vous a semblé trop longue, et qui n'a pu fixer votre attention que par l'importance de son objet.

Je ne ferai plus qu'une seule observation, et vous en approuverez les motifs.

L'orateur du Gouvernement a dit, en présentant le projet de loi au Corps législatif, que ce projet, médité long-tems au Conseil d'Etat, avait encore acquis un degré de perfection par les observations des commissaires du Tribunat : nous devons aussi à la vérité de déclarer publiquement que votre Section de législation avait donné un assentiment unanime à l'ensemble et à toutes les dispositions les plus importantes du premier projet, qu'elle en avait généralement adopté les principes et les bases, et qu'elle avait trouvé dans la rédaction un modèle de précision et de clarté.

Encore amélioré dans quelques parties, ce projet présente aujourd'hui le système le plus heureusement combiné, le plus conforme à la nature, à la raison, à nos mœurs, à notre état social; c'est un code complet sur la matière, et votre Section vous propose à l'unanimité, citoyens Tribuns, d'en voter l'adoption.

DISCOURS

PRONONCÉ au Corps législatif, par SIMÉON, l'un de orateurs du Tribunat.

Séance du 29 germinal an 11.

CITOYENS LÉGISLATEURS,

Quand l'instinct et la nature de l'homme ne le porteraient pas essentiellement à la société, sa raison l'y aurait amené. Sa sûreté individuelle et sa propriété, les deux choses qui le touchent le plus, prennent en effet, dans l'état social, une force immense.

Sans la société il serait réduit à ses seules forces, ou fortuitement à celles de quelques individus qu'un intérêt passager lui réunirait. Aucune prévoyance en commun de l'avenir; point de cette vigilance publique qui s'occupe des individus sans qu'ils y songent; point de propriété, que de la chose dont on serait réellement et physiquement saisi.

La société seule peut garantir à l'homme le champ qu'il a cultivé et qu'il ne saurait garder: la propriété ne serait qu'un rêve et une prétention chimérique, si la société ne la consolidait et ne la soutenait.

C'est donc pour être libre de sa personne et maître de sa chose que l'homme s'est mis en société, si toutefois il n'y naquit pas originairement, et si elle n'est pas un bienfait que le ciel lui accorda avec l'existence.

La sûreté et la propriété, bases de la société, doivent l'être aussi du code civil.

La

La sûreté individuelle ne se borne pas dans l'état de société à la faculté d'aller, de venir, de disposer de soi ; elle
se compose de tout ce qui tient à l'état de la personne, à
ses droits de famille, à sa manière d'exister socialement :
c'est pour cela que l'état des personnes a dû être le premier
objet du code. Le second ; celui qui va vous occuper
maintenant, citoyens Législateurs, est la propriété.

La propriété s'acquiert et se transmet.

Avant de régler comment elle se transmettra, il faut 101.
déterminer comment elle s'acquiert.

Si l'*occupation* fut le mode d'acquérir le plus naturel et
par conséquent le premier, il ne saurait être considéré
dans l'état social. En effet, l'occupation n'est qu'un fait,
qui cesse avec la détention de la chose.

Un autre peut occuper ce que j'occupais tout à l'heure,
et que j'ai abandonné. Il faut, pour empêcher ces occu-
pations successives qui seraient une source de dissensions
et de querelles quelquefois sanglantes, que l'occupation
reçoive un caractère légal ; et que le fait qui la constitue
soit converti en droit.

L'occupation, sans autre titre, d'un immeuble, ne sera
donc pas un moyen de l'acquérir.

La propriété immobilière s'acquiert et se transmet par
succession, par donation, par contrats ou par suite des
contrats.

Elle s'acquiert aussi par l'accession qui vient ajouter 103.
ou s'incorporer à ce que nous possédons déjà ou par la
prescription qui consacre la possession.

La possession est une détention de fait et de droit, qui
dispense de la détention continuelle et lui substitue la détention de volonté.

La détention de fait appartient à l'ordre naturel ; l'ordre
social ne peut la reconnaître qu'en la légalisant.

Il n'y a donc de moyen d'acquérir ce qui a déjà un
maître, que par son consentement, par son obligation,
ou par prescription.

Ce qui n'a point de maître est réservé à l'usage commun 104.
de tous, d'après les lois de police qui en règlent l'usage.

Quant aux choses mobilières, quoique par leur nature
elles soient, même dans l'ordre social, susceptibles de l'occupation et de la détention continuelle, la société a dû

régler aussi la manière dont on les acquerrait. C'est pour cela que l'occupation simplement et proprement dite n'est pas mentionnée même à leur égard.

103. L'état social ne permet pas que la chasse, la pêche, les trésors, les effets que la mer rejette, les choses perdues, soient, comme dans l'état de nature, au premier occupant.

L'usage des facultés naturelles, les faveurs du hasard et l'avantage de la primauté ne doivent pas être en contradiction avec une propriété préexistante et mieux fondée en droit.

Ces notions préliminaires, qui auront leur développement dans des règles particulières, ont dû être placées à la tête du livre qui traite des différentes manières d'acquérir la propriété ; ces lois seront hors du code, parce qu'elles ne sont pas d'un intérêt aussi important et aussi général que les successions, les donations entre-vifs ou testamentaires, et les obligations.

On pourrait s'étonner que de ces trois grands moyens d'acquérir ou de transmettre la propriété, les successions soient le premier dont on s'occupe. Il semble qu'il faudrait d'abord régler ce qui se fait pendant la vie, avant de songer à ce qui arrive quand elle est terminée.

Néanmoins il y a plusieurs raisons de cette préférence.

1°. Les successions sont réglées et déférées par la loi. Il faut statuer sur ce qu'elle veut avant d'en venir à ce qu'elle permet.

2°. La succession est une espèce de continuation du domaine du défunt en faveur de ses proches. Elle opère une moindre mutation de propriété que les donations entre-vifs, testamentaires ou que les obligations.

Enfin, on a pour ce que l'on veut faire pendant sa vie les règles de sa raison et les droits de sa volonté ; mais il faut que la loi dispose sur ce qu'on n'a pas fait. Tous les jours on meurt, tous les jours on succède ; les successions étaient l'objet le plus urgent à régler, celui qui rendait le code plus désirable et plus nécessaire.

Quelque important que soit l'état des personnes, quelque prééminence qui lui appartienne sur les biens, on n'a eu qu'à rassembler et améliorer des lois déjà bonnes. L'état des personnes n'avait pas été subverti autant que les successions, bouleversées d'abord par l'effet rétroactif, morcelées ensuite par des divisions et des subdivisions infinies, qui, pour donner quelque chose à chacun, auraient fini par ne laisser rien à personne.

La matière des successions est immense. Rassembler en quelques pages les principes qui doivent y présider ; choisir les meilleurs modes de succéder, ceux qui sont les plus conformes à l'équité et les plus simples, qui préviennent le plus les contestations ou qui en rendent la décision facile ; faire connaître clairement aux citoyens des règles qui les intéressent tous individuellement, puisque tous sont appelés à recueillir et à transmettre des successions : tel est le but qu'on devait se proposer. J'espère, citoyens Législateurs, que vous jugerez, comme le Tribunat dont j'ai l'honneur de vous apporter le vœu, qu'il a été heureusement atteint.

L'ouverture des successions, les qualités requises pour y parvenir, les divers ordres des successions, les modes de les accepter ou de les répudier, ceux de les partager, ce sont les principaux objets sur lesquels le titre des successions devait statuer.

106 Aussitôt que nous mourons, tous les liens qui tenaient nos propriétés dans notre dépendance se rompent, la loi seule peut les renouer. Sans elle, les biens destitués de leurs maîtres seraient au premier occupant. Chaque décès ramènerait l'incertitude et les désordres que l'état social a fait cesser. La *succession* est donc une institution civile par laquelle la loi transmet à un propriétaire nouveau et désigne d'avance la chose qui vient de perdre son propriétaire précédent. La mort seule ouvre la succession : il ne saurait y avoir de succession d'un homme vivant.

On ne regarde point tel ce coupable qui, graces à l'humanité des lois, a conservé sa tête, mais marquée du sceau de l'infamie. Il respire ; il n'est point séparé de la nature, mais il l'est de la société qu'il a grièvement offensée ; elle lui a retiré les prérogatives qu'elle donne ; elle protégera encore la vie qu'elle lui a laissée, mais comme celle d'un esclave de la peine, qui ne peut rien posséder, qui n'a ni existence ni droits civils. La mort civile comme la mort naturelle ouvre donc la succession.

107 La mort naturelle est un fait physique et irrévocable qui frappe les yeux. La mort civile est une privation morale qui a besoin de jugement et d'exécution. Prononcée contre un contumax qui n'a point été entendu, qui peut-être serait

absous s'il se présentait et se faisait entendre, elle n'est définitivement encourue qu'après un délai que les lois ont déterminé. Ce n'est qu'à l'expiration de ce délai, qu'elle donnera ouverture à la succession du condamné ; car les lois aiment à le réputer encore capable des effets civils, tant qu'il est dans les délais qu'elles lui accordent pour se représenter et se justifier.

108.   Quoique la mort naturelle soit un des faits les plus évidens et les plus faciles à constater, elle arrive quelquefois au loin sans qu'on en trouve de témoin. D'autres fois elle s'étend au même instant, dans un grand désastre, sur plusieurs personnes, sans que l'on sache qu'elles sont celles qui ont succombé les premiers. Ce mystère est indifférent à éclaircir, si elles n'ont entr'elles aucun rapport de successibilité. Mais si un père et un fils, si une sœur et un frère ont péri dans le même naufrage ou le même incendie, il importe de déterminer quel est celui qui est décédé avant l'autre ; car celui qui a survécu, ne fût-ce que d'un instant, a succédé ; il a transmis à ses héritiers et sa propre succession et celle qui passa un moment sur sa tête ; selon que l'on présumera la survie de l'un ou de l'autre, les héritiers seront différens. Il a fallu statuer sur ce cas, que les voyages d'outre-mer et mille accidens rendent commun. On a cherché à mettre autant qu'on l'a pu, les présomptions constantes de la loi à la place des suppositions et des argumens intéressés des parties. On ne pouvait cependant pas exclure les circonstances du fait ; elles auront le premier rang dans cette discussion : car les faits sont au-dessus des présomptions, qui ne peuvent en être que le supplément.

Ainsi, quoiqu'il soit présumable que dans une ruine commune le plus fort aura péri le dernier, cette présomption serait écartée, s'il était prouvé que le danger capital a d'abord et premièrement investi le plus fort avant de s'étendre au plus faible ; les conjectures tirées de la force de l'âge ou du sexe, seront toujours subordonnées aux circonstances du fait.

109.   Mais si l'on n'en connaît aucunes, ou si elles ne sont pas suffisantes ; on les combinera avec les présomptions de la loi. Elle les établit avec une grande sagacité.

Toutes choses égales, entre des enfans, le plus âgé est présumé avoir survécu.

Entre des sexagénaires, la présomption est toute contraire ; elle est en faveur du plus jeune.

Entre un enfant et un vieillard, la présomption est encore pour la jeunesse.

A égalité d'âge, elle est pour le sexe le plus fort.

La mort, soit naturelle, soit civile, à l'instant où elle frappe définitivement, ouvre donc la succession. Elle l'ouvre au profit des héritiers légitimes ; elle les saisit de plein droit du patrimoine du défunt, sans qu'il soit besoin d'aucune demande de leur part : utile et belle conception, au moyen de laquelle la propriété ne reste jamais en suspens, et reçoit, malgré les vicissitudes et l'instabilité de la vie, un caractère d'immutabilité et de perpétuité. L'homme passe, ses biens et ses droits demeurent. Il n'est plus, d'autres lui-même continuent sa possession et ferment subitement le vide qu'il allait laisser.

A défaut d'héritiers *légitimes* (on appelle ainsi ceux que les lois désignent pour recueillir de plein droit les successions), le code les accorde à un autre ordre de personnes ; d'abord aux enfans naturels, s'il y en a, sinon à l'époux survivant ; enfin à la République. Mais attendu qu'ils ne sont pas des héritiers légitimes proprement dits, ils ne sauraient être saisis de plein droit comme le sont les héritiers légitimes et réguliers ; ils doivent recourir à justice et se faire envoyer en possession.

Maintenant que la mort ou naturelle ou civile a ouvert la succession et qu'elle en a saisi de plein droit les héritiers légitimes, il faut reconnaître ces héritiers et savoir qu'elles sont les qualités dont ils ont besoin pour recueillir.

La première, c'est d'exister au tems où la succession s'ouvre ; car s'il n'y a pas de succession d'un homme vivant, il n'est pas possible non plus qu'il y ait transmission du défunt à un autre défunt, ou à un être qui n'existe pas encore : pour être saisi, il faut être vivant.

On présume tel l'enfant qui croît au sein de sa mère ; il est en effet ou le fils ou le parent du défunt, et s'il naît viable, il serait contraire à l'équité et à la raison que son existence certaine, quoiqu'elle ne fût pas entièrement développée, ne fît obstacle à des parens plus éloignés.

Comme un fait physique s'oppose à ce qu'un héritier qui n'a pas existé ou qui a cessé de vivre soit saisi, un fait légal

110.

111.

H 3

empêche que le condamné à mort civile ne le soit aussi. Il faut avoir ; pour succéder, la double capacité naturelle et civile.

112. La capacité civile appartient à tout français jouissant de ses droits civils, et même aux étrangers dans les mêmes cas et dans la même manière qu'ils nous l'accordent chez eux.

113. En vain on aurait la capacité de succéder, si l'on s'en était rendu indigne. Les Romains avaient multiplié les incapacités : nous les réduisons à trois.

La condamnation pour attentat à la vie du défunt. On n'hérite pas de ceux qu'on assassine.

Une accusation capitale et calomnieuse portée contre lui.

L'indifférence pour son assassinat qu'on n'a ni poursuivi ni dénoncé, à moins que le devoir de venger sa mort n'ait été étouffé par un devoir contraire ; celui de ne pas se rendre dénonciateur d'un parent.

114. L'héritier exclu par indignité est à l'instar d'un possesseur de mauvaise foi. S'il avait joui de la succession, non-seulement on la lui ôterait, mais on lui en arracherait les fruits.

115. Les fautes sont personnelles. L'indignité du père ne nuira donc pas à ses enfans, s'ils peuvent venir de leur chef à la succession, et sans y représenter son odieuse tête ; mais aussi la justice qui leur est accordée ne lui profitera pas : il ne pourrait prétendre, en vertu de sa puissance paternelle, aucun usufruit sur les biens de cette succession, de laquelle il a mérité d'être immédiatement repoussé.

116. Après avoir réglé les qualités des héritiers, il faut déterminer l'ordre dans lequel ils sont appelés.

Les bonnes lois ne sont guère que des déductions de la raison naturelle, appuyées sur l'équité, et dirigées par l'expérience des besoins de la société et des particuliers. Ce ne sont donc pas des innovations qu'il faut principalement attendre dans un code; on aimera au contraire à y retrouver ce qu'on savait, ce qu'on pratiquait, ce que l'usage avait prouvé bon, ou ce que l'habitude avait rendu commode et familier ; on n'y désirera que la réforme des vices de législation bien constans, et les améliorations que réclament évidemment le progrès des lumières, et les changemens survenus dans les mœurs et dans la position des fortunes.

La raison indique pour les premiers héritiers d'un défunt ses enfans ; à leur défaut, ses ascendans et ses collatéraux. Cette notion sera donc la première base de l'ordre des successions légitimes.

Mais distinguera-t-on dans les successions la nature et l'origine des biens ? Chaque successeur viendra-t-il prendre les biens auxquels il pourrait prétendre avec plus de droit, sous le prétexte qu'ils étaient provenus de sa ligne ? Les biens paternels iront-ils aux héritiers paternels ? Adjugera-t-on aux héritiers maternels les biens maternels ? Distinguera-t-on des acquêts, des propres, et des biens en tenant lieu ?

Ce fut l'usage d'une partie de la France jusqu'à la loi du 17 nivôse an 2 ; c'était la règle commune des pays coutumiers. Moins heureux en cela que les pays de droit écrit, la distinction de la nature et de l'origine des biens les fatiguait de procès et de contestations souvent épineuses et subtiles. La liquidation et le partage des successions, même quand ils n'étaient pas contentieux, devenaient difficiles, exigeaient presque toujours l'intervention des hommes de loi. On simplifia la jurisprudence en abrogeant cette distinction ; et ce fut un des bienfaits de la loi du 17 nivôse, loi sage et louable à beaucoup d'égards, qu'on aurait beaucoup plus appréciée, si l'injustice de son effet rétroactif n'eût soulevé contre elle de trop justes ressentimens.

En enlevant aux parens paternels et maternels, à chacun les biens de leur ligne, on crut leur devoir une indemnité : le principe de la distinction des biens était équitable ; c'étaient les difficultés de son application qui avaient dû la faire abroger. On y substitua un partage égal entre les deux lignes, sans égard à la nature et à l'origine des biens.

C'était une innovation dans les pays de droit écrit, où l'on ne faisait jamais qu'une masse des biens, recueillie en entier par les héritiers les plus proches. Mais cette innovation avait pour elle l'équité du principe de la distinction des biens paternels et maternels ; elle avait l'avantage de prendre un milieu entre les usages trop subtils des pays coutumiers et la trop grande simplicité des lois romaines à cet égard. On a dû laisser subsister ce mode, qui, en ôtant à chacun des deux usages différens ce qu'ils avaient d'excessif, les rapproche et les concilie.

118. Par les mêmes motifs, le privilège du double lien reste aboli, comme il l'avait été par la loi du 17 nivôse. La division de la succession entre les deux lignes donne à chacune une portion égale. Les parens germains figureront dans les deux lignes où ils sont placés ; mais ils n'excluront pas des parens qui, pour n'avoir pas de droits dans l'une des lignes, n'en ont pas moins d'incontestables dans l'autre.

119. Une fois la division opérée entre les lignes paternelle et maternelle, il n'y aura plus de subdivision entre les diverses branches sorties de ces lignes. On tarit ici une source féconde et funeste de prétentions et d'inconvéniens. Dans quelques coutumes, on avait poussé le scrupule, pour les droits de chaque ligne, jusqu'à chercher toujours dans chaque subdivision des parens paternels et maternels. On remontait jusqu'à ce qu'on en trouvât : c'est ce qu'on appelait la *refente*. Cette minutieuse subtilité avait passé dans la loi du 17 nivôse, et paraissait y avoir été adoptée. Cependant plusieurs jurisconsultes, profitant de la rédaction quelquefois peu claire de cette loi, et desirant prévenir les inconvéniens d'une division presque infinie, avaient trouvé dans le texte même, des argumens contraires. La sagesse du tribunal de cassation a sanctionné leurs efforts, et préparé dans le code la place de cette décision qui vient proscrire à jamais un système monstrueux ; il pouvait appeler un millier d'individus en partage d'une succession, et la dévorer cent fois en recherches de titres, en tableaux de généalogie, en frais, en contestations de tout genre.

120. Pour reconnaître les héritiers et leur distribuer leurs droits, il faut fixer quels étaient leurs rapports avec le défunt. Le code définit de la manière la plus claire ce que c'est que le *degré* et la *ligne*.

Chaque génération s'appelle un degré.

La suite des degrés forme la ligne. Le nombre des degrés établit la proximité ou la parenté.

On avait autrefois deux manières de compter les degrés. Le droit civil en donnait une, le droit canonique en fournissait une autre.

Le droit canonique, bon pour régler la discipline intérieure du rit de l'église romaine, n'a point d'autorité extérieure. Notre droit civil doit nous suffire. Sa computation

est d'ailleurs la meilleure et la plus ancienne. Elle sera uniformément et uniquement suivie.

L'équité et la loi appellent aux successions les parens le 121.
plus proches à l'exclusion des plus éloignés. Il a fallu, dès
long-tems, statuer sur un cas qui, dans certaines circonstances, aurait rendu injuste l'application de ce principe.

Un père avait plusieurs enfans; il en a marié un, qui l'a
prédécédé, laissant lui-même des enfans. L'héritage paternel se divisera-t-il entre les enfans du père sans que ses petits
enfans, sous prétexte qu'ils ne sont qu'au second degré, y
prennent aucune part? Au malheur d'avoir perdu leur père,
joindront-ils celui d'être privés de la portion qu'il aurait
eue dans les biens de leur aïeul? Si leur père eût vécu, ses
frères, leurs oncles auraient partagé avec lui; pourquoi ne
partageraient-ils pas avec eux? A défaut de leur père, leur
aïeul ne leur devait-il rien?

Le droit avait introduit pour ce cas la *représentation* et le
code a dû la conserver. C'est une fiction dont l'effet est de
considérer le représentant comme le représenté, de le faire
entrer dans la place, le degré et les droits de celui qu'il représente : fiction heureuse, qui répare les torts d'un sort
cruel, protège des orphelins et réalise les espérances dans
lesquelles ils avaient été conçus.

La représentation n'a point de terme dans la ligne directe 122.
descendante. Qu'importe en effet que l'on soit petit-fils,
arrière petit-fils? on n'appartient pas moins au malheureux
vieillard dont les yeux affaiblis ont vu une branche de sa
descendance se dessécher successivement dans ses prolon-
gemens, et n'offrir qu'à une extrémité éloignée et d'autant
plus précieuse à son cœur affligé un reste de reproduction
et de vie.

La successibilité des descendans est autant naturelle que 123.
légitime; mais celle des ascendans est contre la marche ordinaire des évènemens; on croit voir remonter un fleuve
vers sa source; l'ordre de la nature est troublé : il n'y aura
donc point de représentation pour ce cas extraordinaire.
L'ascendant plus proche dans chaque ligne exclura le plus
éloigné.

La représentation se borne en ligne collatérale aux en- 124.
fans des frères et sœurs, et à leurs descendans : nouveau

bienfait du code ; exclusion de la représentation dans les degrés ultérieurs, parce qu'en effet on n'aurait su où s'arrêter ; parce que les droits des collatéraux au troisième degré ne sont plus assez forts pour qu'on leur applique la fiction introduite d'abord en faveur des petits-fils, et étendue ensuite aux neveux et à leurs descendans.

125. On ne représentera pas une personne vivante, car on ne peut pas occuper une place qu'il remplit. Il aurait beau ne vouloir pas user des droits qu'elle lui donne ; dans ce cas, il y renonce ; il les abjure : sa renonciation nuit à ceux qui le représenteraient.

Mais, pour représenter quelqu'un, on n'a pas besoin d'être son héritier ; on peut même avoir refusé de l'être. La raison en est qu'on ne représente pas un défunt dans une succession où il serait appelé s'il était vivant, parce qu'on est son héritier ; car, comme tel, on n'aurait aucun droit sur une succession ouverte après son décès. On le représente, parce qu'on prend sa place dans la famille ; on remplit le degré qu'il eût occupé. Ce droit est un droit de parenté que l'on tient du sang ; ce n'est pas un droit qui dépende de l'héritage du représenté.

126. Après avoir établi les principes généraux de l'ordre des successions, le code décide comment elles sont déférées, d'abord dans la ligne descendante.

Les enfans ou leurs descendans succèdent à leurs ascendans par égales portions. Plus d'injustes distinctions, ni de sexe, ni de primogéniture, ni même de lit. Les femmes ne sont ni moins nécessaires ni moins précieuses à la société que les hommes, les cadets que les aînés, les enfans d'un second mariage que ceux d'un premier. La loi les voit tous d'un œil égal, et leur donne à tous les mêmes droits. C'est aux parens qu'il appartiendra de les distinguer sans injure, de marquer à ceux qui l'auront méritée une juste prédilection. Leurs dispositions seront le jugement domestique, la loi particulière de leurs familles ; elles pourront y introduire une inégalité raisonnable et modérée Mais l'égalité sera le droit commun, le vœu et la disposition générale de notre droit civil.

127. A défaut de descendans, et de frères et sœurs du défunt ou de leurs descendans, le code appelle les ascendans, et les préfère aux collatéraux plus éloignés.

La succession collatérale ne vient en général qu'après **128.**
la succession ascendante et en troisième ordre. Il y a cependant des cas où ces deux successions ont réciproquement la préférence l'une sur l'autre. Il y a des cas où elles
se mêlent, où les ascendans et les collatéraux concourent
ensemble.

Ainsi les frères et sœurs et leurs descendans excluent
les ascendans au second degré ; c'est-à-dire leurs aïeuls.

Ils n'excluent point les ascendans au premier degré ; ils **129.**
succèdent avec leurs pères et mères. La succession fraternelle se partage dans ce cas entre la ligne ascendante et
la ligne collatéralle.

Mais toujours les pères et mères, et même des ascendans
qui d'ailleurs ne seraient pas successibles, reprennent les
effets qu'ils avaient donnés au défunt ; c'est un retour
légal que l'équité commande.

Les pères et mères ne seront donc pas écartés de la succession de leurs enfans prédécédés, par leurs autres enfans.
Le code les rétablit dans les droits naturels que l'ancienne
jurisprudence leur avait reconnus, et que la loi du 17
nivôse avait injustement étouffés. Les mêmes motifs qui
réservent aux enfans une portion sur le patrimoine de
leurs pères et mères, en assignent pareillement une à
ceux-ci, sur les biens de leurs enfans prédécédés sans
postérité.

Ce n'est pas, comme on la dit quelquefois, pour les
consoler de la perte qu'ils ont faite. Quelle somme d'argent
peut en effet consoler de la mort prématurée d'un enfant
chéri ? C'est parce que les droits d'alimens sont réciproques
entre les enfans et les auteurs de leurs jours ; c'est parce
qu'à défaut de la ligne descendante, il est équitable de faire
concourir le premier degré de la ligne ascendante avec les
frères et sœurs.

C'était un étrange motif de la loi du 17 nivôse, que de
dire que les pères n'avaient pas dû prévoir qu'ils survi-
vraient à leurs enfans. De ce qu'ils n'auraient pas dû s'attendre à ce malheur, cependant trop commun, en sont-ils
coupables ? Et sur une succession dont ils n'ont certainement pas desiré, dont ils n'ont pas dû prévoir, si l'on
veut, l'ouverture, devront-ils perdre les droits que la nature leur accorde, ce que dans leur vieillesse ou dans leurs

besoins ils auraient reçu de leur enfant, s'il eût vécu? Avec raison le code se met à la place de cet enfant, et remplit pour lui un devoir qu'il ne peut plus acquitter. D'ailleurs la portion que le code accorde aux pères et mères en concours avec les frères du défunt qui sont leurs héritiers naturels, ne leur reviendra-t-elle pas? On ne peut qu'applaudir à cette correction de la loi du 17 nivôse.

130. A défaut de frères ou de sœurs qui excluent les aïeuls et qui concourent avec les pères et mères ; à défaut d'ascendans qui, en quelques degrés qu'ils soient, pourvu qu'il y en ait dans les deux lignes, excluent les collatéraux qui ne sont ni frères ni sœurs, ni descendans de frères ou de sœurs, la succession appartient à ces proches éloignés.

131. Mais toujours, soit que les successions, en suivant l'ordre naturel, descendent avec la filiation, soit qu'elles rétrogradent en remontant dans la ligne ascendante, soit qu'elles se répandent en collatérale, elles se divisent entre les deux lignes paternelle et maternelle : c'est un principe commun à tous les ordres de succession.

Il sera utile de résumer maintenant en peu de mots les règles des successions ascendantes ou collatérales.

132. Le défunt a-t-il laissé son père et sa mère, et des frères et des sœurs ; sa succession se partage par moitié entre la ligne ascendante et la ligne collatérale.

133. Ne reste-t-il dans la ligne ascendante que le père ou la mère ; la moitié du prédécédé, qui est le quart de la totalité, se réunit à la portion des frères : ils auront les trois quarts.

134. N'y a-t-il ni frères ou sœurs, ni descendans de frères et sœurs, et se trouve-t-il dans la ligne ascendante des parens paternels et maternels ; ils succèdent et partagent exclusivement aux collatéraux ?

135. N'y a-t-il dans la ligne ascendante qu'un parent paternel ou maternel ; il a la moitié, les collatéraux ont l'autre mais si cet ascendant est le père ou la mère, il prend en usufruit le tiers de la moitié dévolue à la ligne collatérale ; c'est un préciput que le code lui accorde sur des collatéraux éloignés.

136. Après le douzième degré, on ne connaît plus de parenté

pour la successibilité. En effet les preuves en deviendraient
trop difficiles. C'est l'orgueil bien plus que l'intérêt qui
conserve les généalogies ; le commun des hommes, étranger
aux vanités de la naissance, est incapable des soins nécessaires pour remonter à une origine trop ancienne; et c'est
pour le commun des hommes que les lois sont faites.

D'ailleurs, outre la difficulté des preuves au-delà du
douzième degré, le code a dû prendre un terme quelconque :
sinon, en remontant à l'infini, on verrait les familles se
confondre, la parenté deviendrait innombrable ; et sous le
prétexte d'être plus juste, on tomberait dans des partages
et des embarras inextricables. Après le douzième degré,
on est si éloigné de la souche commune, les sentimens
d'affection et de famille sont si usés, que la plupart du
tems on ne se connaît pas, et l'on n'a respectivement pas
plus de droits que les autres hommes.

Tout ce que l'on a pu dans ce cas accorder de faveur
à la très-ancienne parenté, a été de donner à un parent
qui serait unique au douzième degré, la portion de sa
ligne et celle de sa ligne défaillante.

Il peut arriver que l'on meure sans descendans, sans 137.
ascendans, sans collatéraux : que deviendront les biens?
il y aura lieu alors à la succession *irrégulière.*

On appelle ainsi la succession que la loi défère quand
elle ne trouve plus personne dans la famille qui soit l'héritier légitime et de droit. Ici la succession qui est comme
nous l'avons vu, d'institution civile, devient encore plus
arbitraire ; c'est-à-dire plus dépendante de ce droit positif, par lequel le législateur, placé entre diverses manières de statuer, choisit l'une plutôt que l'autre, en
cherchant néanmoins à se rapprocher autant qu'il le peut
des bornes immuables de la justice et de l'équité.

Ces deux sentimens lui indiquent, à défaut de successeurs
légitimes, les enfans naturels. Le code ne les placera pas,
comme les lois trop peu morales du 4 juin 1793 et du 12
brumaire an 2, à côté des enfans nés d'une union res-
pectable, et sanctionnée par toutes les lois domestiques,
publiques et religieuses; il ne les honorera pas du titre
d'héritiers, il ne leur accordera que des droits; il leur
garantira la dette que leurs pères et leurs mères contrac-
tèrent en leur donnant la naissance, et qu'ils avouèrent

en les reconnaissant. Les enfans naturels n'exerceront pas des droits de famille ; ils sont hors de la famille : mais le sang de leur père et de leur mère coule dans leurs veines. Ce sont les droits du sang que le code leur adjuge.

Ces droits ne sauraient s'étendre en collatérale aux biens de la famille dont ils ne sont pas ; ils se bornent aux biens des pères et mères.

138. A côté des droits héréditaires des descendans légitimes, la créance des enfans naturels se réduit au tiers de la portion qu'ils auraient reçue s'ils eussent été légitimes.

Elle monte à la moitié de cette portion, s'il n'y a point de descendans légitimes, mais seulement des ascendans ou des frères.

Elle parvient aux trois quarts quand il n'y a que des collatéraux plus éloignés.

139. Mais jamais l'enfant naturel n'aura la totalité, à moins que l'on ne trouve plus de parens successibles.

Alors il exclura le fisc, qui est aussi un successeur irrégulier, mais le dernier de tous.

140. Si pour la tranquillité et le repos de leur famille, les père et mère ont eu soin d'acquitter de leur vivant leur dette envers leur enfant naturel ; si en la payant par anticipation ils ont déclaré ne vouloir pas qu'il vînt après eux troubler leur succession, le code maintiendra cette disposition , lors même que ce don anticipé n'arriverait qu'à la moitié de la créance ; mais si le don était resté au-dessous de la moitié, l'enfant pourrait en réclamer le supplément.

Une pareille donation est utile et pour l'enfant naturel qu'elle fait jouir plutôt, et pour la famille qu'elle débarrasse d'un créancier odieux ; il est bien de la maintenir, mais sous la condition équitable qu'elle n'aura pas été excessivement lésive.

141. Quant aux enfans adultérins ou incestueux, ils n'ont pas même de créance ; ils n'ont droit qu'à la pitié ; elle ne leur a jamais obtenu que des alimens.

Si nous nous occupons d'eux, ce n'est pas qu'il soit permis de reconnaître les fruits de l'inceste et de l'adultère comme ceux d'une co-habitation illégitime , mais tolérée. Le code civil a pu permettre l'aveu d'une foiblesse, il ne souffre pas la reconnaissance d'un crime.

Mais quoique les enfans adultérins ou incestueux ne puissent être légalement reconnus, leur existence est un fait qui peut quelquefois être évident.

Un enfant aura été valablement désavoué par un mari ; il aura été jugé le fruit adultère de l'épouse : le crime de sa mère ne sauroit la dispenser de lui donner des alimens.

Un homme aura signé comme père un acte de naissance sans faire connaître qu'il est marié à une autre femme que la mère du nouveau-né, ou que la mère est sa sœur ; il aura voulu faire fraude à la loi : l'enfant, ignorant le vice de sa naissance, se présentera dans la succession pour y exercer les droits d'un enfant naturel ; on le repoussera par la preuve qu'il est né d'un père qui ne pouvait légalement l'avouer ; mais l'aveu de fait, écrit dans son acte de naissance, lui restera et lui procurera des alimens.

Cette disposition est conforme à l'ancien droit ; il était nécessaire de la conserver : car enfin les enfans adultérins ou incestueux n'en sont pas moins des hommes ; et tout homme a droit de recevoir au moins des alimens, de ceux qui lui ont donné la vie.

La succession aux biens des enfans naturels, s'ils n'ont pas de descendans légitimes, est dévolue aux pères et mères qui les ont reconnus.   142.

Si les pères et mères sont prédécédés, les biens que les enfans naturels en avaient reçus font retour aux enfans légitimes des pères et mères.

Tout le surplus des biens des enfans naturels appartient à leurs frères ou sœurs naturels, ou aux descendans de ceux-ci, s'il en existe.

A défaut, l'enfant naturel n'a point d'héritier régulier : sa succession appartient à ses héritiers irréguliers, qui sont, premièrement, ses enfans naturels, si, trop fidèle imitateur des vices de son père, il ne s'est perpétué que d'une manière illégitime ; secondement, sa femme ; et troisièmement, la République.

Le conjoint survivant et la République forment en effet le second et le troisième ordre des successions irrégulières.

Le conjoint survivant, quelque étroit que fût le lien qui l'unissait avec le défunt, appartient à une famille étran-   143.

gère. Si la nouvelle famille qu'ils étaient destinés à former
vient à manquer ; la loi ; sauf les témoignages d'amitié
qu'ils pourront se donner ; ne les appelle à se succéder
qu'à défaut de parens de leurs familles respectives ; mais
si ces parens manquent, plutôt que d'appeler le fisc, qui
est l'héritier de ceux qui n'en ont point, on préfère le
conjoint survivant.

144.   Le fisc ou le trésor de la République recueille les successions auxquelles personne n'a le droit de se présenter ;
par cette raison que ce qui n'appartient à aucun individu
appartient au corps de la société ; qui représente l'universalité des citoyens ; jouissant pour l'avantage commun , il
prévient les désordres qu'entraîneraient les prétentions de
ceux qui s'efforceraient d'être les premiers occupans d'une
succession vacante.

Les successeurs irréguliers ne sauraient être ; comme les
successeurs réguliers , saisis de plein droit.

145.   Ils doivent demander l'envoi en possession. Il ne leur
est accordé qu'après des publications , des formalités , et
sous des précautions propres à conserver les droits des héritiers réguliers , s'il venait à s'en présenter.

146.   Maintenant que le code a déterminé quels sont les héritiers légitimes ou *ab intestat*, réguliers ou irréguliers , il
va s'occuper des effets des successions , des obligations
qu'elles emportent ; des précautions à prendre pour qu'elles
ne soient pas onéreuses.

D'abord, recueillir une succession est un droit ; chacun
est libre , sauf la fraude qu'il ferait aux droits du tiers,
de renoncer à son droit ; de-là une ancienne règle : *N'est
héritier qui ne veut.* Cette règle a dû être conservée.

L'acceptation d'une succession peut être onéreuse comme
elle peut être lucrative. L'héritier saisi des droits du défunt est par cela même soumis à ses obligations : il est son
image active et passive.

Il résultait de ce principe que beaucoup d'héritiers ,
craignant de s'engager dans une succession ruineuse , la
refusaient. Les Romains , nos modèles en tant de choses
et nos meilleurs maîtres en législation , avaient vu de l'in-
convenance dans ce refus.

Ce peuple qui eut toujours pour but principal et première passion l'immortalité, qui voulait que chaque citoyen

                                                        peut

pût dicter des lois domestiques qui réglassent après lui son patrimoine, qu'il se survécût à lui-même, et fût toujours représenté ; ce peuple regardoit comme une infamie que l'on mourût sans héritier : qu'il ne se trouvât pas quelqu'un qui se fît un honorable et généreux devoir de recueillir les droits et de remplir les obligations d'un défunt : opinion digne de la première simplicité de ses mœurs et de la noble générosité de son caractère.

A mesure que les mœurs s'affaiblirent, que le luxe et les dettes qu'il entraine se multiplièrent, il ne fut plus possible d'espérer de la part des héritiers, un dévouement qui serait trop lésif. Cependant, pour faciliter autant qu'il serait possible l'acceptation des successions, on détermina un délai pendant lequel les héritiers pourraient prendre connaissance de l'hérédité, et délibérer s'ils l'accepteraient.

Au terme de ce délai, ils n'eurent d'abord qu'à accepter ou répudier. C'est Justinien qui, perfectionnant cette idée, créa le bénéfice d'inventaire, au moyen duquel l'héritier ne s'oblige pas personnellement, et ne peut jamais être contraint au-delà des forces de la succession.

Cette institution était trop utile pour n'être pas universelle : elle passa des pays de droit écrit dans les pays coutumiers. Quel dommage que la multiplicité des formes et l'avidité des gens de palais, aient fait tourner si souvent à la ruine des successions un moyen qui avait été heureusement imaginé pour leur conservation et pour la sûreté des héritiers ! Mais l'abus que l'on peut restreindre en simplifiant les formes, en réprimant ceux qui les exploitent, comme une mine abondante pour eux, quand ils ne devraient les faire servir principalement qu'à l'avantage de leurs cliens ; l'abus n'empêche pas que l'institution ne soit bonne en soi

Nous trouvons ici en quelques articles toutes les règles de l'acceptation pure et simple, de l'acceptation bénéficière, et de la répudiation.

L'acceptation est expresse, lorsqu'on prend le titre ou la qualité d'héritier ; elle est tacite, lorsqu'on fait des **147.** actes qu'on ne pourrait faire sans être dans l'intention de recueillir.

Les actes conservatoires ne sauraient produire l'accep- **148**

Tome   I *

tation tacite ou de fait ; ils ne supposent que le dessein louable de pourvoir à quelque chose d'urgent.

149.   La donation ou la vente de ses droits successifs est une disposition à titre de maître ; elle vaut donc acceptation.

La renonciation au profit même d'un co-héritier a le même effet , car elle est une espèce de don qu'on lui fait. Pour ne pas accepter, il faut répudier ou s'abstenir absolument , s'en rapporter à la loi pour la transmission du droit qu'on abandonne, et n'en pas disposer soi-même.

150.   Les renonciations doivent être connues et publiques. On établit utilement, dans les greffes des tribunaux de première instance , un registre où elles doivent être inscrites.

151.   Le renonçant est comme s'il n'avait jamais dû hériter ; il ne transmet pas ce qu'il n'a pas voulu recueillir. On ne le représente point. S'il est seul héritier, celui qui est dans le degré suivant vient de son propre chef à la succession. Si le renonçant a des co-héritiers , sa portion leur accroît.

152.   La renonciation n'est pas irrévocable ; on peut se repentir d'accepter tant que les choses sont entières, c'est-à-dire, tant que d'autres n'ont pas accepté , ou qu'on n'a pas laissé éteindre son droit par la prescription.

153.   On ne peut renoncer d'avance à une succession, ni en vendre sa part ; il faut connaître son droit et savoir en quoi il consiste pour y renoncer valablement.

Cette disposition paraît contraire aux règles du contrat de vente, qui permettent de vendre des choses à venir, telles que des fruits à recueillir, des animaux qui peuvent naître, et d'autres choses semblables , quoiqu'elles ne soient pas encore en nature (1). On peut vendre une espérance , un coup de filet par exemple , une liquidation de profits qui ne sont pas assurés (2) ; mais dans tous ces cas : le vendeur est propriétaire. L'espérance qu'il vend

---

(1) *Fructus et partus futuri recte emuntur.* L. VIII. ff. *De cont. empt.*

(2) *Spei emptio est, veluti captus avium vel piscium.* L. VIII , paræg. 1 , ff. *De cont. empt.*

a un fondement réel dans le champ, dans le troupeau, dans le coup de filet, desquels il est le maître ; au lieu que l'espérance d'un héritier présomptif dans une succession future n'a point de base réelle, et ne porte que sur la présomption souvent fautive qu'il succédera : d'ailleurs, en établissant que tout ce que l'on peut avoir, posséder ou recouvrer, est susceptible de vente, le peuple sage, le conquérant et le législateur du monde, excepta les ventes qui seraient contraires à la nature, au droit des gens, ou aux bonnes mœurs (3).

Or, la vente de la succession d'un homme vivant offense les convenances ; elle suppose autant le désir que la trop active prévoyance de sa mort. La renonciation, si elle est payée, est une vente qui a les mêmes vices que la vente elle-même ; si elle est gratuite, elle est une sorte de mépris, une offense faite à celui dont on répudie d'avance l'héritage ; ou s'il la sollicite lui - même, elle peut être forcée par l'autorité qu'il exerce ; elle peut entraîner pour le renonçant, une lésion que la loi ne doit pas souffrir.

On avait cependant admis dans les pays coutumiers la renonciation des filles ; elle avait pour motifs les avantages présens qu'elles trouvaient dans leur dot et leur établissement, et sur-tout le désir de conserver les biens dans les familles.

Mais un établissement était dû aux filles comme aux mâles ; la dot ne devait être, pour elles comme pour eux, qu'un avancement d'hoirie. C'était leur vendre avec injustice et cherté un établissement, que de le leur faire acheter par la perte de leur portion héréditaire.

La conservation des biens dans les familles, précieuse à beaucoup d'égards, ne l'est pas assez pour qu'on y veille au détriment d'une partie de la famille elle-même. Les filles y sont nées ainsi que les mâles. Malheur à la société, si la nature, adoptant ces injustes préférences, devenait plus prodigue de mâles que de filles, et rompait dans les naissances cet équilibre des deux sexes, si néces-

----

(3) *Omnium rerum quas quis habere, vel possidere, vel persequi potest, venditio rectè fit. Quas vero naturæ, vel gentium jus, vel mores civitatis commercio exuerunt ; earum nulla venditio est.* L. XXXIV ; parag. 1, ff. *De cont empt.*

i 2

saire à la propagation et à la tranquillité de l'espèce humaine !

On aperçoit que le droit romain valait mieux à cet égard que le droit coutumier, et l'on ne regrettera point qu'il ait prévalu.

154. Si l'on ne veut accepter la succession que sous bénéfice d'inventaire, on en fera la déclaration au greffe.

155. Elle ne sera utile qu'autant qu'elle concourera avec un inventaire fidèle et exact, qui garantira la probité de l'héritier et l'intérêt des créanciers.

156. L'infidélité volontaire de l'inventaire, ou les recélés, priveront du bénéfice d'inventaire.

157. Les délais pour procéder à l'inventaire et pour délibérer, sont restés tels qu'ils ont été observés de tous les temps.

L'héritier bénéficiaire est un administrateur pour les créanciers et les légataires; il leur doit compte. Il ne peut rien faire de relatif à la succession, que de leur connaissance, et dans les formes prescrites par les lois sur la procédure civile.

Mais aussi, comme un administrateur, il ne s'oblige point personnellement.

158. Une succession à défaut d'acceptation ou par répudiation devient vacante.

Si ceux que la loi y appelle ne sont pas connus, ou si aucun d'eux ne veut la recueillir, on nomme un curateur qui l'administre. La section 4 du chapitre 5 du titre dont je vous rends compte, citoyens Législateurs, traite des successions vacantes. Les règles en sont trop simples pour avoir besoin de développement : il suffit de dire que le curateur doit faire tout ce que ferait l'héritier bénéficiaire.

159. Une fois les héritiers reconnus et l'hoirie acceptée, il y a lieu à partage, s'il y a plusieurs héritiers; c'est le sujet d'un sixième chapitre, qui traite

De l'action en partage et de sa forme ;

Des rapports ;

Du paiement des dettes ;

De la garantie des lots ;

Et de la rescision en matière de partage.

Le partage est nécessaire, parce que souvent l'indivision ne convient à personne : en tous cas, il suffit qu'elle déplaise à un seul pour qu'il ait droit de la faire cesser.

On ne peut pas même s'obliger à demeurer toujours dans l'indivision. Une société éternelle n'est pas compatible avec la mobilité de nos intérêtst Le code limite très-sagement à cinq ans la convention de suspendre le partage. Après ce délai, elle est sans force ; elle a besoin d'être renouvelée.

Il n'y a jamais de partage par le seul fait ; il faut toujours un acte qui le règle, à moins que la possession séparée qu'on aurait eue ne soit transformée en titre par la prescription. 160.

La minorité, l'assujétissement à la puissance maritale ou paternelle, ne font pas obstacle au partage. Ces circonstances exigent seulement des formalités et des précautions que le code prescrit, et qui ne sont pas nécessaires quand tous les co-héritiers sont majeurs. 161.

Le jugement de l'action en partage appartient au tribunal du lieu où la succession sera ouverte. 162.

On a simplifié la décision des difficultés qui peuvent naître dans les partages, en les soumettant à un jugement sommaire ; en faisant présider les partages, s'il y a lieu, par un juge, qui souvent sera un médiateur, et qui, en tout cas, mettra le tribunal à portée de prononcer promptement et équitablement. 163.

La base du partage étant l'égalité, chaque co-héritier rapporte à la masse les dons qu'il a reçus ou les sommes dont il est débiteur. 164.

Ces rapports se font en nature ou en moins prenant. En nature, si le défaut de ce mode de rapport emportait une inégalité impossible à réparer ; en moins prenant, si les cohéritiers trouvent des immeubles équivalent. 165.

Ce qui a péri sans la faute du donataire et les dons qui sont plutôt des devoirs ou des marques de tendresse que des avantages considérables, ne se rapportent pas. 166.

Le partage, en divisant les biens, les transmet à chaque co-partageant avec leurs charges. 167.

i 3

Chaque co-héritier contribue aux dettes dans la proportion de ce qu'il recueille.

168.   Il n'est tenu personnellement que de sa part contributive, sauf de souffrir les hypothèques qui porteraient sur le tout.

Le légataire à titre universel, qui est une espèce de co-héritier, contribue proportionnellement aux dettes avec les co-héritiers. Le légataire particulier n'y contribue pas; mais il est sujet aux hypothèques de la chose léguée, parce qu'elles sont une charge de cette chose même.

169.   Les créanciers porteurs de titres exécutoires peuvent les faire valoir contre l'héritier personnellement, parce qu'il est l'image du défunt; il suffira que préalablement les créanciers lui en aient donné connaissance.

C'est ici une amélioration introduite dans les usages suivis à Paris, où l'on faisait déclarer exécutoires contre l'héritier les titres qu'on avait contre le défunt; formalité superflue, qui entraînait des frais inutiles et contrariait ce principe, que l'héritier est saisi de plein droit, qu'il représente le défunt, et que, par l'acceptation pure et simple, il s'oblige personnellement, et confond ses biens avec ceux de la succession.

170.   Les co-héritiers étant des associés qui ont partagé une chose commune, ils se doivent garantie des vices et des évictions procédant d'une cause antérieure au partage.

Ils sont d'ailleurs propriétaires de leurs lots, comme s'il n'y avait jamais eu d'indivision; et ils supportent chacun les pertes qui ont des causes postérieures au partage, comme ils profitent seuls des augmentations.

171.   Enfin un partage peut avoir été mal fait, il peut être lésif. On a conservé l'action en rescision, telle qu'elle était établie généralement pour lésion de plus du quart.

Quoique les lois nouvelles aient proscrit la rescision en matière de vente, on a dû la maintenir relativement aux partages, parce que les principes en sont différens.

Le vendeur demande le plus haut prix, l'acheteur aspire au moindre; étrangers l'un à l'autre, ils ne se doivent rien; leurs intérêts, loin d'être communs, sont contraires; le plus habile ou le plus heureux fait le meilleur marché. Il n'y a point de raison suffisante de les recevoir à rescision, puisque l'essence de leur contrat est de

livrer et de prendre une chose vénale au prix dont ils seraient d'accord. Le prétexte de réparer une lésion énorme
que le vendeur aurait soufferte, entraînait des procès dispendieux, dont on a bien fait d'extirper la racine. On
sera plus attentif dans les ventes, quand on n'aura plus
d'espoir de restitution.

On est libre de ne pas vendre, on n'est pas libre de
rester dans l'indivision. La base de la vente est l'avantage
que chacun des contractans y cherche aux dépens de
l'autre; celle du partage est au contraire l'égalité. Le partage est donc rescindable de sa nature; car il cesse d'être
partage, s'il n'est pas égal, sinon mathématiquement, du
moins jusqu'à une certaine proportion.

Mais si le premier acte faisant partage, de quelque cou-
leur qu'on l'ait déguisé, est rescindable, il cesse de l'être
lorsqu'un second acte l'a consacré, ou lorsqu'on a disposé
de son lot. Il n'y a d'exception que dans le cas du dol
qu'on n'aurait découvert qu'après l'aliénation. Si on le
connaissait auparavant, on a renoncé à s'en prévaloir,
puisqu'on a vendu.

Telles sont, citoyens Législateurs, les principales règles
que ce titre du code vient tracer aux citoyens. Ils y trouveront dans quelques pages tout ce qu'il est utile de savoir sur les successions, ce qui est répandu dans de nombreux et volumineux traités, dont ce titre est le résumé
et la quintessence.

Heureux le tems où la science du droit est assez avancée
pour réduire ainsi en un petit nombre de dispositions
claires et précises, ce qui a donné lieu à tant de discussions, à tant d'ouvrages, à tant de jugemens!

Heureux le peuple qui, après avoir repris, par sa valeur, son rang à la tête des nations les plus brillantes et
les plus policées, se donne encore en exemple et en modèle par l'excellence de ses lois civiles!

La sécheresse de l'analyse que j'ai été forcé de vous
présenter, citoyens Législateurs, ne sera-t-elle pas adoucie
par l'importance de la matière?

Des discussions politiques ou de droit public agiteraient
plus vivement les esprits, mais elles ont leur danger. Ici
tout est profit. On est froid et tranquille, parce qu'il ne
s'agit que d'une utilité journalière et d'un bonheur plus
paisible qu'éclatant. C'est du droit privé, des affaires do-

mestiq es et de famille, que nous traitons; mais tous les citoyens individuellement y ont intérêt. Cet intérêt est sans doute d'un assez grand prix.

N'admirera-t-on jamais que ce qui est loin de soi? Lorsque Rome envoya recueillir les lois de la Grèce, pour s'approprier ce qu'elles avaient de meilleur; lorsque les lois des Douze Tables furent exposées dans la place publique, et offertes à l'examen et aux observations de tous les citoyens; Rome ne présenta pas un spectacle plus imposant que ces discussions solennelles dont le résultat et le jugement vous sont soumis.

Louis XIV et d'Aguesseau qui avaient tant perfectionné la législation française, appellèrent à la rédaction de plusieurs lois, des hommes habiles, de savans magistrats, de célèbres jurisconsultes. Le Gouvernement n'a pas négligé ces moyens; mais notre nouvelle constitution a permis d'avantage; elle revêtira notre code civil d'une sanction qu'aucun code n'a reçue depuis les lois des Douze Tables, la sanction du peuple, par l'assentiment de ceux qui sont appelés à le représenter. Les lois civiles, partiellement rendues par les précédentes Assemblées, n'eurent ni cet ensemble ni cette maturité. Elles n'ont pu fournir que quelques élémens à l'ouvrage dans lequel nous avançons si heureusement.

Ces observations doivent nous être permises, moins pour nous énorgueillir, quoique justement, de concourir à ce beau travail, que pour indiquer le respect qui lui sera dû, lorsque vous l'aurez adopté; pour nous féliciter de voir élever de nos jours ce monument auguste, du haut duquel des lois simples, autant que le permet la complication des intérêts dans un peuple immense, régiront uniformément trente-deux millions d'hommes.

Quand le tems qui ne pourra effacer le souvenir de nos victoires, en aura pourtant usé les trophées, sa faux dévorante n'aura pu encore entamer notre code civil. On y recourra, comme depuis tant de siècles on recourt à ces lois romaines, où nous nous honorons d'avoir abondamment puisé, mais que tout esprit impartial avouera que nous avons améliorées et perfectionnées.

Soit que nous goûtions le repos d'une paix glorieuse que tous les Français souhaitent de conserver, soit qu'on les force à une guerre qu'ils ne désirent pas plus qu'ils ne la redoutent, le nouveau code civil sera l'un des plus beaux ornemens de la paix, ou l'une des plus grandes consolations de la guerre. Tandis qu'elle se ferait loin de nos frontières, il nous assurera au-dedans le bonheur qui est toujours le fruit des bonnes lois. Il préviendra ou terminera promptement les procès, espèces de dissensions moins éclatantes, mais non moins préjudiciables aux familles que les dissensions politiques qui quelquefois ne les atteignent pas.

LOI

Du 13 Floréal, an 11 de la République française.

Concernant les *Donations entre - vifs et les Testamens*,

AU NOM DU PEUPLE FRANÇAIS, BONAPARTE, premier Consul, PROCLAME loi de la République le décret suivant, rendu par le Corps législatif, le 13 Floréal an 11, conformément à la proposition faite par le Gouvernement, le 2 du même mois, communiquée au Tribunat le lendemain.

DÉCRET.

TITRE II.

Des Donations entre-vifs et des Testamens.

Dispositions générales.

ARTICLE CLXXXIII.

On ne pourra disposer de ses biens, à titre gratuit, que par donation entre-vifs ou par testament, dans les formes ci-après établies. 1. 73. 154.

CLXXXIV. La donation entre-vifs est un acte par lequel le donateur se dépouille actuellement et irrévocablement de la chose donnée, en faveur du donataire qui l'accepte.

CLXXXV. Le testament est un acte par lequel le testateur dispose, pour le tems où il n'existera plus, de tout ou partie de ses biens, et qu'il peut révoquer.

2. 74. CLXXXVI. Les substitutions sont prohibées.
155. Toute disposition par laquelle le donataire, l'héritier institué ou légataire, sera chargé de conserver et de rendre à un tiers, sera nulle, même à l'égard du donataire, de l'héritier institué ou du légataire.

CLXXXVII. Sont exceptées de l'article précédent, les dispositions permises aux pères et mères, et aux frères et sœurs, au chapitre 5 du présent titre.

75. CLXXXVIII. La disposition par laquelle un tiers serait appelé à recueillir le don, l'hérédité ou le legs dans le cas où le donataire, l'héritier institué ou le légataire, ne le recueilleraient pas, ne sera pas regardé comme une substitution, et sera valable.

76. CLXXXIX. Il en sera de même de la disposition entre-vifs ou testamentaire, par laquelle l'usufruit sera donné à l'un, et la nue-propriété à l'autre.

77. CXC. Dans toute disposition entre-vifs ou testamentaire, les conditions impossibles, celles qui seront contraires aux lois ou aux mœurs, seront réputées non écrites.

CHAPITRE PREMIER.

De la capacité de disposer ou de recevoir par donation entre-vifs ou par testament.

ARTICLE CXCI.

4. 78. Pour faire une donation entre-vifs ou un testament, il faut être sain d'esprit.

CXCII. Toutes personnes peuvent disposer et 3. 79.
recevoir, soit par donation entre-vifs, soit par testament, excepté celles que la loi en déclare incapables.

CXCIII. Le mineur âgé de moins de 16 ans, ne 5. 80.
pourra aucunement disposer, sauf ce qui est réglé 156.
au chapitre 8, *des Donations entr'époux.*

CXCIV. Le mineur parvenu à l'âge de 16 ans, 5. 81.
ne pourra disposer que par testament, et jusqu'à 156.
concurrence seulement de la moitié des biens dont
la loi permet au majeur de disposer.

CXCV. La femme mariée ne pourra donner 82.
entre-vifs sans l'assistance ou le consentement spécial de son mari, ou sans y être autorisée par la
justice, conformément à ce qui est prescrit par les
articles 211 et 213 au titre *du Mariage.*

Elle n'aura besoin ni de consentement du mari,
ni d'autorisation de la justice, pour disposer par
testament.

CXCVI. Pour être capable de recevoir entre- 82.
vifs, il suffit d'être conçu au moment de la donation.

Pour être capable de recevoir par testament, il
suffit d'être conçu à l'époque du décès du testateur.
Néanmoins la donation ou le testament, n'auront
leur effet qu'autant que l'enfant sera né viable.

CXCVII. Le mineur, quoique parvenu à l'âge 6. 64.
de seize ans, ne pourra, même par testament,
disposer au profit de son tuteur.

Le mineur devenu majeur ne pourra disposer,
soit par donation entre-vifs, soit par testament, au
profit de celui qui aura été son tuteur, si le compte

définitif de la tutelle n'a été préalablement rendu
et apuré.

Sont exceptés, dans les deux cas ci-dessus, les
ascendans des mineurs qui sont, ou qui ont été leurs
tuteurs.

85.　　CXCVIII. Les enfans naturels ne pourront, par
donation entre-vifs ou par testament, rien recevoir
au-delà de ce qui leur est accordé au titre *des Successions*.

86.　　CXCIX. Les docteurs en médecine ou en chi-
157.　rurgie, les officiers de santé et les pharmaciens qui
auront traité une personne pendant la maladie dont
elle meurt, ne pourront profiter des dispositions
entre-vifs ou testamentaires qu'elle aurait faites en
leur faveur pendant le cours de cette maladie.

Sont exceptées, 1°. les dispositions rénuméra-
toires faites à titre particulier, eu égard aux facultés du disposant et aux services rendus ;

2°. Les dispositions universelles dans le cas de
parenté jusqu'au quatrième degré inclusivement,
pourvu toutefois que le décédé n'ait pas d'héritiers
en ligne directe, à moins que celui au profit de qui
la disposition a été faite, ne soit lui-même du
nombre de ces héritiers.

Les mêmes règles seront observées à l'égard du
ministre du culte.

9. 87.　　CC. Les dispositions entre-vifs ou par testament
158.　au profit des hospices, des pauvres d'une commune
ou d'établissemens d'utilité publique, n'auront leur
effet qu'autant qu'elles seront autorisées par un arrêté du Gouvernement.

8. 89.　　CCI. Toute disposition au profit d'un incapable
sera nulle, soit qu'on la déguise sous la forme d'un

contrat onéreux, soit qu'on la fasse sous le nom de personnes interposées.

Seront réputés personnes interposées les pères et mères, les enfans et descendans, et l'époux de la personne incapable.

CCII. On ne pourra disposer au profit d'un étranger, que dans le cas où cet étranger pourrait disposer au profit d'un Français. 11.88. 159.

CHAPITRE II.

De la portion de biens disponible, et de la réduction.

SECTION I.

De la portion de biens disponible.

ARTICLE CCIII.

Les libéralités, soit par actes entre-vifs, soit par testament, ne pourront excéder la moitié des biens du disposant, s'il ne laisse à son décès qu'un enfant légitime, le tiers, s'il laisse deux enfans, le quart, s'il en laisse trois ou un plus grand nombre. 11.90. 160.

CCIV. Sont compris dans l'article précédent, sous le nom d'*enfant*, les descendans en quelque degré que ce soit; néanmoins ils ne sont comptés que pour l'enfant qu'ils représentent dans la succession du disposant.

CCV. Les libéralités par actes entre-vifs ou par testament ne pourront excéder la moitié des biens, si, à défaut d'enfant, le défunt laisse un ou plusieurs ascendans dans chacune des l[...] 12.91. 160.

paternelle et maternelle ; et les trois quarts , s'il ne laisse d'ascendans que dans une ligne.

Les biens ainsi réservés au profit des ascendans, seront par eux recueillis dans l'ordre où la loi les appelle à succéder : ils auront seuls droit à cette réserve , dans tous les cas où un partage en concurrence avec des collatéraux ne leur donnerait pas la quotité des biens à laquelle elle est fixée.

13. 92. 160. CCVI. A défaut d'ascendans et de descendans , les libéralités par actes entre-vifs ou testamentaires pourront épuiser la totalité des biens.

98. CCVII. Si la disposition par actes entre-vifs ou par testament est d'un usufruit ou d'une rente viagère dont la valeur excède la quotité disponible , les héritiers au profit desquels la loi fait une réserve , auront l'option, ou d'exécuter cette disposition , ou de faire l'abandon de la propriété de la quotité disponible.

98. CCVIII. La valeur en pleine propriété des biens aliénés , soit à charge de rente viagère , soit à fonds perdu , ou avec réserve d'usufruit, à l'un des successibles en ligne directe , sera imputée sur la portion disponible; et l'excédent , s'il y en a, sera rapporté à la masse. Cette imputation et ce rapport ne pourront être demandés par ceux des autres successibles en ligne directe qui auraient consenti à ces aliénations, ni, dans aucun cas, par les successibles en ligne collatérale.

14. 93. 161. CCIX. La quotité disponible pourra être donnée en tout ou en partie, soit par actes entre-vifs, soit par testament, aux enfans ou autres successibles du donateur, sans être sujette au rapport par le donataire

taire ou légataire venant à la succession, pourvu
que la disposition ait été faite expressément à titre
de préciput ou hors part.

La déclaration que le don ou le legs est à titre
de préciput ou hors part, pourra être faite, soit
par l'acte qui contiendra la disposition, soit postérieurement dans la forme des dispositions entre-vifs
ou testamentaires.

SECTION II.

De la réduction des donations et legs.

ARTICLE CCX.

Les dispositions soit entre-vifs, soit à cause de 15.
mort, qui excèderont la quotité disponible, seront 94.
réductibles à cette quotité lors de l'ouverture de la 162.
succession.

CCXI. La réduction des dispositions entre-vifs 17.
ne pourra être demandée que par ceux au profit 22.
desquels la loi fait la réserve, par leurs héritiers ou 97.
ayant-cause : les donataires, les légataires, ni les 162.
créanciers du défunt, ne pourront demander cette
réduction ni en profiter.

CCXII. La réduction se détermine en formant 16.
une masse de tous les biens existans au décès du do- 95.
nateur ou testateur. On y réunit fictivement ceux 163.
dont il a été disposé par donations entre-vifs, d'a-
près leur état à l'époque des donations et leur valeur au tems du décès du donateur. On calcule sur
tous ces biens, après en avoir déduit les dettes,
qu'elle est, eu égard à la qualité des héritiers qu'il
laisse, la quotité dont il a pu disposer.

Tome K.

18.
20.
95.
163.
CCXIII. Il n'y aura jamais lieu à réduire les do-nations entre-vifs, qu'après avoir épuisé la valeur de tous les biens compris dans les dispositions testa-mentaires; et, lorsqu'il y aura lieu à cette réduction, elle se fera en commençant par la dernière donation, et ainsi de suite en remontant des dernières aux plus anciennes.

96.
CCXIV. Si la donation entre-vifs réductible a été faite à l'un des successibles, il pourra retenir sur les biens donnés, la valeur de la portion qui lui appartiendrait, comme héritier, dans les biens non disponibles, s'ils sont de la même nature.

163.
CCXV. Lorsque la valeur des donations entre-vifs excédera ou égalera la quotité disponible, tou-tes les dispositions testamentaires seront caduques.

18.
95.
163.
CCXVI. Lorsque les dispositions testamentaires excéderont, soit la quotité disponible, soit la por-tion de cette quotité qui resterait après avoir déduit la valeur des donations entre-vifs, la réduction sera faite au marc le franc, sans aucune distinction entre les legs universels et les legs particuliers.

19.
95.
163.
CCXVII. Néanmoins, dans tous les cas où le testateur aura expressément déclaré qu'il entend que tel legs soit acquitté de préférence aux autres, cette préférence aura lieu; et le legs qui en sera l'objet, ne sera réduit qu'autant que la valeur des autres ne remplirait pas la réserve légale.

CCXVIII. Le donataire restituera les fruits de ce qui excédera la portion disponible, à compter du jour du décès du donateur, si la demande en réduction a été faite dans l'année; sinon, du jour de la demande.

CCXIX. Les immeubles à recouvrer par l'effet de la réduction, le seront sans charge de dettes ou hypothèques créées par le donataire. 23. '97

CCXX. L'action en réduction ou revendication pourra être exercée par les héritiers contre les tiers détenteurs des immeubles faisant partie des donations et aliénés par les donataires, de la même manière et dans le même ordre que contre les donataires eux-mêmes, et discussion préalablement faite de leurs biens. Cette action devra être exercée suivant l'ordre de dates des aliénations, en commençant par la plus récente. 23. 97.

CHAPITRE III.

Des donations entre-vifs.

SECTION I.

De la forme des donations entre-vifs.

ARTICLE CCXXI.

Tous actes portant donation entre-vifs seront passés devant notaires, dans la forme ordinaire des contrats ; et il en restera minute, sous peine de nullité. 44. 93.

CCXXII. La donation entre-vifs n'engagera le donateur, et ne produira aucun effet, que du jour qu'elle aura été acceptée en termes exprès. 160. 164.

L'acceptation pourra être faite du vivant du donateur, par un acte postérieur et authentique, dont il restera minute ; mais alors la donation n'aura d'effet, à l'égard du donateur, que du jour où l'acte qui constatera cette acceptation lui aura été notifié.

26.
101.
164.
CCXXIII. Si le donataire est majeur, l'acceptation doit être faite par lui, ou, en son nom, par la personne fondée de sa procuration, portant pouvoir d'accepter la donation faite, ou un pouvoir général d'accepter les donations qui auraient été ou qui pourraient être faites.

Cette procuration devra être passée devant notaire, et une expédition devra en être annexée à la minute de la donation, ou à la minute de l'acceptation qui serait faite par acte séparé.

28.
101.
164.
CCXXIV. La femme mariée ne pourra accepter une donation sans le consentement de son mari, ou, en cas de refus du mari, sans autoritation de la justice, conformément à ce qui est prescrit par les articles 211 et 213 au titre *du Mariage.*

27.
101.
164.
CCXXV. La donation faite à un mineur non émancipé ou à un interdit, devra être acceptée par son tuteur, conformément à l'article 457, au titre *de la Minorité.*

Le mineur émancipé pourra accepter avec l'assistance de son curateur.

Néanmoins, les père et mère du mineur émancipé ou non émancipé, ou les autres ascendans, même du vivant des père et mère, quoiqu'ils ne soient ni tuteurs ni curateurs du mineur, pourront accepter pour lui.

29.
101.
164.
CCXXVI. Le sourd-muet qui saura écrire, pourra accepter lui-même ou par un fondé de pouvoir.

S'il ne sait pas écrire, l'acceptation doit être faite par un curateur nommé à cet effet, suivant les règles établies au titre *de la Minorité.*

CCXXVII. Les donations faites au profit d'hos- 30.
pices, des pauvres d'une commune, ou d'établisse- 101.
ment d'utilité publique, seront acceptées par les 164.
administrateurs de ces communes ou établissemens,
après y avoir été duement autorisés.

CCXXVIII. La donation duement acceptée sera 31.
parfaite par le seul consentement des parties; et la 102.
propriété des objets donnés sera transférée au donataire, sans qu'il soit besoin d'autre tradition..

CCXXIX. Lorsqu'il y aura donation de biens 32.
susceptibles d'hypothèques, la transcription des 103.
actes contenant la donation et l'acceptation, ainsi 165.
que la notification de l'acceptation qui aurait eu
lieu par acte séparé, devra être faite aux bureaux
des hypothèques dans l'arrondissement desquels les
biens sont situés.

CCXXX. Cette transcription sera faite à la di- 33.
ligence du mari, lorsque les biens auront été don- 103.
nés à sa femme ; et si le mari ne remplit pas cette
formalité, la femme pourra y faire procéder sans
autorisation.

Lorsque la donation sera faite à des mineurs, à
des interdits ou à des établissemens publics, la transcription sera faite à la diligence des tuteurs, curateurs ou administrateurs.

CCXXXI. Le défaut de transcription pourra 103.
être opposé par toutes personnes ayant intérêt, 165.
excepté toutefois celles qui sont chargées de faire
faire la transcription, ou leurs ayant-cause et le
donateur.

CCXXXII. Les mineurs, les interdits, les fem- 34.
mes mariées, ne seront point restitués contre le dé- 103.

faut d'acceptation ou de transcription des donations ; sauf leur recours contre leurs tuteurs ou
maris, s'il y échet, et sans que la restitution puisse
avoir lieu, dans le cas même où lesdits tuteurs et
maris se trouveraient insolvables.

86.
105.

CCXXXIII. La donation entre-vifs ne pourra
comprendre que les biens présens du donateur ; si
elle comprend des biens à venir, elle sera nulle à
cet égard.

37.
103.

CCXXXIV. Toute donation entre-vifs faite
sous des conditions dont l'exécution dépend de la
seule volonté du donateur, sera nulle.

37.
106.

CCXXXV. Elle sera pareillement nulle, si elle
a été faite sous la condition d'acquitter d'autres
dettes ou charges que celles qui existaient à l'é-
poque de la donation ; ou qui seraient exprimées,
soit dans l'acte de donation, soit dans l'état qui
devrait y être annexé.

CCXXXVI. En cas que le donateur se soit réservé la liberté de disposer d'un effet compris dans
la donation ou d'une somme fixe sur les biens donnés ; s'il meurt sans en avoir disposé, ledit effet ou
ladite somme appartiendra aux héritiers du donateur, nonobstant toutes clauses et stipulations à ce
contraires.

CCXXXVII. Les quatre articles précédens ne
s'appliquent point aux donations dont est mention
aux chapitres 7 et 8 du présent titre.

37.
104.

CCXXXVIII. Tout acte de donation d'effets
mobiliers ne sera valable que pour les effets dont
un état estimatif, signé du donateur et du donataire

ou de ceux qui acceptent pour lui, aura été annexé à la minute de la donation.

CCXXXIX. Il est permis au donateur de faire 37. la réserve à son profit, ou de disposer au profit d'un autre, de la jouissance ou de l'usufruit des biens meubles ou immeubles donnés.

CCXL. Lorsque la donation d'effets mobiliers aura été faite avec réserve d'usufruit, le donataire sera tenu, à l'expiration de l'usufruit, de prendre les effets donnés qui se trouveront en nature, dans l'état où ils seront, et il aura action contre le donateur ou ses héritiers, pour raison des objets non existans, jusqu'à concurrence de la valeur qui lui aura été donnée dans l'état estimatif.

CCXLI. Le donateur pourra stipuler le droit de 107. retour des objets donnés, soit pour le cas du prédécès du donataire seul, soit pour le cas du prédécès du donataire et de ses descendans.

Ce droit ne pourra être stipulé qu'au profit du donateur seul.

CCXLII. L'effet du droit de retour sera de ré- 107. soudre toutes les aliénations des biens donnés, et de les faire revenir au donateur, francs et quittes de toutes charges et hypothèques, sauf néanmoins l'hypothèque de la dot et des conventions matrimoniales, si les autres biens de l'époux donataire ne suffisent pas, et dans le cas seulement où la donation lui aura été faite par le même contrat de mariage duquel résultent ces droits et hypothèques.

SECTION II.

Des exceptions à la règle de l'irrévocabilité des donations entre-vifs.

ARTICLE CCXLIII.

38.
108.
166.

La donation entre-vifs ne pourra être révoquée que pour cause d'inexécution des conditions sous lesquelles elle aura été faite, pour cause d'ingratitude, et pour cause de survenance d'enfans.

110.

CCXLIV. Dans le cas de la révocation pour cause d'inexécution des conditions, les biens rentreront dans les mains du donateur, libres de toutes charges et hypothèques du chef du donataire ; et le donateur aura, contre les tiers détenteurs des immeubles donnés, tous les droits qu'il aurait contre le donataire lui-même.

39.
108.
111.
167.

CCXLV. La donation entre-vifs ne pourra être révoquée pour cause d'ingratitude que dans les cas suivans :

1°. Si le donataire a attenté à la vie du donateur;

2°. S'il s'est rendu coupable envers lui de sévices, délits ou injures graves ;

3°. S'il lui refuse des alimens.

CCXLVI. La révocation pour cause d'inexécution des conditions, ou pour cause d'ingratitude, n'aura jamais lieu de plein droit.

171.

CCXLVII. La demande en révocation pour cause d'ingratitude, devra être formée dans l'année; à compter du jour du délit imputé par le donateur au donataire, ou du jour que le délit aura pu être connu par le donateur.

Cette révocation ne pourra être demandée par le donateur contre les héritiers du donataire, ni par les héritiers du donateur contre le donataire, à moins que, dans ce dernier cas, l'action n'ait été intentée par le donateur ou qu'il ne soit décédé dans l'année du délit.

CCXLVIII. La révocation pour cause d'ingratitude ne préjudiciera ni aux aliénations faites par le donataire, ni aux hypothèques et autres charges réelles qu'il aura pu imposer sur l'objet de la donation, pourvu que le tout soit antérieur à l'inscription qui aurait été faite de l'extrait de la demande en révocation, en marge de la transcription prescrite par l'article 229. 113.

Dans le cas de révocation, le donataire sera condamné à restituer la valeur des objets aliénés, eu égard au tems de la demande, et les fruits, à compter du jour de cette demande.

CCXLIX. Les donations en faveur de mariage ne seront pas révocables pour cause d'ingratitude. 40. 112. 168.

CCL. Toutes donations entre-vifs faites par personnes qui n'avaient point d'enfans ou de descendans actuellement vivans dans le tems de la donation, de quelque valeur que ces donations puissent être, et à quelque titre qu'elles aient été faites, et encore qu'elles fussent mutuelles ou rémunératoires, même celles qui auraient été faites en faveur de mariage, par autres que par les ascendans aux conjoints ou par les conjoints l'un à l'autre, demeureront révoquées de plein droit par la survenance d'un enfant légitime du donateur, même d'un posthume, ou par la légitimation d'un 41. 108. 169.

enfant naturel par mariage subséquent, s'il est né depuis la donation.

CCLI. Cette révocation aura lieu, encore que l'enfant du donateur ou de la donatrice fût conçu au tems de la donation.

CCLII. La donation demeurera pareillement révoquée, lors même que le donataire serait entré en possession des biens donnés et qu'il y aurait été laissé par le donateur depuis la survenance de l'enfant ; sans néanmoins que le donataire soit tenu de restituer les fruits par lui perçus, de quelque nature qu'ils soient, si ce n'est du jour que la naissance de l'enfant ou sa légitimation par mariage subséquent lui aura été notifiée par exploit ou autre acte en bonne forme ; et ce, quand même la demande pour rentrer dans les biens donnés, n'aurait été formée que postérieurement à cette notification.

CCLIII. Les biens compris dans la donation révoquée de plein droit, rentreront dans le patrimoine du donateur, libres de toutes charges et hypothèques du chef du donataire, sans qu'ils puissent demeurer affectés, même subsidiairement, à la restitution de la dot de la femme de ce donataire, de ses reprises ou autres conventions matrimoniales ; ce qui aura lieu quand même la donation aurait été faite en faveur du mariage du donataire, et insérée dans le contrat, et que le donateur se serait obligé comme caution, par la donation, à l'exécution du contrat de mariage.

CCLIV. Les donations ainsi révoquées ne pourront revivre ou avoir de nouveau leur effet, ni par la mort de l'enfant du donateur, ni par aucun acte confirmatif ; et si le donateur veut donner les mêmes biens au même donataire, soit avant ou après la mort de l'enfant par la naissance duquel la donation avait été révoquée, il ne le pourra faire que par une nouvelle disposition.

CCLV. Toute clause ou convention par laquelle le donateur aurait renoncé à la révocation de la donation pour survenance d'enfant, sera regardée comme nulle, et ne pourra produire aucun effet. 109. 172.

CCLVI. Le donataire, ses héritiers ou ayant-cause, ou autres détenteurs des choses données, ne pourront opposer la prescription pour faire valoir la donation révoquée par la survenance d'enfant, qu'après une possession de trente années, qui ne pourront commencer à courir que du jour de la naissance du dernier enfant du donateur, même posthume; et ce, sans préjudice des interruptions, telles que de droit. 109.

CHAPITRE IV.

Des dispositions testamentaires.

SECTION Ire.

Des règles générales sur la forme des testamens.

ARTICLE CCLVII.

Toute personne pourra disposer par testament, soit sous le titre d'institution d'héritier, soit sous le titre de legs, soit sous toute autre dénomination propre à manifester sa volonté. 42. 122. 173.

CCLVIII. Un testament ne pourra être fait dans le même acte par deux ou plusieurs personnes; 43.

soit au profit d'un tiers , soit à titre de disposition réciproque et mutuelle.

44.
144.
173.

CCLIX. Un testament pourra être olographe , ou fait par acte public, ou dans la forme mystique.

43.

CCLX. Le testament olographe ne sera point valable, s'il n'est écrit en entier, daté et signé de la main du testateur ; il n'est assujetti à aucune autre forme.

47.
115.

CCLXI. Le testament par acte public est celui qui est reçu par deux notaires, en présence de deux témoins, ou par un notaire, en présence de quatre témoins.

115.

CCLXII. Si le testament est reçu par deux notaires, il leur est dicté par le testateur, et il doit être écrit par l'un de ces notaires , tel qu'il est dicté.

S'il n'y a qu'un notaire , il doit également être dicté par le testateur, et écrit par ce notaire.

Dans l'un et l'autre cas , il doit en être donné lecture au testateur , en présence des témoins.

Il est fait du tout mention expresse.

115.

CCLXIII. Ce testament doit être signé par le testateur : s'il déclare qu'il ne sait ou ne peut signer, il sera fait dans l'acte mention expresse de sa déclaration , ainsi que de la cause qui l'empêche de signer.

115.

CCLXIV. Le testament devra être signé par les témoins ; et néanmoins, dans les campagnes, il suffira qu'un des deux témoins signe, si le testament est reçu par deux notaires , et que deux des quatre témoins signent, s'il est reçu par un notaire.

CCLXV. Ne pourront être pris pour témoins 118. du testament par acte public, ni les légataires, à quelque titre qu'ils soient, ni leurs parens ou alliés jusqu'au quatrième degré inclusivement, ni les clercs des notaires par lesquels les actes seront reçus.

CCLXVI. Lorsque le testateur voudra faire un 48. testament mystique ou secret, il sera tenu de signer 116. ses dispositions, soit qu'il les ait écrites lui-même ou qu'il les ait fait écrire par un autre. Sera le papier qui contiendra ces dispositions, ou le papier qui servira d'enveloppe, s'il y en a une, clos et scellé. Le testateur le présente ainsi clos et scellé au notaire, et à six témoins au moins, ou il le fera clore et sceller en leur présence ; et il déclarera que le contenu en ce papier est son testament écrit et signé de lui, ou écrit par un autre et signé de lui : le notaire en dressera l'acte de suscription, qui sera écrit sur ce papier ou sur la feuille qui servira d'enveloppe ; cet acte sera signé tant par le testateur que par le notaire, ensemble par les témoins. Tout ce que dessus sera fait de suite et sans divertir à autres actes ; et en cas que le testateur, par un empêchement survenu depuis la signature du testament, ne puisse signer l'acte de suscription, il sera fait mention de la déclaration qu'il en aura faite, sans qu'il soit besoin, en ce cas, d'augmenter le nombre des témoins.

CCLXVII. Si le testateur ne sait signer, ou s'il 116. n'a pu le faire lorsqu'il a fait écrire ses dispositions, il sera appelé à l'acte de suscription un témoin, outre le nombre porté par l'article précédent, lequel signera l'acte avec les autres témoins ; et il y sera fait mention de la cause pour laquelle ce témoin aura été appelé.

116.   **CCLXVIII.** Ceux qui ne savent ou ne peuvent lire, ne pourront faire de disposition dans la forme du testament mystique.

116.   **CCLXIX.** En cas que le testateur ne puisse parler, mais qu'il puisse écrire, il pourra faire un testament mystique, à la charge que le testament sera entièrement écrit, daté et signé de sa main, qu'il le présentera au notaire et aux témoins, et qu'au haut de l'acte de suscription, il écrira, en leur présence, que le papier qu'il présente est son testament : après quoi le notaire écrira l'acte de suscription, dans lequel il sera fait mention que le testateur a écrit ces mots en présence du notaire et des témoins ; et sera, au surplus, observé tout ce qui est prescrit par l'article 266.

117.   **CCLXX.** Les témoins appelés pour être présens au testament, devront être mâles, majeurs, républicoles, jouissant des droits civils.

SECTION II.

Des règles particulières sur la forme de certains testamens.

ARTICLE CCLXXI.

50.   Les testamens des militaires et des individus em-
119. ployés dans les armées, pourront, en quelque pays
174. que ce soit, être reçus par un chef de bataillon ou d'escadron, ou par tout autre officier d'un grade supérieur, en présence de deux témoins, ou par deux commissaires des guerres, ou par un de ces commissaires en présence de deux témoins.

119.   **CCLXXII.** Ils pourront encore, si le testateur est malade ou blessé, être reçus par l'officier de

santé en chef, assisté du commandant militaire chargé de la police de l'hospice.

CCLXXIII. Les dispositions des articles ci-dessus n'auront lieu qu'en faveur de ceux qui seront en expédition militaire, ou en quartier, ou en garnison hors du territoire de la République, ou prisonniers chez l'ennemi, sans que ceux qui seront en quartier ou en garnison dans l'intérieur puissent en profiter, à moins qu'ils ne se trouvent dans une place assiégée ou dans une citadelle et autres lieux dont les portes soient fermées et les communications interrompues à cause de la guerre. [119.]

CCLXXIV. Le testament fait dans la forme ci-dessus établie, sera nul six mois après que le testateur sera revenu dans un lieu où il aura la liberté d'employer les formes ordinaires. [119.]

CCLXXV. Les testamens faits dans un lieu avec lequel toute communication sera interceptée à cause de la peste, ou autre maladie contagieuse, pourront être faits devant le juge-de-paix ou devant l'un des officiers municipaux de la commune, en présence de deux témoins. [120.]

CCLXXVI. Cette disposition aura lieu, tant à l'égard de ceux qui seraient attaqués de ces maladies, que de ceux qui seraient dans les lieux qui en sont infectés, encore qu'ils ne fussent pas actuellement malades. [120.]

CCLXXVII. Les testamens mentionnés aux deux précédens articles, deviendront nuls six mois après que les communications auront été rétablies dans le lieu où le testateur se trouve, ou six mois après qu'il aura passé dans un lieu où elles ne seront point interrompues. [120.]

CCLXXVIII. Les testamens faits sur mer, dans le cours d'un voyage, pourront être reçus ; savoir : A bord des vaisseaux et autres bâtimens de l'Etat, par l'officier commandant le bâtiment, ou, à son défaut, par celui qui le supplée dans l'ordre du service, l'un ou l'autre conjointement avec l'officier d'administration ou avec celui qui en remplit les fonctions ;

Et à bord des bâtimens de commerce, par l'écrivain du navire ou celui qui en fait les fonctions, l'un ou l'autre conjointement avec le capitaine, le maître ou le patron, où, à leur défaut, par ceux qui les remplacent.

Dans tous les cas, ces testamens devront être reçus en présence de deux témoins.

CCLXXIX. Sur les bâtimens de l'Etat, le testament du capitaine ou celui de l'officier d'administration, et, sur les bâtimens de commerce, celui du capitaine, du maître ou patron, ou celui de l'écrivain, pourront être reçus par ceux qui viennent après eux dans l'ordre du service, en se conformant pour le surplus aux dispositions de l'article précédent.

CCLXXX. Dans tous les cas, il sera fait un double original des testamens mentionnés aux deux articles précédens.

CCLXXXI. Si le bâtiment aborde dans un port étranger dans lequel se trouve un commissaire des relations commerciales de France, ceux qui auront reçu le testament seront tenus de déposer l'un des originaux, clos ou cacheté, entre les mains de ce commissaire, qui le fera parvenir au ministre de la marine, et celui-ci en fera faire le dépôt au greffe de la justice de paix du lieu du domicile du testateur.

CCLXXXII.

CCLXXXII. Au retour du bâtiment en France, soit dans le port de l'armement, soit dans un port autre que celui de l'armement, les deux originaux du testament, également clos et cachetés, ou l'original qui resterait, si, conformément à l'article précédent, l'autre avait été déposé pendant le cours du voyage, seront remis au bureau du préposé de l'inscription maritime : ce préposé les fera passer sans délai au ministre de la marine, qui en ordonnera le dépôt, ainsi qu'il est dit au même article.

CCLXXXIII. Il sera fait mention sur le rôle du bâtiment, à la marge du nom du testateur, de la remise qui aura été faite des originaux du testament, soit entre les mains d'un commissaire des relations commerciales, soit au bureau d'un préposé de l'inscription maritime.

CCLXXXIV. Le testament ne sera point réputé fait en mer, quoiqu'il l'ait été dans le cours du voyage, si, au tems où il a été fait, le navire avait abordé une terre, soit étrangère, soit de la domination française où il y aurait un officier public français, auquel cas, il ne sera valable qu'autant qu'il aura été dressé suivant les formes prescrites en France ou suivant celles usitées dans les pays où il aura été fait.

CCLXXXV. Les dispositions ci-dessus seront communes aux testamens faits par les simples passagers qui ne feront point partie de l'équipage.

CCLXXXVI. Le testament fait sur mer, en la forme prescrite par l'article 278, ne sera valable qu'autant que le testateur mourra en mer, ou dans les trois mois après qu'il sera descendu à terre ; et dans un lieu où il aura pu le refaire dans les formes ordinaires.

CCLXXXVII. Le testament fait sur mer, ne pourra contenir aucune disposition au profit des officiers du vaisseau, s'ils ne sont parens du testateur.

Les testamens compris dans les articles ci-dessus de la présente section, seront signés par les testateurs et par ceux qui les auront reçus.

Si le testateur déclare qu'il ne sait ou ne peut signer, il sera fait mention de sa déclaration ainsi que de la cause qui l'empêche de signer.

Dans les cas où la présence de deux témoins est requise, le testament sera signé au moins par l'un d'eux, et il sera fait mention de la cause pour laquelle l'autre n'aura pas signé.

121. CCLXXXVIII. Un français qui se trouvera en pays étranger pourra faire ses dispositions testamentaires par acte sous signature privée, ainsi qu'il est prescrit en l'article 20, ou par acte authentique, avec les formes usitées dans le lieu où il est passé.

121. CCLXXXIX. Les testamens faits en pays étrangers ne pourront être exécutés sur les biens situés en France qu'après avoir été enregistrés au bureau du domicile du testateur, s'il en a conservé un ; sinon au bureau de son dernier domicile connu en France ; et dans le cas où le testament contiendrait des dispositions d'immeubles qui y seraient situés, il devra être en outre enregistré au bureau de la situation de ces immeubles, sans qu'il puisse être exigé un double droit.

CCXC. Les formalités auxquelles les divers testamens sont assujétis par les dispositions de la pré-

suite section et de la précédente, doivent être observées, à peine de nullité.

SECTION III.

Des institutions d'héritier et des legs en général.

ARTICLE CCXCI.

Les dispositions testamentaires sont, ou universelles, ou à titre universel, ou à titre particulier.

Chacune de ces dispositions, soit qu'elle ait été
faite sous la dénomination d'institution d'héritier,
soit qu'elle ait été faite sous la dénomination de
legs, produira son effet, suivant les règles ci-après
établies pour les legs universels, pour les legs à titre
universel, et pour les legs particuliers.

(marginalia: 122. 175.)

SECTION IV.

Du leg universel.

ARTICLE CCXCII.

Le legs universel est la disposition testamentaire
par laquelle le testateur donne à une ou plusieurs
personnes l'universalité des biens qu'il laissera à son
décès.

CCXCIII. Lorsqu'au décès du testateur, il y a
des héritiers auxquels une quotité de ses biens est
réservée par la loi, ces héritiers sont saisis de plein
droit par sa mort, de tous les biens de la succession,
et le légataire universel est tenu de leur demander
la délivrance des biens compris dans le testament.

(marginalia: 50.bis 123. 176.)

l 2

50,*bis* **CCXCIV.** Néanmoins, dans les mêmes cas, le légataire universel aura la jouissance des biens compris dans le testament, à compter du jour du décès, si la demande en délivrance a été faite dans l'année depuis cette époque; sinon cette jouissance ne commencera que du jour de la demande formée en justice, ou du jour que la délivrance aurait été volontairement consentie.

51.
124.
177. **CCXCV.** Lorsqu'au décès du testateur il n'y aura pas d'héritiers auxquels une quotité de ses biens soit réservée par la loi, le légataire universel sera saisi de plein droit par la mort, sans être tenu de demander la délivrance.

46.
52.
124. **CCXCVI.** Tout testament olographe, sera, avant d'être mis à exécution, présenté au président du tribunal de première instance de l'arrondissement dans lequel la succession est ouverte. Ce testament sera ouvert, s'il est cacheté. Le président dressera procès-verbal de la présentation, de l'ouverture et de l'état du testament, dont il ordonnera le dépôt entre les mains du notaire par lui commis.

49.
52.
124. Si le testament est dans la forme mystique, sa présentation, son ouverture, sa description et son dépôt, seront faits de la même manière; mais l'ouverture ne pourra se faire qu'en présence de ceux des notaires et des témoins signataires de l'acte de suscription qui se trouveront sur les lieux, ou eux appelés.

52. **CCXCVII.** Dans le cas de l'article 295, si le testament est olographe ou mystique, le légataire universel sera tenu de se faire envoyer en possession par une ordonnance du président, mise au bas d'une requête à laquelle sera joint l'acte de dépôt.

CCXCVIII. Le légataire universel qui sera en
concours avec un héritier auquel la loi réserve une
quotité des biens sera tenu des dettes et charges de
la succession du testateur, personnellement pour sa
part et portion, et hypothécairement pour le tout,
et il sera tenu d'acquitter tous les legs, sauf le cas
de réduction, ainsi qu'il est expliqué aux articles
216 et 217.

53.
125

SECTION V.

Des legs à titre universel.

ARTICLE CCXCIX.

Le legs à titre universel est celui par lequel le
testateur lègue une quote-part des biens dont la
loi lui permet de disposer, telle qu'une moitié, un
tiers, ou tous ses immeubles, ou tout son mobilier,
ou une quotité fixe de tous ses immeubles, ou de
tout son mobilier.

54.

Tout autre legs ne forme qu'une disposition à
titre particulier.

CCC. Les légataires à titre universel seront tenus de demander la délivrance aux héritiers auxquels une quotité des biens est réservée par la loi,
à leur défaut, aux légataires universels, et, à défaut de ceux-ci, aux héritiers appelés dans l'ordre
établi au titre *des successions.*

55.
123.

CCCI. Le légataire à titre universel sera tenu,
comme le légataire universel, des dettes et charges
de la succession du testateur, personnellement
pour sa part et portion, et hypothécairement pour
le tout.

55.
125.

55.　　　CCCII. Lorsque le testateur n'aura disposé que d'une quotité de la portion disponible et qu'il l'aura fait à titre universel, ce légataire sera tenu d'acquitter les legs particuliers par contribution avec les héritiers naturels.

SECTION VI.

Des legs particuliers.

ARTICLE CCCIII.

56.
123.　　　Tout legs pur et simple donnera au légataire, du jour du décès du testateur, un droit à la chose léguée, droit transmissible à ses héritiers ou ayant-cause.

Néanmoins, le légataire particulier ne pourra se mettre en posssession de la chose léguée, ni en prétendre les fruits ou intérêts, qu'à compter du jour de sa demande en délivrance, formée suivant l'ordre établi par l'article 300, ou du jour auquel cette délivrance lui aurait été volontairement consentie.

CCCIV. Les intérêts ou fruits de la chose léguée courront au profit du légataire dès le jour du décès et sans qu'il ait formé sa demande en justice.

1°. Lorsque le testateur aura expressément déclaré sa volonté à cet égard dans le testament.

2°. Lorsqu'une rente viagère ou une pension aura été léguée à titre d'alimens.

126.　　　CCCV. Les frais de la demande en délivrance seront à la charge de la succession, sans néanmoins qu'il puisse en résulter de réduction de la réserve légale.

Les droits d'enregistrement seront dus par le légataire :

Le tout, s'il n'en a été autrement ordonné par le testament.

Chaque legs pourra être enregistré séparément, sans que cet enregistrement puisse profiter à aucun autre qu'au légataire ou à ses ayant-cause.

CCCVI. Les héritiers du testateur ou autres débiteurs d'un legs, seront personnellement tenus de l'acquitter, chacun au prorata de la part et portion dont ils profiteront dans la succession. 125.

Ils en seront tenus hypothécairement pour le tout, jusqu'à concurrence de la valeur des immeubles de la succession dont ils seront détenteurs.

CCCVII. La chose léguée sera délivrée avec les accessoires nécessaires et dans l'état où elle se trouvera au jour du décès du donateur.

CCCVIII. Lorsque celui qui a légué la propriété d'un immeuble l'a ensuite augmentée par des acquisitions, ces acquisitions, fussent-elles contiguës, ne seront pas censées, sans une nouvelle disposition, faire partie du legs.

Il en sera autrement des embellissemens ou des constructions nouvelles faites sur le fonds légué, ou d'un enclos dont le testateur aurait augmenté l'enceinte.

CCCIX. Si, avant le testament ou depuis, la chose léguée a été hypothéquée pour une dette de la succession ou même pour la dette d'un tiers, ou si elle est grevée d'un usufruit, celui qui doit acquitter le legs n'est point tenu de la dégager, à moins qu'il n'ait été chargé de le faire par une disposition expresse du testateur.

CCCX Lorsque le testateur aura légué la chose d'autrui, le legs sera nul, soit que le testateur ait connu ou non qu'elle ne lui appartenait pas.

CCCXI. Lorsque le legs sera d'une chose indéterminée, l'héritier ne sera pas obligé de la donner de la meilleure qualité et il ne pourra l'offrir de la plus mauvaise.

CCCXII. Le legs fait au créancier, ne sera pas censé en compensation de sa créance, ni le legs fait au domestique, en compensation de ses gages.

CCCXIII. Le légataire à titre particulier ne sera point tenu des dettes de la succession, sauf la réduction du legs, ainsi qu'il est dit ci-dessus, et sauf l'action hypothécaire des créanciers.

SECTION VII.

Des exécuteurs testamentaires.

ARTICLE CCCXIV.

57.
127.
178.

Le testateur pourra nommer un ou plusieurs exécuteurs testamentaires.

CCCXV. Il pourra leur donner la saisine du tout ou seulement d'une partie de son mobilier, mais elle ne pourra durer au-delà de l'an et jour, à compter de son décès.

S'il ne l'a leur a pas donné, ils ne pourront l'exiger.

CCCXVI. L'héritier pourra faire cesser la saisine, en offrant de remettre aux exécuteurs testamentaires, somme suffisante pour le paiement des legs mobiliers, ou en justifiant de ce paiement.

CCCXVII. Celui qui ne peut s'obliger, ne peut pas être exécuteur testamentaire.

CCCXVIII. La femme mariée ne pourra accepter l'exécution testamentaire qu'avec le consentement de son mari.

Si elle est séparée de biens, soit par contrat de mariage, soit par jugement, elle le pourra avec le consentement de son mari, ou, à son refus, autorisée par la justice, conformément à ce qui est prescrit par les articles 211 et 213, au titre *du Mariage.*

CCCXIX. Le mineur ne pourra être exécuteur testamentaire, même avec l'autorisation de son tuteur ou curateur.

CCCXX. Les exécuteurs testamentaires feront apposer les scellés, s'il y a des héritiers mineurs, interdits ou absens.

Ils feront faire en présence de l'héritier présomptif, ou lui duement appelé, l'inventaire des biens de la succession.

Ils provoqueront la vente du mobilier à défaut de deniers suffisans pour acquitter les legs.

Ils veilleront à ce que le testament soit exécuté, et ils pourront, en cas de contestation sur son exécution, intervenir pour en soutenir la validité.

Ils devront, à l'expiration de l'année du décès du testateur, rendre compte de leur gestion.

CCCXXI. Les pouvoirs de l'exécuteur testamentaire ne passeront point à ses héritiers.

CCCXXII. S'il y a plusieurs exécuteurs testamentaires qui aient accepté, un seul pourra agir au défaut des autres, et ils seront solidairement responsables du compte du mobilier qui leur a été confié, à moins que le testateur n'ait divisé leurs fonctions et que chacun d'eux ne se soit renfermé dans celle qui lui était attribuée.

CCCXXIII. Les frais faits par l'exécuteur testamentaire pour l'apposition des scellés, l'inventaire, le compte et les autres frais relatifs à ses fonctions, seront à la charge de la succession.

SECTION VIII.

De la révocation des testamens et de leur caducité.

ARTICLE CCCXXIV.

57.
128.
179.
Les testamens ne pourront être révoqués en tout ou en partie que par un testament postérieur, ou par un acte devant notaires, portant déclaration du changement de volonté.

128.
179.
CCCXXV. Les testamens postérieurs qui ne révoqueront pas d'une manière expresse les précédens n'annulleront dans ceux-ci, que celles des dispositions y contenues qui se trouveront incompatibles avec les nouvelles, ou qui seront contraires.

129.
CCCXXVI. La révocation faite dans un testament postérieur aura tout son effet, quoique ce nouvel acte reste sans exécution par l'incapacité de l'héritier institué ou du légataire, ou par leur refus de recueillir.

129.]
CCCXXVII. Toute aliénation, celle même par vente avec faculté de rachat ou par échange, que fera le testateur de tout ou de partie de la chose léguée, emportera la révocation du legs pour tout ce qui a été aliéné, encore que l'aliénation posté-

rieure soit nulle, et que l'objet soit rentré dans la main du testateur.

CCCXXVIII. Toute disposition testamentaire 130. sera caduque, si celui en faveur de qui elle est faite n'a pas survécu au testateur.

CCCXXIX. Toute disposition, testamentaire, faite sous une condition dépendante d'un évènement incertain, et telle que, dans l'intention du testateur, cette disposition ne doive être exécutée qu'autant que l'évènement arrivera ou n'arrivera pas, sera caduque, si l'héritier institué ou le légataire décède avant l'accomplissement de la condition.

CCCXXX. La condition qui, dans l'intention 13o. du testateur, ne fait que suspendre l'exécution de la disposition, n'empêchera pas l'héritier institué ou le légataire, d'avoir un droit acquis et transmissible à ses héritiers.

CCCXXXI. Le legs sera caduc si la chose lé- 13o. guée a totalement péri pendant la vie du testateur.

Il en sera de même si elle a péri depuis sa mort, sans le fait et la faute de l'héritier, quoique celui-ci ait été mis en retard de la délivrer, lorsqu'elle eût également dû périr entre les mains du légataire.

CCCXXXII. La disposition testamentaire sera 13o. caduque, lorsque l'héritier institué ou le légataire la répudiera ou se trouvera incapable de la recueillir.

CCCXXXIII. Il y aura lieu à accroissement au 131. profit des légataires, dans le cas où le legs sera fait 18o. à plusieurs conjointement.

Le legs sera réputé fait *conjointement*, lorsqu'il le sera par une seule et même disposition, et que le testateur n'aura pas assigné la part de chacun des co-légataires dans la chose léguée.

131.
180.

CCCXXXIV. Il sera encore réputé fait conjointement, quand une chose qui n'est pas susceptible d'être divisée sans détérioration, aura été donnée par le même acte à plusieurs personnes, même séparément.

132.

CCCXXXV. Les mêmes causes qui, suivant l'article 244 et les deux premières dispositions de l'article 245 du présent titre, autoriseront la demande en révocation de la donation entre-vifs seront admises pour la demande en révocation des dispositions testamentaires.

133.

CCCXXXVI. Si cette demande est fondée sur une injure grave, faite à la mémoire du testateur, elle doit être intentée dans l'année, à compter du jour du délit.

CHAPITRE V.

Des dispositions permises en faveur des petits-enfans du donateur ou testateur, ou des enfans de ses frères et sœurs.

ARTICLE CCCXXXVII.

58.
134.
181.

Les biens dont les pères et mères ont la faculté de disposer, pourront être par eux donnés en tout ou en partie à un ou plusieurs de leurs enfans, par actes entre-vifs ou testamentaires, avec la charge de rendre ces biens aux enfans nés et à naître, au premier degré seulement desdits donataires.

58.
136.

CCCXXXVIII. Sera valable, en cas de mort sans enfans, la disposition que le défunt aura faite

par acte entre-vifs ou testamentaire, au profit d'un
ou plusieurs de ses frères ou sœurs, de tout ou partie
des biens qui ne sont point réservés par la loi dans
sa succession, avec la charge de rendre ces biens aux
enfans nés et à naître, au premier degré seulement,
desdits frères ou sœurs donataires.

CCCXXXIX. Les dispositions permises par les
deux articles précédens ne seront valables qu'autant
que la charge de restitution sera au profit de tous
les enfans nés et à naître du grévé, sans exception
ni préférence d'âge ou de sexe.

CCCXL. Si dans les cas ci-dessus le grévé de
restitution au profit de ses enfans, meurt laissant
des enfans au premier degré, et des descendans d'un
enfant prédécédé, ces derniers recueilleront, par représentation, la portion de l'enfant prédécédé.

CCCXLI. Si l'enfant, le frère ou la sœur, auxquels des biens auraient été donnés par acte entre-
vifs, sans charge de restitution, acceptent une nouvelle libéralité faite par acte entre-vifs ou testamentaire, sous la condition que les biens précédemment
donnés demeureront grévés de cette charge, il ne
leur est plus permis de diviser les deux dispositions
faites à leur profit, et de renoncer à la seconde pour
s'en tenir à la première, quand même ils offriraient
de rendre les biens compris dans la seconde disposition.

CCCXLII. Les droits des appelés seront ouverts
à l'époque où, par quelque cause que ce soit, la
jouissance de l'enfant, du frère ou de la sœur grévés
de restitution, cessera. L'abandon anticipé de la
jouissance au profit des appelés, ne pourra préjudicier aux créanciers du grévé antérieurs à l'abandon.

61. CCCXLIII. Les femmes des grévés ne pourront avoir sur les biens à rendre, de recours subsidiaires en cas d'insuffisance des biens libres, que pour le capital des deniers dotaux, et dans le cas seulement où le testateur l'aurait expressément ordonné.

62.
137. CCCXLIV. Celui qui fera les dispositions autorisées par les articles précédens pourra, par le même acte ou par un acte postérieur en forme authentique, nommer un tuteur chargé de l'exécution de ces dispositions. Ce tuteur ne pourra être dispensé que pour une des causes exprimées à la sixième section du chapitre II du titre de la *Minorité et des Tutelles*.

62.
137. CCCXLV. A défaut de ce tuteur, il en sera nommé un à la diligence du grévé ou de son tuteur, s'il est mineur, dans le délai d'un mois, à compter du jour du décès du donateur ou testateur, ou du jour que, depuis cette mort, l'acte contenant la disposition aura été connu.

62.
138. CCCXLVI. Le grévé qui n'aura pas satisfait à l'article précédent sera déchu du bénéfice de la disposition, et dans ce cas le droit pourra être déclaré ouvert au profit des appelés, à la diligence, soit des appelés, s'ils sont majeurs, soit de leurs tuteurs ou curateurs, s'ils sont mineurs ou interdits, soit de tout parent des appelés majeurs, mineurs ou interdits, ou même d'office, à la diligence du commissaire du gouvernement près le tribunal de première instance du lieu où la succession est ouverte.

63. CCCXLVII. Après le décès de celui qui aura disposé à la charge de restitution, il sera procédé, dans les formes ordinaires, à l'inventaire de tous les biens et effets qui composeront sa succession, excepté néanmoins le cas où il ne s'agirait que d'un legs particulier. Cet inventaire contiendra la prisée à juste prix des meubles et effets mobiliers.

CCCXLVIII. Il sera fait à la requête du grévé de restitution, et dans le délai fixé aux titre des *Successions*, en présence du tuteur nommé pour l'exécution. Les frais seront pris sur les biens compris dans la disposition.

CCCXLIX. Si l'inventaire n'a pas été fait à la requête du grévé dans le délai ci-dessus, il y sera procédé dans le mois suivant, à la diligence du tuteur nommé pour l'exécution, en présence du grévé ou de son tuteur.

CCCL. S'il n'a point été satisfait aux deux articles précédens, il sera procédé au même inventaire à la diligence des personnes désignées en l'art. 346, en y appelant le grévé ou son tuteur, et le tuteur nommé pour l'exécution.

CCCLI. Le grévé de restitution sera tenu de faire procéder à la vente, par affiches et enchères, de tous les meubles et effets compris dans la disposition, à l'exception néanmoins de ceux dont il est mention dans les deux articles suivans.

CCCLII. Les meubles meublans et autres choses mobiliaires qui auraient été compris dans la disposition, à la condition expresse de les conserver en nature seront rendus dans l'état où ils se trouveront lors de la restitution.

CCCLIII. Les bestiaux et ustensiles servant à faire valoir les terres seront censés compris dans les donations entre-vifs ou testamentaires desdites terres, et le grévé sera seulement tenu de les faire priser et estimer pour en rendre une égale valeur lors de la restitution.

63.

CCCLIV. Il sera fait par le grévé, dans le délai de six mois, à compter du jour de la clôture de l'inventaire, un emploi des deniers comptans, de ceux provenant du prix des meubles et effets qui auront été vendus, et de ce qui aura été reçu des effets actifs.

Ce délai pourra être prolongé, s'il y a lieu.

CCCLV. Le grévé sera pareillement tenu de faire emploi des deniers provenant des effets actifs qui seront recouvrés et des remboursemens de rentes, et ce dans trois mois au plus tard après qu'il aura reçu ces deniers.

CCCLVI. Cet emploi sera fait conformément à ce qui aura été ordonné par l'auteur de la disposition, s'il a désigné la nature des effets dans lesquels l'emploi doit être fait; sinon il ne pourra l'être qu'en immeubles ou avec privilége sur des immeubles.

CCCLVII. L'emploi ordonné par les articles précédens sera fait en présence et à la diligence du tuteur nommé pour l'exécution.

63.
189.

CCCLVIII. Les dispositions par actes entre-vifs ou testamentaires, à charge de restitution, seront, à la diligence, soit du grévé, soit du tuteur nommé pour l'exécution, rendues publiques; savoir, quant aux immeubles, par la transcription des actes sur les registres au bureau des hypothèques du lieu de la situation, et quant aux sommes colloquées avec privilége sur des immeubles, par l'inscription sur les biens affectés ou privilége.

CCCLIX.

CCCLIX. Le défaut de transcription de l'acte 139. contenant la disposition, pourra être opposé par les créanciers et tiers acquéreurs, même aux mineurs ou interdits ; sauf le recours contre le grévé et contre le tuteur à l'exécution, et sans que les mineurs ou interdits puissent être restitués contre ce défaut de transcription, quand même le grévé et les tuteurs se trouveraient insolvables.

CCCLX. Le défaut de transcription ne pourra être suppléé ni regardé comme couvert par la connaissance que les créanciers ou les tiers acquéreurs pourraient avoir eue de la disposition par d'autres voies que celles de la transcription.

CCCLXI. Les donataires, les légataires, ni même les héritiers légitimes de celui qui aura fait la disposition, ni pareillement leurs donataires, légataires ou héritiers, ne pourront, en aucun cas, opposer aux appelés le défaut de transcription ou inscription.

CCCLXII. Le tuteur nommé pour l'exécution sera personnellement responsable, s'il ne s'est pas, en tout point conformé aux règles ci-dessus établies pour, constater les biens, pour la vente du mobilier, pour l'emploi des deniers, pour la transcription et l'inscription, et en général s'il n'a pas fait toutes les diligences nécessaires pour que la charge de restitution soit bien et fidèlement acquittée.

CCCLXIII. Si le grévé est mineur, il ne pourra, dans le cas même de l'insolvabilité de son tuteur, être restitué contre l'inexécution des règles qui lui sont prescrites par les articles du présent chapitre.

CHAPITRE VI.

Des partages faits par père, mère, ou autres ascendans, entre leurs descendans.

Article CCCLXIV.

64.
140.
182.
Les pères et mères et autres ascendans pourront faire, entre leurs enfans et descendans, la distribution et le partage de leurs biens.

140.
142.
CCCLXV. Ces partages pourront être faits par actes entre-vifs ou testamentaires, avec les mêmes formalités, conditions et règles prescrites pour les donations entre-vifs et testamens.

Les partages faits par actes entre-vifs ne pourront avoir pour objet que les biens présens.

142.
CCCLXVI. Si tous les biens que l'ascendant laissera au jour de son décès n'ont pas été compris dans le partage, ceux de ces biens qui n'y auront pas été compris seront partagés conformément à la loi.

141.
182.
CCCLXVII. Si le partage n'est pas fait entre tous les enfans qui existeront à l'époque du décès et les descendans de ceux prédécédés, le partage sera nul pour le tout. Il en pourra être provoqué un nouveau dans la forme légale, soit par les enfans ou descendans qui n'y auront reçu aucune part, soit même par ceux entre qui le partage aurait été fait.

64.
143.
182.
CCCLXVIII. Le partage fait par l'ascendant pourra être attaqué pour cause de lésion de plus du quart; il pourra l'être aussi dans le cas où il résulterait du partage et des dispositions faites par

préciput que l'un des co-partagés aurait un avantage plus grand que la loi ne le permet.

CCCLXIX. L'enfant qui, pour une des causes exprimées en l'article précédent, attaquera le partage fait par l'ascendant, devra faire l'avance des frais de l'estimation, et il les supportera en définitif, ainsi que les dépens de la contestation, si la réclamation n'est pas fondée.

CHAPITRE VII.

Des donations faites par contrats de mariage aux époux et aux enfans à naître du mariage.

ARTICLE CCCLXX.

Toute donation entre-vifs de biens présens, quoique faite par contrat de mariage aux époux, ou à l'un d'eux, sera soumise aux règles générales prescrites pour les donations faites à ce titre.

Elle ne pourra avoir lieu au profit des enfans à naître, si ce n'est dans les cas énoncés au chapitre 5 ci-dessus.

CCCLXXI. Les pères et mères, les autres ascendans, les parens collatéraux des époux, et même les étrangers, pourront, par contrat de mariage, donner tout ou partie des biens qu'ils laisseront au jour de leur décès, tant au profit desdits époux, qu'au profit des enfans à naître de leur mariage, dans le cas où le donateur survivrait à l'époux donataire. 65. 14. 183.

Pareille donation, quoique faite au profit seulement des époux ou de l'un d'eux, sera toujours, dans ledit cas de survie du donateur, présumée faite au profit des enfans et descendans à naître du mariage.

147.
184.
CCCLXXII. La donation, dans la forme portée au précédent article, sera irrévocable, en ce sens seulement que le donateur ne pourra plus disposer, à titre gratuit, des objets compris dans la donation, si ce n'est pour sommes modiques, à titre de récompense ou autrement.

66.
144.
184.
CCCLXXIII. La donation par contrat de mariage pourra être faite cumulativement des biens présens et à venir, en tout ou en partie, à la charge qu'il sera annexé à l'acte un état des dettes et charges du donateur, existantes au jour de la donation; auquel cas il sera libre au donataire, lors du décès du donateur, de s'en tenir aux biens présens, en renonçant au surplus des biens du donateur.

66.
144.
CCCLXXIV. Si l'état dont est mention au précédent article n'a point été annexé à l'acte contenant donation des biens présens et à venir, le donataire sera obligé d'accepter ou de répudier cette donation pour le tout. En cas d'acceptation, il ne pourra réclamer que les biens qui se trouveront existans au jour du décès du donateur, et il sera soumis au paiement de toutes les dettes et charges de la succession.

67.
145.
CCCLXXV. La donation par contrat de mariage en faveur des époux et des enfans à naître de leur mariage, pourra encore être faite, à condition de payer indistinctement toutes les dettes et charges de la succession du donateur, ou sous d'autres conditions dont l'exécution dépendrait de sa volonté, par quelques personnes que la donation soit faite: le donataire sera tenu d'accomplir ces conditions, s'il n'aime mieux renoncer à la donation; et en cas

que le donateur, par contrat de mariage, se soit réservé la liberté de disposer d'un effet compris dans la donation de ses biens présens, ou d'une somme fixe à prendre sur ces mêmes biens, l'effet ou la somme, s'il meurt sans en avoir disposé, seront censés compris dans la donation, et appartiendront au donataire ou à ses héritiers.

CCCLXXVI. Les donations faites par contrat de mariage ne pourront être attaquées, ni déclarées nulles, sous prétexte de défaut d'acceptation.

CCCLXXVII. Toute donation faite en faveur du mariage sera caduque, si le mariage ne s'ensuit pas.

CCCLXXVIII. Les donations faites à l'un des époux dans les termes des articles 371, 373 et 375 ci-dessus, deviendront caduques, si le donateur survit à l'époux donataire et à sa postérité.

CCCLXXIX. Toutes donations faites aux époux par leur contrat de mariage, seront, lors de l'ouverture de la succession du donateur, réductibles à la portion dont la loi lui permettait de disposer.

CHAPITRE VIII.

Des dispositions entr'époux, soit par contrat de mariage,
soit pendant le mariage.

ARTICLE CCCLXXX.

Les époux pourront, par contrat de mariage, se faire réciproquement, ou l'un des deux à l'autre, telle donation qu'ils jugeront à propos, sous les modifications ci-après exprimées.

185. CCCLXXXI. Toute donation entre-vifs de biens présens, faite entr'époux par contrat de mariage, ne sera point censée faite sous la condition de survie du donataire, si cette condition n'est formellement exprimée, et elle sera soumise à toutes les règles et formes ci-dessus prescrites pour ces sortes de donations.

CCCLXXXII. La donation de biens à venir, ou de biens présens et à venir, faite entr'époux par contrat de mariage, soit simple, soit réciproque, sera soumise aux règles établies par le chapitre précédent, à l'égard des donations pareilles qui leur seront faites par un tiers ; sauf qu'elle ne sera point transmissible aux enfans issus du mariage, en cas de décès de l'époux donataire avant l'époux donateur.

70.
151.
185. CCCLXXXIII. L'époux pourra, soit par contrat de mariage, soit pendant le mariage, pour le cas où il ne laisserait point d'enfans ni descendans, disposer en faveur de l'autre époux, en propriété de tout ce dont il pourrait disposer en faveur d'un étranger, et, en outre, de l'usufruit de la totalité de la portion dont la loi prohibe la disposition au préjudice des héritiers.

Et pour le cas où l'époux donateur laisserait des enfans ou descendans, il pourra donner à l'autre époux ou un quart en propriété et un autre quart en usufruit, ou la moitié de tous ses biens en usufruit seulement.

CCCLXXXIV. Le mineur ne pourra, par contrat de mariage, donner à l'autre époux, soit par donation simple, soit par donation réciproque, qu'avec le consentement et l'assistance de ceux dont le consentement est requis pour la validité de son mariage ; et, avec ce consentement, il pourra donner tout ce que la loi permet à l'époux majeur de donner à l'autre conjoint.

CCCLXXXV. Toutes donations faites entr'époux 70. pendant le mariage, quoique qualifiées entre-vifs, 149. seront toujours révocables. 185.

La révocation pourra être faite par la femme, sans y être autorisée par le mari ni par justice.

Ces donations ne seront point révoquées par la survenance d'enfans.

CCCLXXXVI. Les époux ne pourront, pen- 71. dant le mariage, se faire, ni par acte entre-vifs, ni 150. par testament, aucune donation mutuelle et réci- proque, par un seul et même acte.

CCCLXXXVII. L'homme ou la femme qui, 72. ayant des enfans d'un autre lit, contractera un se- 152. cond ou subséquent mariage, ne pourra donner à son nouvel époux qu'une part d'enfant légitime le moins prenant, et sans que, dans aucun cas, ces donations puissent excéder le quart des biens.

CCCLXXXVIII. Les époux ne pourront se don- 153. ner indirectement au-delà de ce qui leur est permis 187. par les dispositions ci-dessus.

Toute donation, ou déguisée, ou faite à person- nes interposées, sera nulle.

CCCLXXXIX. Seront réputées faites à person- 153. nes interposées, les donations de l'un des époux aux enfans ou à l'un des enfans de l'autre époux issus d'un autre mariage, et celles faites par le donateur aux parens dont l'autre époux sera héritier présomp- tif au jour de la donation, encore que ce dernier n'ait point survécu à son parent donataire.

Collationné à l'original, par nous président et secrétaires du
  Corps législatif. A Paris, le 13 floréal an 11 de la République française. *Signé* VIENOT-VAUBLANC, président; BORIE, BLAREAU, MALLEIN, C. TERRASSON, *secrétaires.*

Soit la présente loi revêtue du sceau de l'État, insérée au bulletin des lois, inscrite dans les registres des autorités judiciaires et administratives, et le Grand-Juge, ministre de la justice, chargé d'en surveiller la publication. A Saint-Cloud, le 23 Floréal an 11 de la République.

Signé BONAPARTE, premier Consul. *Contre-signé*, le secrétaire d'État, HUGUES B. MARET. Et scellé du sceau de l'État.

Vu, le Grand-Juge, ministre de la justice, *signé* REGNIER.

E X P O S É

Des motifs du projet de loi sur les donations entre-vifs et les testamens

(Le citoyen BIGOT-PRÉAMNEU, portant la parole.)

CITOYENS LÉGISLATEURS;

1. Le titre du Code civil qui a pour objet les donations entre-vifs et les testamens, rappelle tout ce qui peut intéresser l'homme le plus vivement, tout ce qui peut captiver ses affections. Vous allez prononcer sur son droit de propriété, sur les bornes de son indépendance dans l'exercice de ce droit; vous allez poser la principale base de l'autorité des pères et mères sur leurs enfans, et fixer les rapports de fortune qui doivent unir entr'eux tous les autres

parens; vous allez régler qu'elle est dans les actes de bienfaisance, et dans les témoignages d'amitié ou de reconnaissance la liberté compatible avec les devoirs de famille.

Il est difficile de convaincre celui qui est habitué à se
regarder comme maître absolu de sa fortune, qu'il n'est
pas dépouillé d'une partie de son droit de propriété lorsqu'on veut l'assujettir à des règles, soit sur la quantité
des biens dont il entend disposer, soit sur les personnes
qui sont l'objet de son affection, soit sur les formes avec
lesquelles il manifeste sa volonté.

Ce sentiment d'indépendance dans l'exercice du droit de
propriété acquiert une nouvelle force à mesure que l'homme
avance dans sa carrière.

Lorsque la nature et la loi l'ont établi le chef et le magistrat de sa famille, il ne peut exercer ses droits et ses
devoirs, s'il n'a pas les moyens de récompenser les uns,
de punir les autres, d'encourager ceux qui se portent au
bien, de donner des consolations à ceux qui éprouvent les
disgraces de la nature ou les revers de la fortune : ces
moyens sont principalement dans le meilleur emploi de
son patrimoine, et dans la distribution que sa justice et sa
sagesse lui indiquent.

Celui qui a perdu les auteurs de ses jours, et qui n'a
pas le bonheur d'être père, croit encore avoir droit à une
plus grande indépendance dans ses dispositions : il n'a de
penchant à suivre que celui de ses affections ou de la reconnaissance. Si ses parens ont rompu ou n'ont point en-
tretenu les liens qui les ont unis, il ne croit avoir à remplir
envers eux aucun devoir.

C'est sur-tout lorsque l'homme voit approcher le terme
de sa vie, qu'il s'occupe le plus du sort de ceux qui doivent après sa mort le représenter. C'est alors qu'il prévoit
l'époque où il ne pourra plus, en tenant une balance juste,
rendre heureux tous les membres de sa famille, et où les
bons parens envers lesquels il avait réellement des devoirs
à remplir, ne se distingueront plus de ceux qui n'aspi-
raient qu'à la possession de ses biens.

C'est dans le tems où la Parque fatale commence à être
menaçante, que l'homme cherche sa consolation, et le
moyen de se résigner avec moins de peine à la mort, en
faisant à son gré la disposition de sa fortune.

Quelques jurisconsultes opposent à ces idées d'indépendance dans l'exercice du droit de propriété, que celui qui dispose pour le tems où il n'existera plus n'exerce point un droit naturel ; qu'il n'y a de propriété que dans la possession qui finit avec la vie ; que la transmission des biens après la mort du possesseur appartient à la loi civile, dont l'objet est de prévenir le désordre auquel la société serait exposée, si ses biens étaient alors la proie du premier occupant, ou s'il fallait les partager entre tous les membres de la société comme une chose devenue commune à tous.

Ces jurisconsultes prétendent que l'ordre primitif et fondamental de la transmission des biens après la mort est celui des successions *ab intestat*, et que si l'homme a quelque pouvoir de disposer pour le tems où il n'existera plus, c'est un bienfait de la loi ; c'est une portion de son pouvoir qu'elle lui cède, en posant les bornes qu'il ne peut excéder, et les formes auxquelles il est assujetti ; que la transmission successive des propriétés n'aurait pu être abandonnée à la volonté de l'homme, volonté qui n'eût pas toujours été manifestée, qui souvent est le jouet des passions, qui trop variable n'eût point suffi pour établir l'ordre général que le maintien de la société exige, et que la loi seule peut calculer sur des règles équitables et fixes.

Ce système est combattu par d'autres publicistes, qui le regardent comme pouvant ébranler les fondemens de l'ordre social, en altérant les principes sur le droit de propriété. Ils pensent que ce droit consiste essentiellement dans l'usage que chacun peut faire de ce qui lui appartient ; que si sa disposition ne doit avoir lieu qu'après sa mort, elle n'en est pas moins faite pendant sa vie, et qu'en lui contestant la liberté de disposer, c'est réduire sa propriété à un simple usufruit.

Au milieu de ces discussions, il est un guide que l'on peut suivre avec sûreté ; c'est la voix que la nature a fait entendre à tous les peuples, et qui a dicté presque toutes les législations.

Les liens du sang, qui unissent et constituent les familles, sont formés par les sentimens d'affection que la nature a mis dans le cœur des parens les uns pour les autres. L'énergie de ces sentimens augmente en raison de la proximité de parenté, et elle est portée au plus haut degré entre les pères et mères et leurs enfans.

Il n'est aucun législateur sage qui n'ait considéré ces

différens degrés d'affection comme lui présentant le meilleur ordre pour la transmission des biens.

Ainsi la loi civile, pour être parfaite à cet égard, n'a rien à créer, et les législateurs ne s'en sont écartés que quand ils ont sacrifié à l'intérêt de leur puissance le plus grand avantage et la meilleure organisation des familles.

Lorsque la loi ne doit suivre que les mouvemens même de la nature, lorsque, pour la transmission des biens, c'est le cœur de chaque membre de la famille qu'elle doit consulter, on pourrait regarder comme indifférent que la transmission des biens se fît par la volonté de l'homme, ou que ce fût par l'autorité de la loi.

Il est cependant, en partant de ces premières idées, un avantage certain à laisser agir jusqu'à un certain degré la volonté de l'homme.

La loi ne saurait avoir pour objet que l'ordre général des familles. Ses regards ne peuvent se fixer sur chacune d'elles, ni pénétrer dans son intérieur pour calculer les ressources, la conduite, les besoins de chacun de ses membres, et pour régler ce qui conviendrait le mieux à sa prospérité.

Ce sont des moyens de conservation que le père de famille peut seul avoir. Sa volonté sera donc mieux adaptée aux besoins et aux avantages particuliers de sa famille.

L'avantage que la loi peut retirer en laissant agir la volonté de l'homme, est trop précieux pour qu'elle le néglige, et dès-lors elle n'a plus à prévoir que les inconvéniens qui pourraient résulter de ce qu'on aurait entièrement livré le sort des familles à cette volonté.

Elle peut n'avoir pas été manifestée, soit par négligence, soit par l'incertitude du dernier moment; elle peut aussi être dégradée par des passions injustes : mais soit que le chef de famille n'ait pas rempli sa mission, soit qu'il ait violé les devoirs et les sentimens naturels, la loi ne devra se mettre à sa place que pour réparer ses omissions ou ses torts.

Si la volonté n'a pas été manifestée, la loi n'a point à établir une règle nouvelle : elle se conforme, dans l'ordre des successions, à ce que font les parens lorsqu'ils suivent les degrés naturels de leur affection. Si ce n'est pas la volonté déclarée de celui qui est mort, c'est sa volonté présumée qui exerce son empire.

Lorsqu'elle est démentie par la raison, lorsqu'au lieu de l'exercice du plus beau droit de la nature, c'est un outrage qui lui est fait; lorsqu'au lieu du sentiment qui porte à conserver, c'est un sentiment de destruction et de désorganisation qui a dicté cette volonté, la loi ne fait encore que la dégager des passions nuisibles, pour lui conserver ce qu'elle a de raisonnable. Elle n'anéantit point les libéralités excessives; elle ne fait que les réduire. La volonté reste entière dans tout ce qu'elle a de compatible avec l'ordre public.

Ainsi les propriétaires les plus jaloux de leur indépendance n'ont rien à regretter : ils ne peuvent la regarder comme altérée par la loi civile, soit que cette loi supplée à leur volonté non manifestée, en établissant l'ordre des successions, soit que par des règles sûr les donations et les testamens, elle contienne cette volonté dans des bornes raisonnables.

Que la faculté de disposer de ses biens soit un bienfait de la loi, ou que ce soit l'exercice du droit de propriété, rien n'est plus indifférent, pourvu que la loi ne soit pas contraire aux principes qui viennent d'être exposés. S'il en était autrement, si le législateur, dirigé par des vues politiques, avait rejeté le plan tracé par la nature pour la transmission des biens; si la faculté de disposer était resserrée dans des limites trop étroites, il serait dérisoire de soutenir que cette faculté ainsi réduite fût encore un bienfait, et que sous l'empire d'une pareille loi il y eût un libre exercice du droit de propriété.

Mais heureusement le système dans lequel la faculté de disposer a toute l'étendue que comportent les sentimens et les devoirs de famille, est celui qui s'adapte le mieux à toutes les formes de gouvernemens, à moins qu'ils ne soient absolument despotiques.

En effet lorsque les familles auront un intérêt politique à ce que la distribution des biens reçoive des modifications, d'une part cet intérêt entrera dans les calculs du père de famille, et de l'autre son ambition ou sa vanité seront contenues par les devoirs que la loi ne lui permettra pas de transgresser. La loi qui donnerait à l'ambition la facilité de sacrifier ces devoirs, serait destructive des familles, et sous aucun rapport elle ne pourrait être bonne.

Il faut encore observer que la loi civile, qui s'écarte

le moins de la loi naturelle par cela même qu'elle est susceptible de se plier aux différentes formes de gouvernement, est aussi celle qui peut le mieux fixer le droit de
propriété, et le préserver d'être ébranlé par les révolu-
tions.

Lorsque la faculté de disposer, renfermée dans de justes
bornes, présente de si grands avantages, il n'est point
surprenant qu'elle se trouve consacrée dans presque toutes
les législations.

Les plus anciens monumens de l'histoire fournissent les
preuves de l'usage des testamens, sans que l'on puisse y
découvrir l'époque où cet usage a commencé.

Il eut lieu chez les Egyptiens.

On le retrouve dans les villes de Lacédémone, d'Athènes,
et dans toutes les contrées de la Grèce.

Lorsqu'environ trois cents ans après la fondation de
Rome, ses députés revinrent d'Athènes avec le recueil des
lois qu'ils adoptèrent, celle qui concerne les testamens est
exprimée en ces termes : *Pater familias, uti legassit super
familiâ pecuniâque suâ itâ jus esto.*

Ainsi les Romains, pénétrés alors plus que jamais du
sentiment de la liberté publique, ne lui trouvèrent pas de
fondement plus solide, qu'en donnant au père de famille
une autorité absolue. Ils craignirent sans doute que la loi
ne s'égarât plutôt que l'affection des pères, et cette grande
mesure fut une des bases de leur gouvernement.

Les testamens étaient connus dans les Gaules avant que
le droit romain y fût introduit. Marculfe, dans son Recueil des formules, nous a conservé celles qu'on employait
pour transmettre ainsi ses biens.

La faculté de disposer, soit par donation, soit par testament, fait partie de la législation de tous les peuples de
l'Europe.

Chez les uns, et c'est, comme on l'a déjà observé, le
plus grand nombre, les législateurs ont pris pour base de
tout leur système la présomption des différens degrés d'affection des parens entr'eux, et leur confiance dans cette
affection les a déterminés à laisser aux parens eux-mêmes
toute la liberté qui est compatible avec les devoirs que la
nature ne permet pas de transgresser.

D'autres législateurs ont aussi établi l'ordre de succéder
sur les présomptions d'affections, suivant les degrés de pa-

renté ; mais par une sorte de contradiction, n'ayant aucune confiance dans les parens, ils ont mis des bornes
étroites à la faculté de disposer envers leurs parens. Cette
volonté a même été, dans quelque pays, entièrement en-
chaînée.

D'autres enfin se sont écartés de ces principes ; ils ont
cru qu'ils pouvaient mettre au nombre des ressorts de leur
autorité, le mode de transmission et de répartition des
biens. Ils ne se sont pas bornés à donner une impulsion
à la volonté de l'homme, ils l'ont rendue presque nulle
en ne lui confiant qu'une petite partie de biens.

On n'a point hésité, dans la loi qui vous est proposée,
à donner la préférence au système fondé sur les degrés
d'affection entre parens, et sur la confiance à laquelle
cette affection leur donne droit.

Après avoir posé ce principe fondamental sur la transmission des biens, il a fallu en déduire les conséquences.

Déjà celles qui sont relatives aux biens des personnes
qui meurent sans en avoir disposé, vous ont été présentées
dans le titre *des successions.*

Il reste à régler ce qui concerne les donations entre-vifs et
les testamens.

Il faut d'abord établir les principes généraux : fixer ensuite la quotité des biens dont on pourra disposer, et enfin
prescrire des formes suffisantes pour constater la volonté
de celui qui dispose, et pour en assurer l'exécution. Tel
est le plan général et simple de cette importante loi.

2.

Parmi les règles communes à tous les genres de dispositions, et que l'on a placées en tête de la loi, la plus
importante est celle qui confirme l'abolition des substitutions fidéi-commissaires.

Cette manière de disposer, dont on trouve les premières
traces dans la législation romaine, n'entra point dans son
système primitif de transmission des biens. Le père de famille put, avec une entière indépendance, distribuer sa
fortune entre ceux qui existaient pour la recueillir. Ils
n'eurent point l'autorité de créer à leur gré un ordre de
successions, et d'enlever ainsi la prérogative de ceux qui
dans chaque génération devaient aussi être investis de la
même magistrature.

L'esprit de fraude introduisit les substitutions : l'ambition
se saisit de ce moyen et l'a perpétué.

On avait réussi à éluder la loi pour avantager des personnes incapables de recevoir ; on essaya le même moyen pour opérer une transmisson successive au profit même de ceux qui ne seraient point sous le coup des lois exclusives.

Ce ne fut que sous Auguste, dans le huitième siècle, depuis la fondation de Rome, que les fidéi-commis au profit de personnes capables furent autorisées par les lois.

En France on comptait dix coutumes qui formaient environ le cinquième de son territoire, où la liberté de substituer avait été défendue ou au moins resserrée dans des bornes très-étroites.

Dans le reste de la France les substitutions furent d'abord admises d'une manière aussi indéfinie que chez les Romains, qui n'avaient point mis de bornes à leur durée.

Il était impossible de concilier avec l'intérêt général de la société cette faculté d'établir un ordre de succession perpétuel et particulier à chaque famille, et même un ordre particulier à chaque propriété qui était l'objet des substitutions. L'ordonnance d'Orléans de 1560 régla que celles qui seraient faites à l'avenir ne pourraient excéder deux degrés ; mais ce remède n'a point fait cesser les maux qu'entraîne cette manière de disposer.

L'expérience a prouvé que, dans les familles opulentes, cette institution n'ayant pour but que d'enrichir l'un de ses membres en dépouillant les autres, était un germe toujours renaissant de discorde et de procès. Les parens nombreux qui étaient sacrifiés et que le besoin pressait, n'avaient de ressource que dans les contestations qu'ils élevaient soit sur l'interprétation de la volonté, soit sur la composition du patrimoine, soit sur la part qu'ils pouvaient distraire des biens substitués, soit enfin sur l'omission ou l'irrégularité des formes exigées.

Chaque grevé de substitution n'étant qu'un simple usufruitier, avait un intérêt contraire à celui de toute amélioration ; ses efforts tendaient à multiplier et à anticiper les produits qu'il pourrait retirer des biens substitués, au préjudice de ceux qui seraient appelés après lui, et qui chercheraient à leur tour une indemnité dans de nouvelles dégradations.

Une très-grande masse de propriétés se trouvait per-pétuellement hors du commerce ; les lois qui avaient borné les substitutions à deux degrés n'avaient point paré à cet inconvénient ; celui qui, aux dépens de sa famille entière, avait joui de toutes les prérogatives attachées à un nom distingué et à un grand patrimoine, ne manquait pas de renouveller la même disposition, et si, par le droit, cha-cune d'elle était limitée à un certain tems, elles devenaient par le fait de leur renouvellement des substitutions per-pétuelles.

Ceux qui déjà étaient chargés des dépouilles de leurs familles, avaient la mauvaise foi d'abuser des substitions pour dépouiller aussi leurs créanciers ; une grande dé-pense faisait présumer de grandes richesses ; le créancier qui n'était pas à portée de vérifier les titres de propriété de son débiteur, ou qui négligait de faire cette perquisition, était victime de sa confiance, et dans les familles aux-quelles les substitutions conservaient les plus grandes masses de fortune, chaque génération était le plus sou-vent marquée par une honteuse faillite.

Les substitutions ne conservaient des biens dans une fa-mille qu'en sacrifiant tous ses membres pour réserver à un seul l'éclat de la fortune ; une pareille répartition ne pouvait être établie qu'en étouffant tous les sentimens de cette af-fection qui est la première base d'une juste transmission des biens entre les parens ; il ne saurait y avoir un plus grand vice dans l'organisation d'une famille, que celui de tenir dans le néant tous ses membres pour donner à un seul une grande existence ; de réduire ceux que la nature a faits égaux à implorer les secours et la bienfaisance du possesseur d'un patrimoine qui devrait être commun ; et rarement l'opulence, sur-tout lorsque son origine n'est pas pure, inspire des sentimens de bienfaisance et d'équité.

Enfin, si les substitutions peuvent être mises au nombre des institutions politiques, on y supplée d'une manière suf-fisante et propre à prévenir les abus, en donnant pour dis-poser, toute la liberté compatible avec les devoirs de famille.

Ce sont tous ces motifs qui ont déterminé à confirmer l'abolition des substitutions, déjà prononcée par la loi d'octobre 1792.

3. Les règles sur la capacité de donner ou de recevoir par
donations

donations entre-vifs ou par testament, font la matière du premier chapitre.

Il résulte des principes déja exposés sur le droit de propriété, que toute personne peut donner ou recevoir de l'une et de l'autre manière, à moins que la loi ne l'en déclare incapable.

La volonté de celui qui dispose doit être certaine.

Cette volonté ne peut même pas exister, s'il n'est pas sain d'esprit.

Il a suffit d'énoncer ainsi ce principe général, afin de laisser aux juges la plus grande liberté dans son application.

4.

Celui qui dispose de sa fortune, doit aussi être parvenu à l'âge où il peut avoir la réflexion et les connaissances propres à le diriger.

5.

La loi ne peut, à cet égard, être établie que sur des présomptions.

Il fallait choisir entre celle qui résulte de l'émancipation, et celle que l'on peut induire d'un nombre fixe d'années.

Plusieurs motifs s'opposaient à ce qu'on prît pour règle l'émancipation.

Les père et mère peuvent émanciper leur enfant lorsqu'il a quinze ans révolus. On leur a donné ce droit en comptant que leur affection continuerait à guider l'enfant qui n'aurait pas encore, dans un âge aussi tendre, les connaissances suffisantes pour diriger sa conduite; c'est aussi par ce motif que le mineur qui a perdu ses père et mère, ne peut être émancipé avant dix-huit ans.

Cependant la faculté de disposer doit être exercée par un acte de volonté propre et indépendante des père et mère ou des tuteurs. La volonté ne pouvait pas être présumée raisonnable à l'égard de certains mineurs à quinze ans, à l'égard des autres à dix-huit seulement.

Cette volonté n'eût pas été indépendante, si les mineurs n'avaient pu l'exercer que dans le cas où ils auraient été émancipés, soit par leurs pères ou mères, soit à la demande de leurs parens. La crainte que le mineur ne fît des dispositions contraires à leurs intérêts eût pu quelquefois être un obstacle à l'émancipation.

D'ailleurs, dans l'état actuel de la civilisation, un mineur

a reçu avant l'âge de seize ans une instruction suffisante
pour être attaché à ses devoirs envers ses parens. La volonté du mineur parvenu à la seizième année peut avoir
acquis une maturité suffisante pour qu'il soit à cet égard
le maître, non de la totalité de sa fortune, mais seulement de la moitié des biens dont la loi permet au majeur
de disposer.

Cependant on a fait une distinction juste entre les donations entre-vifs et celles par testament. La présomption
que la disposition faite par le mineur pour le tems où il
n'existerait plus serait raisonnable, ne pouvait s'appliquer
aux donations entre-vifs, par lesquelles le mineur se dé-
pouillerait irrévocablement de sa propriété. Cela serait contraire au principe suivant lequel il ne peut faire, même
à titre onéreux, l'aliénation de la moindre partie de ses
biens. Dans les donations entre-vifs, la loi présume que
le mineur serait la victime de ses passions. Dans les dispositions testamentaires, l'approche ou la perspective de la
mort ne lui permettra plus de s'occuper que des devoirs
de famille ou de reconnaissance.

6.   Il ne suffit pas que la volonté soit certaine, il faut encore
qu'elle n'ait pas été contrainte ou extorquée par l'empire
qu'aurait eu sur l'esprit du donateur celui au profit duquel
est la disposition.

Cet empire est tel de la part d'un tuteur sur son mineur ;
et les abus seraient à cet égard si multipliés, qu'il a été
nécessaire d'interdire au mineur émancipé la faculté de
disposer, même par testament, au profit de son tuteur.

On n'a pas voulu que les tuteurs pussent concevoir l'espérance qu'au moyen des dispositions qu'ils obtiendraient
de leurs mineurs parvenus à la majorité, ils pourraient se
dispenser du compte définitif de tutelle. Tous les droits de
la minorité continuent même au profit du majeur contre
celui qui a été son tuteur, jusqu'à ce que les comptes soient
rendus et apurés ; et l'expérience a prouvé qu'il était nécessaire d'interdire au mineur devenu majeur la faculté de
renoncer à ce compte. Cette règle serait facilement éludée,
si des donations entre-vifs ou testamentaires acquittaient
le tuteur et rendaient ses comptes inutiles.

On a seulement excepté les pères et mères, ou autres
ascendans ; et, quoiqu'ils soient tuteurs, la piété filiale doit
se présumer plutôt que la violence ou l'autorité.

7.

La loi regarde encore comme ayant trop d'empire sur l'esprit de celui qui dispose et qui est atteint de la maladie dont il meurt, les médecins, les chirurgiens, les officiers de santé ou les pharmaciens qui le traitent. On n'a point cependant voulu que ce malade fût privé de la satisfaction de leur donner quelques témoignages de reconnaissance, eu égard à sa fortune et aux services qui lui auraient été rendus.

Il eût aussi été injuste d'interdire les dispositions, celles mêmes qui seraient universelles, faites dans ce cas par un malade au profit de ceux qui le traiteraient et qui seraient ses parens. S'il y avait des héritiers en ligne directe, du nombre desquels ils ne seraient pas, la présomption, qui est la cause de leur incapacité, reprendrait toute sa force.

8.

Ce serait en vain que la loi aurait, par ces motifs, déclaré les personnes qui viennent d'être désignées, incapables de recevoir, si on pouvait déguiser la donation entre-vifs sous le titre de contrat onéreux, ou si on pouvait disposer sous le nom de personnes interposées.

C'est à la prudence des juges, lorsque le voile qui cache la fraude est soulevé, à ne se déterminer que sur des preuves, ou au moins sur des présomptions assez fortes pour que les actes dont la fraude s'est enveloppée ne méritent plus aucune confiance. Si c'est un acte déguisé sous un titre onéreux, il doit être annullé lorsqu'il est prouvé que celui qui l'a passé n'a pas voulu faire un contrat onéreux qui lui était permis, mais que son intention a été d'éluder la loi, en disposant au profit d'une personne incapable.

On a désigné les personnes que les juges pourront toujours regarder comme interposées : ce sont les père et mère, les descendans, et l'époux de la personne incapable.

La loi garde le silence sur le défaut de liberté qui peut résulter de la suggestion et de la captation, et sur le vice d'une volonté déterminée par la colère ou par la haine. Ceux qui ont entrepris de faire annuller des dispositions par de semblables motifs n'ont presque jamais réussi à trouver des preuves suffisantes pour faire rejeter des titres positifs ; et peut-être vaudrait-il mieux, pour l'intérêt général, que cette source de procès ruineux et scandaleux fût tarie, en déclarant que ces causes de nullité ne seraient pas admises ; mais alors la fraude et les passions auraient cru avoir dans la loi même un titre d'impunité. Les circonstances peuvent être telles que la volonté de celui qui a disposé n'ait pas été libre, ou qu'il ait été entièrement dominé par une passion injuste. C'est la sagesse des tribunaux qui pourra seule apprécier ces faits, et tenir la balance entre la foi due aux actes et l'intérêt des familles. Ils empêcheront qu'elles ne soient dépouillées par les gens avides qui subjuguent les mourans, ou par l'effet d'une haine que la raison et la nature condamnent.

9. On ne met pas au nombre des incapables de recevoir, les hospices, les pauvres d'une commune et les établissemens d'utilité publique. Il est, au contraire, à désirer que l'esprit de bienfaisance qui caractérise les Français, répare les pertes que ces établissemens ont faites pendant la révolution ; mais il faut que le Gouvernement les autorise. Ces dispositions sont sujettes à des règles dont il doit maintenir l'exécution. Il doit connaître la nature et la quantité des biens qu'il met ainsi hors du commerce, il doit même empêcher qu'il n'y ait dans ces dispositions un excès condamnable.

10. Une dernière règle à rappeler sur la capacité de disposer, est celle qui établit la réciprocité entre les Français et les étrangers. On ne pourra disposer au profit d'un étranger que dans le cas où un étranger pourrait disposer au profit d'un Français.

11. Après avoir établi ces principes préliminaires sur les caractères d'une volonté certaine et raisonnable, sans laquelle on est incapable de disposer, la loi pose les règles qui sont le principal objet de ce titre du Code ; règles qui doivent avoir une si grande influence sur les mœurs de la nation et sur le bonheur des familles. Elle fixe quelle sera la portion de biens disponible.

Il est sans doute à présumer que chacun, en suivant son affection, ferait de sa fortune la répartition la plus convenable au bonheur de sa famille et aux droits naturels de ses héritiers les plus proches, et que cette affection serait encore moins sujette à s'égarer dans le cœur de celui qui laisserait une postérité.

Mais lors même que la loi a cette confiance, elle doit prévoir qu'il est des abus inséparables de la faiblesse et des passions humaines, et qu'il est des devoirs dont elle ne peut, en aucun cas, autoriser la violation.

Les pères et mères qui ont donné l'existence naturelle ne doivent point avoir la liberté de faire arbitrairement perdre, sous un rapport aussi essentiel, l'existence civile ; et, s'ils doivent rester libres dans l'exercice de leur droit de propriété, ils doivent aussi remplir les devoirs que la paternité leur a imposés envers leurs enfans et envers la société.

C'est pour faire connaître aux pères de famille les bornes au-delà desquelles ils seraient présumés abuser de leur droit de propriété en manquant à leurs devoirs de pères et de citoyens que, dans tous les tems et chez presque tous les peuples policés, la loi a réservé aux enfans, sous le titre de légitime, une certaine quotité des biens de leurs ascendans.

Chez les Romains, le droit du Digeste et du Code avait réduit au quart des biens, la légitime des enfans.

Elle fut augmentée par la 18e novelle qui la fixa au tiers, s'il y avait quatre enfans ou moins ; et à la moitié, s'ils étaient cinq ou plus.

On distinguait en France les pays de droit écrit et ceux de coutumes.

Dans presque tous les pays de droit écrit, la légitime en ligne directe et descendante était la même que celle établie par la novelle.

Les coutumes étaient à cet égard distinguées en plusieurs classes.

Les unes adoptaient ou modifiaient les règles du droit écrit.

D'autres, et de ce nombre était la coutume de Paris, établissaient spécialement une légitime.

Quant aux coutumes où elle n'était pas fixée, l'usage ou la jurisprudence y avaient admis les règles du droit romain ou celles de la coutume de Paris, à l'exception de quelques modifications que l'on trouve dans un petit nombre de ces coutumes.

Celle de Paris a fixé la légitime à la moitié de la part que chaque enfant aurait eue dans la succession de ses père et mère et des autres ascendans, s'ils n'avaient fait aucune disposition entre-vifs ou testamentaire.

Pendant la révolution, la loi du 17 nivose an 2 (art. 16) avait limité au dixième du bien la faculté de disposer, si on avait des héritiers en ligne directe.

h 3

La loi du 4 germinal an 8 a rendu aux pères et mères une partie de leur ancienne liberté ; elle a permis les libéralités qui n'excéderaient pas le quart des biens, s'ils laissaient moins de quatre enfans ; le cinquième, s'ils en laissaient quatre ; le sixième, s'ils étaient au nombre de cinq, et ainsi de suite.

En faisant le projet de loi qui vous est présenté, on avait à examiner les avantages et les inconvéniens de chacune de ces règles, afin de reconnaître celle qui serait fondée sur la combinaison la plus juste du droit de disposer et des devoirs de la paternité.

A Rome, il entrait dans le système du gouvernement d'un peuple guerrier que les chefs de famille eussent une autorité absolue, sans craindre que la nature en fût outragée. Lorsque sa civilisation se perfectionna, et que l'on voulut modifier des mœurs antiques, il aurait été impossible de les régler comme si c'eût été une institution nouvelle. Non-seulement chaque père entendait jouir sans restriction de son droit de propriété, mais encore il avait été constitué le législateur de sa famille. Mettre des bornes au droit de disposer, c'était dégrader cette magistrature suprême. Aussi pendant plus de douze siècles, la légitime des enfans, quel que fût leur nombre, ne fut-elle pas portée au-delà du quart des biens. Ce ne fut qu'au déclin de ce grand Empire que les enfans obtinrent à ce titre le tiers des biens, s'ils étaient au nombre de quatre ou au-dessus, ce qui était le cas le plus ordinaire, et la moitié s'ils étaient en plus grand nombre.

Cette division avait l'inconvénient de donner des résultats incohérens.

S'il y avait quatre enfans, la légitime était d'un douzième pour chacun, tandis que s'il y en avait cinq, chaque part légitimaire était du dixième. Ainsi la part qui doit être plus grande quand il y a moins d'enfans, se trouvait plus petite. Ce renversement de l'ordre naturel n'était justifié par aucun motif.

La coutume de Paris a mis une balance égale entre le droit de propriété et les devoirs de famille. Les auteurs de cette loi ont pensé que les droits et les devoirs des pères et mères sont également sacrés, qu'ils sont également fondamentaux de l'ordre social, qu'ils forment entr'eux un équilibre parfait, et que si l'un ne doit pas l'emporter sur l'autre, le cours des libéralités doit s'arrêter quand la moitié des biens est absorbée.

Le système de la loi parisienne est d'une exécution simple. On y trouve toujours une proportion juste dans le traitement des enfans, eu égard à leur nombre et à leur droit héréditaire.

Mais elle peut souvent donner des résultats contraires à ceux que l'on se propose.

On veut que chaque enfant ait une quotité de biens suffisante pour qu'il ne perde pas l'état dans lequel l'ont placé les auteurs de ses jours. On ne doit donc pas laisser la liberté de disposer d'une moitié dans le cas où les enfans se trouveraient par leur nombre à être réduits à une trop petite portion.

Le meilleur système est celui dans lequel on a égard au nombre des enfans, en même tems qu'on laisse aux pères et mères toute la liberté compatible avec la nécessité d'assurer le sort des enfans.

La législation romaine a eu égard à leur nombre, mais elle est susceptible de rectification dans les proportions qu'elle établit.

Ainsi lorsqu'elle donne au père le droit de disposer des deux-tiers, si ses enfans ne sont pas au-dessus du nombre de quatre, elle n'a point fait entrer en considération que la liberté de celui qui n'est obligé de pourvoir qu'un seul enfant, ne doit pas être autant limitée que lorsqu'il en a plusieurs.

La liberté de disposer des deux tiers des biens, lors même que les enfans étaient au nombre de quatre, était trop considérable, comme celle qui est donnée par la loi du 4 germinal an 8, et qui ne comprend que le quart s'il y a moins de quatre enfans, et une portion virile seulement, s'il y en a un plus grand nombre, est trop bornée.

La coutume de Paris était fondée sur un principe plus juste lorsque, balançant le droit de la propriété et les devoirs de la paternité, elle avait établi que dans aucun cas il ne serait permis au père de disposer de plus de la moitié de ses biens.

C'était une raison décisive pour partir de ce point, en restreignant ensuite cette liberté dans la proportion qu'exigerait le nombre des enfans.

On n'a pas cru devoir admettre la graduation qui se trouve

dans la loi du 4 germinal an 8, et suivant laquelle la faculté donnée au père, et réduite à une portion virile, devient presque nulle lorsqu'il a un grand nombre d'enfans.

Il faut, en effet, considérer que l'ordre conforme à la nature est celui dans lequel les père et mère ne voudront disposer de leur propriété qu'au profit de leurs enfans, et pour réparer les inégalités naturelles ou accidentelles.

Lorsque le nombre des enfans est considérable, la loi doit réserver à chacun d'eux une quotité suffisante, sans trop diminuer dans la main du père les moyens de fournir à des besoins particuliers qui sont alors plus multipliés.

Ce sont toutes ces considérations qui ont déterminé à adopter la proportion dans laquelle les libéralités, soit par actes entre-vifs, soit par testament, ne pourront excéder la moitié des biens, s'il n'y a qu'un enfant légitime; le tiers, s'il en laisse deux; et le quart, s'il en laisse trois ou un plus grand nombre.

12.   La loi devrait-elle faire une réserve au profit des ascendans?

Les Romains reconnaissaient que si les pères doivent une légitime à leurs enfans, c'est un devoir dont les enfans sont également tenus envers leurs pères.

Quemadmodum à patribus liberis, ità à liberis patribus deberi legitimam.

En France, d'après le système de la division des biens en propres et acquêts, le sort des ascendans n'était pas le même dans les pays de coutume et dans ceux de droit écrit.

Un très-petit nombre de coutumes leur donnait une légitime; dans d'autres, elle leur avait été accordée par une jurisprudence à laquelle avait succédé celle qui la refusait d'une manière absolue.

Les enfans étaient obligés de conserver à leurs collatéraux presque tous les biens propres dont ces ascendans étaient exclus.

Si on n'avait pas laissé à ces enfans la disposition des meubles et des acquêts à la succession desquels les ascendans étaient appelés par la loi, ils eussent été presque entièrement privés de la liberté de disposer.

Dans les pays de droit écrit, et dans quelques coutumes qui s'y conformaient, les ascendans avaient une légitime. Elle consistait dans le tiers des biens. Le partage de ce tiers se faisait également entr'eux. Il n'y avait point de légitime pour les aïeuls, quand les père et mère ou l'un d'eux survivait, parce qu'en ligne ascendante il n'y a point de représentation.

La comparaison du droit écrit avec celui des coutumes, respectivement aux ascendans, ne pouvait laisser aucun doute sur la préférence due au droit écrit.

Le droit coutumier en donnant les propres aux collatéraux, et en laissant aux enfans la libre disposition des meubles et acquêts, ne prenait point assez en considération les devoirs et les droits qui résultent des rapports intimes entre les père et mère et leurs enfans.

Les devoirs des enfans ne sont pas, sous le rapport de l'ordre social, aussi étendus que ceux des pères et mères, parce que le sort des ascendans est plus indépendant de la portion des biens qui leur est assurée dans la fortune de leurs descendans, que l'état des enfans ne dépend de la part qu'ils obtiennent dans les biens de leurs pères et mères.

La réserve ne sera, par ce motif, que de moitié des biens au profit des ascendans, et sans égard à leur nombre, lorsqu'il y en aura dans chacune des lignes paternelle ou maternelle.

S'il n'y a d'ascendant que dans l'une des lignes, cette réserve ne sera que du quart.

Déjà on a établi dans le titre des successions une règle que l'on doit regarder comme une des bases principales de tout le système de la transmission des biens par mort.

C'est leur division égale entre les deux lignes paternelle et maternelle, lorsque celui qui meurt ne laisse ni postérité, ni frères ni sœurs. Cette division remplira sans inconvénient le vœu généralement exprimé pour la conservation des biens dans les familles.

Le sort des ascendans n'était point assez dépendant d'une réserve légale, pour qu'on pût, en l'établissant, s'écarter d'une règle aussi essentielle, et puisque, suivant cette règle, les biens affectés à la ligne dans laquelle l'ascendant ne se trouve pas, lui sont absolument étrangers, la réserve ne peut pas porter sur la portion à laquelle il ne pourrait avoir aucun droit par succession.

Devait-on limiter la faculté de disposer en collatéral, 13.

ou ne fallait-il pas au moins établir une réserve en faveur des frères et des sœurs ?

Toutes les voix se sont réunies pour que les collatéraux en général ne fussent point un obstacle à l'entière liberté de disposer.

Il en avait toujours été ainsi dans les pays de droit écrit.

Dans ceux des coutumes, les biens étaient distingués en propres et acquêts, et la majeure partie des propres étaient réservés aux collatéraux, sans que l'on put en disposer gratuitement.

Ce système de la distinction des biens en propres et acquêts, avait principalement pour objet de conserver les mêmes biens dans chaque famille.

On voulait maintenir et multiplier les rapports propres à entretenir, même entre les parens d'un degré éloigné, les sentimens de bienveillance et cette responsabilité morale qui suppléent si efficacement à la surveillance des lois. Resserrer et multiplier les liens des familles, tel fut, et tel sera toujours le ressort le plus utile dans toutes les formes de gouvernement, et la plus sûre garantie du bonheur public. Les auteurs du régime des propres et de réserves pensaient que la transmission des mêmes biens d'un parent à l'autre était un moyen de resserrer leurs liens, et que les degrés par lesquels on tenait à un auteur commun semblaient se rapprocher lorsque les parens se rapprochaient réellement pour partager les biens que ses travaux avaient le plus souvent mis dans la famille, et qui en perpétuaient la prospérité.

La conservation des mêmes biens dans les familles sous le nom de propres a pu s'établir et avoir de bons effets dans le tems où les ventes des immeubles étaient très-rares, et où l'industrie n'avait aucun ressort.

Mais depuis que la rapidité du mouvement commercial s'est appliquée aux biens immobiliers comme à tous les autres : depuis que les propriétaires, habitués à dénaturer leurs biens, ont pu facilement secouer le joug d'une loi qui les privait de la faculté de disposer des propres, il a été aussi facile que fréquent de s'y soustraire. Elle est devenue impuissante pour atteindre à son but, et lorsqu'elle eût dû être le lien des familles, elle les troublait par des procès sans nombre.

Déjà la loi des propres avait été abolie pendant la révolution ; on ne devait plus songer à la rétablir. C'est ainsi que certaines lois dépendent des mœurs et des usages existans au tems où elles s'établissent, et ne sont que transitoires.

C'est encore ainsi qu'il est facile d'expliquer pourquoi tout le régime des propres et acquêts, et de perpétuité des mêmes biens dans les familles, était inconnu aux Romains, et à ceux qui ont conservé leur législation.

L'ordre public et l'intérêt des familles s'accordent pour que chacun soit maintenu dans le droit de propriété dont résulte la liberté de disposer, à moins qu'il n'y ait des considérations assez puissantes et assez positives pour exiger à cet égard un sacrifice.

C'est ce sentiment d'une pleine liberté qui fait prendre à l'industrie tout son essor et braver tous les périls. Celui-là croit ne travailler que pour soi et ne voit point de terme à ses jouissances, quand il est assuré que les produits de son travail ne seront transmis qu'à ceux qu'il déclarera être les objets de son affection : l'intérêt général des familles dans un siècle où l'industrie met en mouvement le plus grand nombre des hommes est bien différent de l'intérêt de ces familles casanières, au milieu desquelles les coutumes se formèrent il y a plusieurs siècles : il est évident que ce qui maintenant leur importe le plus est que les moyens de prospérité s'y multiplient, et lorsque dans le cours naturel des affections les parens les plus proches seront préférés, ils entendraient mal leurs intérêts, s'ils les regardaient comme étant lésés par cette liberté dont ils doivent profiter.

Mais d'ailleurs, quel moyen pourrait-on trouver de s'opposer à cet exercice du droit de propriété ? il n'est en ce genre aucune prohibition qui ne soit susceptible d'être éludée.

Lorsqu'il s'agit d'un droit aussi précieux, et qui est exercé depuis tant de siècles par la plus grande partie de la nation, la loi qui l'abolirait serait au nombre de celles qui ne pourraient long-tems résister à l'opinion publique. Nul ne se ferait le moindre scrupule de la violer ; l'esprit de mensonge et de fraude dans les actes se propagerait ; le règne de la loi cesserait, et la corruption continuerait ses progrès.

On respectera la réserve faite au profit des ascendans et des descendans, parce qu'elle a pour base, non seulement les sentimens présumés, mais encore des devoirs si sacrés, que ce serait une sorte de délit de les enfreindre; ni ces sentimens, ni ces devoirs, ne peuvent être les mêmes pour les collatéraux; il n'y a vis-à-vis d'eux que les devoirs qui sont à la fois ceux du sang et de l'amitié.

La loi de réserve pour les collatéraux n'aurait pour objet que les parens qui se seraient exposés à l'oubli ou a l'animadversion, et par cela même ils ne sont pas favorables.

Enfin: les habitans des pays de droit écrit opposent aux usages introduits dans les pays de coutumes pendant quelques siècles, une expérience qui remonte à l'antiquité la plus reculée.

Ils citent l'exemple toujours mémorable de ce peuple qui, de tous ceux de la terre, est celui qui a le plus étudié et perfectionné la législation civile. Jamais il ne fut question d'y établir une légitime en collatérale.

Enfin, ils donnent pour modèle cette harmonie qui, dans les pays de droit écrit, rend les familles si respectables; là, bien plus fréquemment que dans les pays de coutume, se présente le tableau de ces races patriarcales, dans lesquelles ceux à qui la providence a donné la fortune n'en jouissent que pour le bonheur de tous ceux qui se rendent dignes par leurs sentimens d'être admis dans le sein de la famille.

C'est dans la maison de ce bienfaiteur que le parent infortuné trouve des consolations et des secours, que l'autre y reçoit des encouragemens, que l'on y économise des dots pour les filles. Quelle énorme différence entre les avantages que les parens peuvent ainsi, pendant la vie du bienfaiteur, retirer de ses libéralités entièrement indépendantes de la loi, et le produit d'une modique réserve, dont ils seraient même encore le plus souvent frustrés!

On ne peut espérer, sur-tout en collatérale, de créer ou de conserver cet esprit de famille qui tend à en soutenir tous les membres, à n'en former qu'un corps, à en rapprocher les degrés, qu'en provoquant la bienfaisance des parens entr'eux pendant qu'ils vivent. Le seul moyen de la provoquer est de lui laisser son indépendance: il est dans le cœur humain, que le sentiment de bienfaisance s'amortisse aussitôt qu'il s'y joint la moindre idée

de contrainte; cette idée ne s'accorde plus avec cette no-
blesse, avec cette délicatesse, et cette pureté de sentimens
qui animaient l'homme bienfaisant; il cesse de l'être parce
qu'il ne croit plus pouvoir l'être; il n'a plus rien à donner
à ceux qui ont le droit d'exiger.

Puisque la France est assez heureuse pour avoir conservé dans une grande partie de son territoire cet esprit
de famille nécessaire à la prospérité commune, gardons-
nous de rejetter un aussi grand moyen de régénération
des mœurs; c'est un feu sacré qu'il faut entretenir où il
existe, qu'il faut allumer dans les autres pays qui ont un
aussi grand besoin de son influence, et qu'il peut seul
vivifier.

Cependant ne devait-on point faire une exception en
faveur des frères et sœurs de celui qui meurt ne laissant
ni ascendans, ni postérité?

Ne doit-on pas distinguer dans la famille, ceux qui la
constituent le plus intimement, ceux qui sont présumés
avoir vécu sous le même toit, avoir été soumis à l'autorité
du même père de famille, tenir de lui un patrimoine qu'il
était dans son cœur de voir réparti entr'eux, et que le
plus souvent ils doivent à ses économies et à ses travaux?

Quel serait le frère qui pourrait regarder comme un sacrifice à sa liberté la réserve d'une quotité modique, telle
que serait un quart de ses biens à ses frères et sœurs, en
quelque nombre qu'ils fussent?

Peut-il y avoir quelque avantage à lui attribuer le droit
de transmettre tout son patrimoine à une famille étrangère en nuisant à la sienne propre, autant qu'il est en son
pouvoir, ou de préférer l'un de ses frères ou sœurs à tous
les autres? ce qui serait une cause éternelle de discorde
entre celui qui aurait la préférence, et ceux qui se regar-
deraient comme déhérités.

Si on est forcé de convenir que le Législateur doit employer tous ses efforts pour resserrer les liens de famille,
doit-il laisser la liberté à ceux que la nature avait autant
rapprochés, de les rompre entièrement?

Dans plusieurs autres parties du Code civil, les frères
et sœurs sont, à cause des rapports intimes qui les unissent, mis dans une classe à part. Dans l'ordre des successions, on les fait concourir avec les ascendans. Les frères
et sœurs auront, pour assurer à leurs neveux et nièces la

portion de biens dont ils peuvent disposer, le même droit
que les père et mère à l'égard de leurs petits-enfans.

Enfin, il sera contraire aux usages reçus dans une
grande partie de la France depuis plusieurs siècles qu'aucune quotité du patrimoine ne soit assurée même aux frères
et sœurs.

Quelque puissans que paraissent ces motifs pour établir
une réserve au profit des frères et sœurs, des considérations plus fortes s'y opposent et ont dû prévaloir.

Le guide le plus sûr des Législateurs est l'expérience ;
l'on n'a jamais admis ni à Rome, ni en France, dans les
pays de droit écrit, de légitime en faveur des frères : le
frère ne pouvait se plaindre de la disposition dans laquelle
il avait été oublié, que dans un seul cas, celui où une
personne mal famée, *turpis persona*, avait été instituée
héritière. La réclamation que le frère pouvait alors faire
d'une portion des biens n'était, sous le nom de légitime,
qu'une vengeance due à la famille qui avait éprouvé du
testateur une aussi grande injure.

Cependant le tableau de l'amitié fraternelle n'a jamais
été plus touchant que dans les pays où la liberté de disposer est entière.

Si, comme on l'a prouvé, celui qui ne doit éprouver
aucune contrainte dans ses dispositions de dernière volonté,
est beaucoup plus porté aux actes de bienfaisance pendant
sa vie, c'est sur-tout entre frères que cette assistance mutuelle est vraisemblable, et qu'elle peut influer sur leur
prospérité.

Plus la réserve que l'on croirait pouvoir faire au profit
des frères et sœurs serait modique, et moins elle pourrait
être d'une utilité réelle ; moins on doit la préférer aux
grands avantages que l'on peut se promettre d'une pleine
liberté de disposer.

Si on imposait en collatérale des devoirs rigoureux de
famille, ce devrait aussi être au profit des neveux dont
les père et mère sont décédés. Ce sont ces neveux qui ont
le plus besoin d'appui : c'est à leur égard que les oncles
tiennent lieu d'ascendans : c'est aux soins et à l'autorité
des oncles qu'est entièrement confié le sort de cette partie
de la famille.

On ne pourrait donc pas se borner au seul degré de
frères et de sœurs, si on voulait, en collatérale, établir

une réserve légale ; et cependant ceux mêmes qui ont été d'avis de cette réserve n'ont pas pensé qu'on pût l'étendre au-delà de ce degré, sans porter injustement atteinte au droit de propriété.

Il est, sans doute, dans le cours de la nature que les frères et sœurs soient unis par les liens intimes qu'ont formés une éducation et une naissance commune : mais l'ordre social, qui exige une réserve en ligne directe n'est point également intéressé à ce qu'il y en ait au profit des frères et sœurs.

Le père a contracté, non-seulement envers ses enfans, mais encore envers la société, l'obligation de leur conserver des moyens d'existence proportionnés à sa fortune ; ce devoir se trouve rempli à l'égard des frères ou sœurs, puisque chacun a sa portion des biens des père et mère communs.

Les enfans qui n'ont point de postérité ont, envers ceux qui leur ont donné le jour, des devoirs à remplir, qui ne sauraient être exigés par des frères ou sœurs, les uns envers les autres.

C'est après avoir long-tems balancé tous ces motifs pour et contre la réserve légale au profit des frères et sœurs, qu'il a été décidé de n'en établir qu'en ligne directe, et que toutes les fois que celui qui meurt ne laissera ni ascendans ni descendans, les libéralités par actes entre-vifs pourront épuiser la totalité des biens.

Après avoir ainsi déterminé la quotité disponible, il fallait régler un point sur lequel il y a eu jusqu'ici diversité de législation ; il fallait décider si la quotité disponible pourrait être donnée en tout ou en partie soit par actes entre-vifs, soit par testament, aux enfans ou autres héritiers de celui qui a disposé, sans que le donataire venant à sa succession fût obligé au rapport. 14.

Chez les Romains, et dans les pays de droit écrit, il n'y a jamais eu de variation à cet égard ; toujours on a eu le droit de choisir entre les héritiers ceux que l'on voulait avantager, soit par l'institution d'héritier, soit autrement.

Les coutumes étaient sur cette matière très-différentes les unes des autres.

Les unes permettaient à un des enfans d'être en même tems donataire, légataire et héritier, et n'assuraient aux autres que leur légitime.

D'autres distinguaient la ligne directe d'avec la collatérale, et la qualité de donataire entre-vifs d'avec celle de
légataire. Dans ces dernières coutumes, du nombre desquelles se trouve celle de Paris, la même personne ne
pouvait être ni donataire, ni légataire, ni héritier en ligne
directe : elle pouvait en collatérale être donataire et héritière, mais non légataire et héritière.

Dans d'autres on ne pouvait être donataire et héritier
soit en ligne directe, soit en ligne collatérale.

D'autres portaient la défense absolue d'avantager l'héritier présomptif, et ordonnaient le rapport, tant en directe que collatérale, même en renonçant.

Il n'y avait de système complet d'égalité entre les héritiers, que celui des coutumes qui les obligeaient au rapport des donations, lors même qu'ils renonçaient à la succession, et qui ne permettaient en leur faveur aucun
legs.

Dans l'opinion exclusive de la faculté de faire des dispositions au profit des héritiers, on les regarde comme
ayant un droit égal, et la loi se met entièrement à la place
de la personne qui meurt, non pour contrarier sa volonté
présumée, mais pour la remplir de la manière la plus
juste.

Cependant, quoique l'intention parût être de suivre la
marche de la nature, combien ne s'en écartait-on pas?

Comment la nature aurait-elle donné des droits égaux
à ceux qu'elle traite si diversement? Où sont les familles
dont tous les membres ont eu une part égale à la force
physique, à l'intelligence, aux talens, dont aucun n'a,
malgré la meilleure conduite, éprouvé des revers; dont
aucun n'a été exposé à des infirmités ou à d'autres malheurs de tous genres?

Ce tableau de l'humanité, quelque affligeant qu'il soit,
est malheureusement celui qui se réalise le plus souvent;
il faut l'avoir perdu de vue quand on calcule froidement
et arithmétiquement une division égale entre tous ceux qui
ont des besoins si différens.

Leur droit naturel est d'obtenir de celui à qui la providence a confié les biens une part proportionnée aux besoins, et qui établisse entr'eux, autant qu'il est possible,
la balance du bonheur. C'est en s'occupant sans cesse de
maintenir cette balance, que le chef de famille se livre aux

sentimens

sentimens les plus équitables d'une affection égale envers tous ses héritiers. Mais s'il lui est défendu par la loi de venir au secours de l'un, s'il ne peut encourager l'autre, s'il a les mains liées pour soulager les maux dont il est témoin, et pour faire cesser des inégalités affligeantes entre ceux qu'il voudrait rendre également heureux, c'est alors qu'il sent tout le poids de ses chaînes, c'est alors qu'il maudit l'erreur de la loi, qui s'est mise à sa place pour ne remplir aucun de ses devoirs, et qui se trompant sur le vœu de la nature, n'a établi ses présomptions que sur une égalité chimérique : c'est alors qu'il est affligé de sa nullité dans sa propre famille, où le sort de chacun a été réglé d'avance par l'interdiction prononcée contre lui, où il est dépouillé du principal moyen de faire respecter une autorité dont le seul but est de rétablir ou de maintenir l'ordre, où il n'a ni la puissance de faire le bien, ni celle de prévenir le mal.

Peut-on mettre en comparaison tous ces inconvéniens avec celui qui paraît avoir fait le plus d'impression sur l'esprit des personnes qui voudraient interdire le droit de disposer au profit des héritiers présomptifs? Ils craignent la vanité des chefs de famille, qui, favorisés de la fortune, voudraient la transmettre à celui qu'ils choisiraient pour les représenter avec distinction en sacrifiant les autres.

On n'a pas songé que le nombre des riches est infiniment petit, si on le compare à la masse presque générale de ceux qui vivant avec des facultés très-bornées, sont le plus exposés à toutes les inégalités et à tous les besoins.

On a perdu de vue le père de famille, qui, sous un humble toit, n'a pour patrimoine qu'un sol à peine suffisant pour la nourriture et l'éducation de sa famille. Déjà courbé sous le poids des années il ne pourrait suffire à un travail devenu trop pénible, s'il n'employait les bras du plus âgé de ses enfans aussitôt qu'ils ont quelque force. Cet enfant laborieux commence dès-lors à être l'appui de sa famille. C'est à la sueur de son front que ses frères devront les premiers secours avec lesquels ils apprendront des professions industrielles, et que ses sœurs devront les petits capitaux, fruit de l'économie, et qui leur auront procuré des établissemens utiles.

Croira-t-on que ce serait la vanité qui détermine ce père de famille à donner quelque récompense à celui de ses ensans qui s'est sacrifié pour le bonheur de tous, et à conserver dans ses mains, autant que la loi le lui permet, un héritage sur lequel une nouvelle famille ne pourrait s'élever et prospérer, s'il était divisé en trop petites portions?

L'intention de ceux qui ont interdit les dispositions au profit des héritiers est sans doute estimable, mais il est impossible de méconnaitre leur erreur.

Déja même la loi du 4 germinal an 8 autorisa les libéralités au profit des enfans ou autres successibles du disposant, sans qu'elles soient sujettes à rapport, pourvu qu'elles n'excèdent pas les bornes prescrites.

Cette règle a été maintenue.

15. Pour bien connaître la quotité disponible, et celle qui est réservée aux enfans ou aux ascendans, il était nécessaire d'une part de désigner les biens auxquels s'applique la faculté de disposer, et, de l'autre, de régler le mode de réduction qui doit avoir lieu, si les dispositions excèdent la quotité fixée.

16. La faculté de disposer ne se calcule pas seulement sur les biens qui restent dans la succession après les dettes payées, il faut ajouter à ces biens ceux que la personne décédée a donnés entre-vifs. On n'aurait pas mis de bornes fixes aux libéralités de disposer, si on n'avait pas eu égard à toute espèce de dispositions.

Il est sans doute du plus grand intérêt pour la société que les propriétés ne restent plus incertaines. C'est de leur stabilité que dépendent et la bonne culture et toutes ses améliorations.

Mais déja il a été prouvé que la transmission d'une partie des biens aux héritiers en ligne directe, est une des bases de l'ordre social. Les pères et mères et les enfans ont entr'eux des devoirs qui doivent être remplis de préférence à de simples libéralités; l'accomplissement de ces devoirs est la condition tacite sous laquelle ces libéralités ont pu être faites ou acceptées; et dans le cas même où les donations n'auraient pas, lorsqu'elles ont été faites, excédé la quotité disponible, les donataires ne seraient point par ce motif préférables à des héritiers directs, s'il s'agit pour les premiers d'un pur bénéfice, et pour les autres d'un patrimoine nécessaire. La diminution survenue dans la fortune du donateur ne saurait même être présumée l'effet de sa malveillance envers le donataire.

Ce sont ces motifs qui ont fait regarder comme indispensable de faire comprendre dans la masse des biens sur lesquels se calcule la quotité réservée par la loi, ceux qui auraient été donnés entre-vifs.

On doit même y comprendre les biens dont la propriété aurait été transmise aux enfans dans le cas du divorce; il ne peut jamais en résulter pour eux un avantage tel que les autres enfans soient privés de la réserve légale.

Il ne doit être fait aucune déduction à raison du droit des enfans naturels; ce droit n'est point acquis avant la mort, et c'est, sous le titre de créance, une participation à la succession.

Les biens sur lesquels les enfans ou les ascendans doivent prendre la portion que la loi leur réserve étant ainsi déterminés, on avait à régler comment ces héritiers exerceront cette reprise lorsque les biens, libres de dettes et déduction faite des dons et des legs, ne suffiront pas pour remplir la quotité réservée.   *17.*

Il est évident que ce retour sur les legs ou donations n'est admissible que de la part de ceux au profit desquels la loi a restreint la faculté de disposer proportionnellement au droit qu'ils auraient dans la succession.

Si maintenant on examine quelles sont, dans le cas d'insuffisance des biens libres de la succession, les dispositions qui doivent être en premier lieu annullées ou réduites pour que la quotité réservée soit remplie, il ne peut y avoir de doute sur ce que la réduction ou l'annullation doit d'abord porter sur les legs.   *18.*

Les biens légués font partie de la succession; les héritiers au profit desquels est la réserve, sont saisis par la loi dès l'instant où cette succession est ouverte. Les legs ne doivent être payés qu'après l'acquit des dettes et des charges; la quotité réservée par la loi est au nombre de ces charges.

Chaque légataire ayant un même droit aux biens qui lui sont légués, l'équité veut que cette sorte de contribution soit faite entr'eux au marc le franc.

Si néanmoins le testateur avait déclaré qu'il entendait   *19.*

que certains legs fussent acquittés de préférence aux autres, les légataires ainsi préférés auraient un droit de plus
que les autres, et la volonté du testateur ne serait pas
exécutée, si les autres legs n'étaient pas entièrement épuisés pour remplir la réserve légale, avant qu'on pût réduire
ou annuller les legs préférés. On exige seulement, pour
prévenir toute contestation sur cette volonté du testateur,
qu'elle soit déclarée en termes exprès.

20.   Il restait à prévoir le cas où tous les biens de la succession, libres de dettes, et tous les biens légués, auraient
été épuisés sans que la réserve légale fût encore remplie.

Les donations entre-vifs doivent-elles alors, comme les
legs, être réduites au marc le franc ?

On peut dire que, pour fixer la quotité réservée, on
fait entrer dans le calcul des biens qui y sont sujets la
valeur de tous ceux qui ont été donnés, sans égard, aux
diverses époques des donations, parce que chacune d'elles,
et toutes ensemble, ont contribué à épuiser le patrimoine.

Mais il est plus conforme aux principes que les donations soient réduites, en commençant par la plus récente,
et en remontant successivement aux plus anciennes.

En effet, on n'a pas, dans les premières donations,
excédé la mesure prescrite, si les biens donnés postérieurement suffisent pour remplir la réserve légale. Si la réduction portait sur toutes les donations, le donateur aurait un moyen de révoquer en tout, ou par de nouvelles
donations, celles qu'il aurait d'abord faites.

D'ailleurs, lorsqu'il s'agit d'attaquer des propriétés qui
remontent à des tems plus ou moins éloignés, l'ordre public est intéressé à ce que la plus ancienne propriété soit
maintenue de préférence. C'est le fondement de cette
maxime : *Qui prior est tempore potior est jure.*

Ces principes, déjà consacrés par l'ordonnance de 1731
(art. 34), ont été maintenus.

21.   On a aussi conservé cette autre disposition de la même
loi, suivant laquelle, lorsque la donation entre-vifs réductible a été faite à l'un des héritiers ayant une réserve légale, il peut retenir sur les biens donnés la valeur de la
portion qui lui appartiendrait comme héritier dans les biens
non disponibles, s'ils sont de la même nature. Dans ce
cas, il était possible de maintenir ainsi la propriété de

l'héritier donataire sans causer de préjudice à ses co-héritiers.

La règle suivant laquelle la réduction doit se faire, des
donations les plus récentes, serait illusoire, si le donataire évincé pouvait se regarder comme subrogé contre le
donataire antérieur dans les droits de celui qui l'a évincé.

D'ailleurs la réduction est un privilége personnel, et
dès - lors elle ne peut être l'objet d'une subrogation, soit
tacite, soit même conventionnelle.

Quant aux créanciers de celui dont la succession s'ouvre, **22.**
ils n'ont de droit que sur les biens qu'ils y trouvent ; ces
biens doivent toujours, et nonobstant toute réserve légale,
être épuisés pour leur paiement ; mais ils ne peuvent
avoir aucune prétention à des biens dont leur débiteur
n'était plus propriétaire. Si les titres de leurs créances
sont antérieurs à la donation, ils ont pu conserver leurs
droits en remplissant les formalités prescrites.

Si ces titres sont postérieurs, les biens qui dès-lors
étaient par la donation hors des mains de leur débiteur,
n'ont jamais pu être leur gage.

Il parait contraire aux principes de morale que l'on
puisse recueillir, même à titre de réserve, des biens
provenant d'une personne, dont toutes les dettes ne sont
pas acquittées ; et la conséquence semble être que si le
créancier ne peut pas, à cause du droit de propriété du
donataire, avoir action contre lui, au moins doit-il exercer
ses droits contre l'héritier sur les biens recouvrés par l'effet
de la réduction.

Si on s'attachait à l'idée que celui qui a le droit de réduction ne doit pas avoir de recours contre les donataires, à moins que les biens dont ceux - ci auraient été
évincés ne deviennent le gage des créanciers du défunt,
il vaudrait autant donner à ces créanciers, contre les donataires, une action directe, que de l'accorder aux héritiers pour que les créanciers en profitent : ou plutôt
alors, comme il ne s'agirait réellement que de l'intérêt
des créanciers, on ne devrait pas faire intervenir les héritiers pour dépouiller les donataires au profit des créanciers.
Ceux-ci d'ailleurs pourraient-ils espérer que les héritiers se
porteraient à exercer un pareil recours ? Leur délicatesse
ne serait-elle pas autant engagée à ne pas détruire le droit
de propriété des donataires ; qu'à payer les créanciers ?

o 3

Et si les héritiers manquaient de délicatesse, ne leur serait-il pas facile de traiter à l'insu des créanciers avec des donataires qui ne chercheraient qu'à se maintenir dans leur propriété ?

23. L'action de l'héritier contre le donataire, et les biens donnés qui sont l'objet de ce recours, sont également étrangers à la succession. Le titre auquel l'héritier exerce ce recours remonte au tems même de la donation. Elle est présumée n'avoir été faite que sous la condition de ce retour à l'héritier, dans le cas où la réserve ne serait pas remplie.

C'est en conséquence de cette condition primitive de retour, que l'héritier reprend les biens sans charges de dettes ou hypothèques créées par le donataire. C'est par le même motif que l'action en ré... action ou revendication peut être exercée par l'héritier contre les tiers détenteurs des immeubles faisant partie de la donation et aliénés par le donataire, de la même manière et dans le même ordre que contre le donataire lui-même.

Il faut donc considérer l'héritier qui évince un donataire entre-vifs, comme s'il eût recueilli les biens au tems même de la donation.

S'il fallait admettre d'une manière absolue qu'un héritier ne peut recueillir, à titre gratuit, des biens de celui qui a des créanciers, sans en faire l'emploi au paiement des dettes, il faudrait dire que toutes donations entre-vifs sont susceptibles d'être révoquées par des dettes que le donateur aurait depuis contractées. C'est ce qui n'a été admis dans aucune législation. Il est sans doute à regretter que des idées morales se trouvent ici en opposition avec des principes qu'il serait bien plus dangereux de violer ; ce sont ceux sur le droit de propriété, non-seulement de l'enfant ou de l'ascendant, mais encore des autres intéressés. En voulant perfectionner la morale sous un rapport, on ferait naître la corruption sous plusieurs autres.

24. Après avoir ainsi réglé les qualités requises pour donner et recevoir, après avoir fixé la quotité disponible, et avoir indiqué le mode à suivre pour les réductions, la loi s'occupe plus particulièrement d'abord des donations entre-vifs, et ensuite des testamens. Elle prescrit les formes de

chacun de ces actes ; elle établit les principes sur leur nature et sur leurs effets.

C'est ici que tous les regards se fixent sur ces lois célèbres qui contribueront à rendre immortelle la mémoire
du chancelier d'Aguesseau. Les ordonnances sur les donations et sur les testamens ont été, comme le nouveau Code,
le fruit de longues méditations. Elles n'ont également été
adoptées qu'après avoir consulté le vœu de la nation par
le seul moyen qui fût alors possible, celui de prendre
l'avis des magistrats et des jurisconsultes. Les rédacteurs
du Code ont eu recours aux dispositions de ces lois avec
le respect qu'inspirent leur profonde sagesse et le succès
dont elles ont été couronnées.

Dans les donations entre-vifs, on distingue les formalités à observer dans les actes qui les contiennent, et
celles que l'on peut nommer extérieures.

Les formalités à observer dans ces actes ont un double
objet, celui de les constater, et celui d'en fixer la nature.

On admet comme légalement constatés les actes portant
donations entre-vifs, que quand ils sont passés devant notaires, dans la forme ordinaire des contrats.

La minute doit rester entre les mains du notaire : elle
ne doit être délivrée ni au donateur, ni au donataire. La
donation entre-vifs est un acte par lequel celui qui l'accepte s'engage à en remplir les conditions. Il ne doit être
au pouvoir ni de l'une ni de l'autre des parties de l'anéantir,
en supprimant l'acte qui en contient la preuve.

C'est parce que toute donation entre-vifs est considérée
comme un engagement réciproque, qu'il est indispensable
que les deux parties y interviennent, celle qui donne, et
celle qui accepte. Cela est conforme au droit romain, qui
ne regardait point comme encore existante une libéralité,
lorsque celui pour qui elle était destinée l'ignorait ou n'y
avait plus consenti.

25. L'acceptation étant une condition essentielle de toute
donation, on a dû exiger qu'elle fût en termes exprès. Il
en résultera, sans qu'il ait été besoin d'en faire une disposition, que les juges ne pourront avoir aucun égard
aux circonstances dont on prétendrait induire une acceptation tacite et sans qu'on puisse la présumer, lors même
que le donataire aurait été présent à l'acte de donation et

qu'il l'aurait signé, ou quand il serait entré en possession des choses données.

Il était seulement une facilité qui n'avait rien de contraire à ces principes, et qu'on ne pouvait refuser sans mettre le plus souvent un obstacle insurmontable à la faculté de disposer. C'est sur-tout au milieu des mouvemens du commerce et lorsque les voyages sont devenus si communs, que les parens les plus proches et les amis les plus intimes sont exposés a vivre dans un grand éloignement.

On a voulu prévenir cet inconvénient, en permettant l'acceptation par un acte postérieur ou par une personne fondée de la procuration du donataire, en regardant cette procuration comme suffisante, soit qu'elle porte le pouvoir d'accepter la donation faite, soit qu'elle contienne un pouvoir général d'accepter les donations qui auraient été ou qui pourraient être faites.

De longues controverses avaient eu lieu entre les autres, sur le point de savoir si le donateur doit avoir la liberté de révoquer la donation qui n'est point encore acceptée.

Les uns soutenaient que si on ne fixe point au donataire un délai dans lequel il ne soit plus admis à l'acceptation, le donateur ne peut point lui ôter cette faculté en revenant contre son propre fait.

Les autres pensaient que jusqu'à l'acceptation l'acte est imparfait et ne saurait lier le donateur.

Cette dernière opinion est la plus juste ; elle avait été confirmée par l'ordonnance de 1731, et elle est maintenue.

26. Quoiqu'une donation soit toujours, indépendamment des conditions qui peuvent y être mises, regardée comme un avantage au profit du donataire, il suffit cependant que ce soit de la part de ce dernier un engagement, pour que la capacité de contracter, ou les formalités qui y suppléent, soient exigées.

Si le donataire est majeur, l'acceptation doit être faite par lui, ou en son nom par la personne fondée de sa procuration.

27. S'il est mineur non émancipé, ou s'il est interdit, elle sera faite par son tuteur, conformément à ce qui est prescrit au titre de la minorité.

- Si le mineur est émancipé, son curateur l'assistera.

On a même voulu éviter que pour des actes toujours présumés avantageux, les mineurs fussent victimes des intérêts personnels ou de la négligence de ceux que la loi charge d'accepter. Les liens du sang et l'affection ont été considérés comme étant à cet égard un mandat suffisant : et sans porter atteinte, soit à la puissance paternelle, soit à l'administration des tuteurs, tous les ascendans de l'un et de l'autre sexe, et à quelque degré qu'ils soient, auront le pouvoir d'accepter pour leurs descendans, même du vivant des père et mère, et quoiqu'ils ne soient, ni tuteurs ni curateurs du mineur, sans qu'il soit besoin d'aucun avis de parens.

Les bonnes mœurs et l'autorité du mari ont toujours 28. exigé que la femme mariée ne pût accepter une donation sans le consentement de son mari, ou, en cas de refus de son mari, sans autorisation de la justice. En imposant cette condition aux femmes mariées en général, on n'admet d'exception ni pour celles qui ne seraient point en communauté avec leurs maris, ni pour celles qui en seraient séparées par jugement.

Depuis que, par les heureux efforts de la bienfaisance 29. et du génie, les sourds et muets ont été rendus à la société, ils sont devenus capables d'en remplir les devoirs et d'en exercer les droits. Le sourd et muet qui saura par l'écriture manifester sa volonté, pourra lui-même, ou par une personne ayant sa procuration, accepter une donation. S'il ne sait pas écrire, l'acceptation devra être faite en son nom par un curateur qui lui sera nommé pour remplir cette formalité.

Quant aux donations qui seront faites aux hospices, 30. aux pauvres des communes, ou aux établissemens d'utilité publique, elles seront acceptées par leurs administrateurs, lorsque le Gouvernement, qui veille aux droits des familles comme à l'intérêt des pauvres, les y aura autorisés.

Après avoir ainsi prescrit les formalités de l'acte même de donation, la loi règle celles qui sont extérieures.

Plusieurs dispositions de l'ordonnance de 1731 sont re- 31. latives à la tradition de fait des biens donnés. Cette formalité avait été établie dans plusieurs coutumes, mais elle

n'était point en usage dans les pays de droit écrit ; elle
n'ajoute rien ni à la certitude ni à l'irrévocabilité des donations entre-vifs. La règle du droit romain, qui regarde
les donations comme de simples pactes, est préférable ;
elle écarte des difficultés nombreuses et sans objet. La donation dûment acceptée sera parfaite par le seul consentement des parties, et la propriété des objets donnés sera
transférée au donataire sans qu'il soit besoin d'autre
tradition.

32.   Une autre formalité extrinsèque avait été introduite par
le droit romain : c'est celle connue sous le nom d'insinuation. On avait ainsi rendu publiques les donations pour
éviter les fraudes, soit par la supposition de pareils actes,
sur-tout entre les proches parens, soit par la facilité de
tromper des créanciers qui ignoreraient ces aliénations.

En France, la formalité de l'insinuation a été admise
et ordonnée par une longue suite de lois ; elles n'ont
point applani toutes les difficultés que leur exécution a
fait naître. L'ordonnance de 1731 avait levé plusieurs
doutes sur l'application de la peine de nullité des donations
pour laquelle cette formalité n'avait pas été exécutée, sur
la nécessité de la remplir dans les divers lieux du domicile
et de la situation des biens, sur le mode d'insinuation,
sur les délais prescrits, et sur les effets de l'inexécution
dans ces délais. Des lois interprétatives de l'ordonnance
de 1731 ont encore été nécessaires, et une simple formalité d'enregistrement était devenue la matière d'un recueil
volumineux de lois compliquées.

Toute cette législation relative à la publicité des actes de
donations entre-vifs est devenue inutile depuis que, par la
loi qui s'exécute maintenant dans toute la France, non-
seulement ces actes, mais encore toutes les autres aliénations
d'immeubles, doivent être rendus publics par la transcription sur des registres ouverts à quiconque veut les consulter. L'objet de toutes les lois sur les insinuations sera
donc entièrement rempli, en ordonnant que lorsqu'il y aura
donation de biens susceptibles d'hypothèques, la transcription des actes contenant la donation devra être faite aux
bureaux des hypothèques, dans l'arrondissement desquels
les biens seront situés.

Quant aux meubles qui seraient l'objet des donations,
ils ne sauraient être mis au nombre des gages que les créan-

ciers, puissent suivre ; il n'est aucun des différens actes par lesquels on peut aliéner des meubles, qui soit assujéti à de semblables formalités.

L'insinuation se faisait, non-seulement au lieu de la situation des biens, mais encore à celui du domicile : cette dernière formalité n'ayant point été jugée nécessaire dans le système général de la conservation des droits des créanciers, il n'y avait pas de motif particulier pour l'employer dans le cas de la transmission des biens par donations entre-vifs ; on peut sans reposer sur l'activité de ceux qui auront intérêt de connaitre le gage de leurs créances ou de leurs droits. Quant aux héritiers, l'inventaire leur fera connaitre, par les titres de propriété, quels sont les biens ; et dans l'état actuel des choses, il n'est aucun héritier qui ayant le moindre doute sur le bon état d'une succession, ne commence par vérifier sur les registres du lieu de la situation des biens, quelles sont les aliénations.

33. Les personnes qui sont chargées de faire faire la transcription, et qui par ce motif ne pourront opposer le défaut de cette formalité, sont les maris, lorsque les biens auront été donnés à leurs femmes ; les tuteurs ou curateurs, quand les donations auront été faites à des mineurs ou à des interdits ; les administrateurs, quand elles auront été faites à des établissemens publics.

Les femmes ont dû, pour la conservation de leurs droits, être autorisées par la loi à faire procéder seules à la formalité de l'inscription, quand elle n'aura pas été remplie par les maris.

34. La question de savoir si les mineurs et ceux qui jouissent du même privilège peuvent être restitués contre le défaut d'insinuation des donations entre-vifs n'était clairement décidée ni par le droit romain, ni par les anciennes ordonnances. Il y avait à cet égard une diversité de jurisprudence, et l'ordonnance de 1731, conformément à une déclaration du 19 janvier 1712, avait prononcé que la restitution n'aurait pas lieu, lors même que les tuteurs ou autres administrateurs seraient insolvables.

Cette règle a été confirmée : elle est fondée sur le principe que si les mineurs ont des priviléges pour la conservation de leur patrimoine, et pour qu'ils ne soient pas surpris par les embûches tendues à la fragilité de leur âge, ils ne doivent pas être dispensés du droit commun, lorsqu'il s'agit seulement de rendre, par des donations, leur condition meilleure.

35.   On a examiné la question de savoir si les donations entre-vifs, qui n'auraient point été acceptées pendant la vie du donateur, et qu'il n'aurait pas révoquées, peuvent valoir comme dispositions testamentaires.

On peut dire que la volonté de donner est consignée dans l'acte de donation; que si le donataire n'a été, par aucune révocation, dépouillé du droit d'accepter, le donateur est mort sans avoir varié dans son intention de lui faire une libéralité; que la volonté de l'homme qui se renferme dans les bornes légales doit être respectée.

Mais cette opinion n'est pas admissible lorsque, pour les testamens, la loi exige une plus grande solennité que pour les donations entre-vifs. Le donateur, par acte entre-vifs, ne peut dès-lors être présumé avoir entendu faire une disposition testamentaire, pour laquelle cet acte serait insuffisant; et dans aucun cas il ne doit lui être permis de se dispenser ainsi de remplir les formalités prescrites pour les testamens.

36.   Il n'existe point de donation entre-vifs, à moins que le donateur ne se dépouille actuellement et irrévocablement de la chose donnée, en faveur du donataire qui l'accepte. De là ces maximes, que *donner et retenir ne vaut*, et que *c'est donner et retenir, quand le donateur s'est réservé la puissance de disposer librement de la chose donnée.*

On en fait l'application, en décidant que la donation entre-vifs ne peut comprendre que les biens présens du donateur.

On avait, dans l'ordonnance de 1731, déclaré nulle, même pour les biens présens, la donation qui comprenait les biens présens et à venir, parce qu'on regardait ses dispositions comme indivisibles, à moins que l'intention contraire du donateur ne fût reconnue.

Il est plus naturel de présumer que le donateur de biens présens et à venir n'a point eu intention de disposer d'une manière indivisible; la donation ne sera nulle qu'à l'égard des biens à venir.

37.   Les conséquences des maximes précédemment énoncées, sont encore que toute donation entre-vifs, faite sous des

conditions dont l'exécution dépend de la seule volonté du donateur, est nulle; qu'elle est également nulle, si elle a été faite sous la condition d'acquitter d'autres dettes ou charges que celles qui existaient à l'époque de la donation; ou qui étaient exprimées dans les actes; que si le donateur n'a pas usé de la faculté de disposer, qu'il s'était réservée à l'égard d'une partie des objets compris dans la donation, ces objets n'appartiendront point au donataire, et que toute donation d'effets mobiliers doit être rendue certaine, par un état estimatif annexé à la minute de la donation.

La réserve d'usufruit et le retour au profit du donateur n'ont rien de contraire à ces principes.

Il n'y a d'exception à l'irrévocabilité, que dans les cas **38.** où le donateur aurait manqué à des conditions formellement exprimés, ou que la loi présume avoir été dans l'intention du donateur.

La révocation pour cause d'inexécution des conditions exprimées, est commune à toutes les conventions. Mais il est deux autres conditions que la loi a présumées; la première, que le donataire ne se rendrait pas coupable d'actes d'ingratitude, tels que si le donateur avait pu les prévoir, il n'eût point fait la donation; et la seconde, qu'il ne lui surviendrait point d'enfans.

On a déterminé les cas dans lesquels les donations pour- **39.** ront être révoquées pour cause d'ingratitude: ce sera lorsque le donataire aura attenté à la vie du donateur, lorsqu'il se sera rendu coupable envers lui de sévices, délits ou injures graves, lorsqu'il lui aura refusé des alimens.

Les donations en faveur de mariage sont exceptées, parce **40.** qu'elles ont aussi pour objet les enfans à naître; et qui ne doivent pas être victimes de l'ingratitude du donataire.

Quant à la révocation par survenance d'enfans, on la **41.** trouve établie dans le droit romain par une loi célèbre (*Si unquam*, *cod. De Revoc. donat.*) Elle est fondée sur ce qu'il est à présumer que le donateur n'a point voulu préférer des étrangers à ses propres enfans.

En vain oppose-t-on à un motif aussi puissant, qu'il en résulte une grande incertitude dans les propriétés, que les enfans peuvent ne survenir qu'un grand nombre d'années après la donation, que celui qui donne est présumé avoir mesuré ses libéralités sur la possibilité où il était d'avoir des enfans, que des mariages ont pu être contractés en considération de ces libéralités.

Ces considérations ne sauraient l'emporter sur la loi naturelle, qui subordonne toutes les affections à celles qu'un père a pour ses enfans.

Il n'est point à présumer qu'il ait entendu, en donnant, violer des devoirs de tout tems contractés envers les descendans qu'il pourrait avoir, et envers la société. Si une volonté pareille pouvait être présumée, l'ordre public s'opposerait à ce qu'elle fût accueillie. Ce sont des principes que le donataire ne saurait méconnaître. Il n'a donc pu recevoir que sous la condition de la préférence due aux enfans qui naîtraient.

La règle de la révocation des donations par survenance d'enfans a été maintenue telle que dans l'ordonnance de 1731 on l'a trouve expliquée et dégagée des difficultés qu'elle avait fait naître.

42. Les règles particulières aux donations entre-vifs sont suivies de celles qui concernent spécialement la forme et l'exécution des dispositions testamentaires.

L'institution d'héritier était dans les pays de droit écrit l'objet principal des testamens. Dans l'autre partie de la France, la loi seule faisait l'héritier, l'institution n'y était permise qu'en considération des mariages.

Plusieurs coutumes n'avaient même pas admis cette exception.

Elles avaient toutes réservé aux parens, les unes sous le titre de propres, et les autres sous ce titre et même sous celui d'acquêts ou de meubles, une partie des biens. Cet ordre n'était point en harmonie avec celui des affections naturelles. Il eût donc été inutile et même contraire au maintien de la loi d'admettre pour l'institution d'héritier la volonté de l'homme qui eût toujours cherché à faire prévaloir le vœu de la nature.

Ces différences entre les pays de droit écrit et ceux de coutumes doivent disparaître lorsqu'une loi commune à toute la France donne, sans aucune distinction de biens, la même liberté de disposer. L'institution d'héritier y sera également permise.

Le plus grand défaut que la législation sur les testamens ait eu chez les Romains, et depuis en France, a été celui d'être trop compliquée. On a cherché les moyens de la simplifier.

On a donc commencé par écarter toute difficulté sur le titre donné à la disposition. Le testament vaudra sous quelque titre qu'il ait été fait, soit sous celui d'institution d'héritier, soit sous le titre de legs universel ou particulier, soit sous tout autre dénomination propre à manifester la volonté.

43. On a seulement maintenu et expliqué une règle établie par l'ordonnance de 1735 (art. 77). Un testament ne pourra être fait conjointement et dans le même acte par deux ou plusieurs personnes, soit au profit d'un tiers, soit à titre de donation réciproque et mutuelle. Il fallait éviter de faire renaître la diversité de jurisprudence qui avait eu lieu sur la question de savoir si après le décès de l'un des testateurs, le testament pouvait être révoqué par le survivant. Permettre de le révoquer, c'est violer la foi de la réciprocité, le déclarer irrévocable, c'est changer la nature du testament, qui, dans ce cas, n'est plus réellement un acte de dernière volonté. Il fallait interdire une forme incompatible, soit avec la bonne foi, soit avec la nature des testamens.

44. Au surplus, on a choisi dans le droit romain et dans les coutumes les formes d'actes qui ont à-la-fois paru les plus simples et les plus sûres.

Elles seront au nombre de trois ; le testament olographe, celui fait par acte public, et le testament mystique.

Ainsi les autres formes de testamens, et à plus forte raison les dispositions qui seraient faites verbalement, par signes ou par lettres missives, ne seront point admises.

45. Le testament olographe, ou sous signature privée, doit être écrit en entier, daté et signé de la main du testateur.

Cette forme de testament n'était admise dans les pays de droit écrit qu'en faveur des enfans. Au milieu de toutes les solennités dont les Romains environnaient leurs testamens, un écrit privé ne leur paraissait pas mériter assez de confiance ; et s'ils avaient, par respect pour la volonté des pères, soumis leurs descendans à l'exécuter lorsqu'elle serait ainsi manifestée, ils avaient même encore exigé la présence de deux témoins.

Devait-on rejeter entièrement les testamens olographes ? Cette forme est la plus commode, et l'expérience n'a point appris qu'il en ait résulté des abus qui puissent déterminer à la faire supprimer.

Il valait donc mieux rendre cette manière de disposer par testament, commune à toute la France.

46. On a seulement pris une précaution pour que l'état de ces actes soit constaté.

Tout testament olographe doit, avant qu'on l'exécute, être présenté au juge désigné, qui dressera un procès-verbal de l'état où il se trouvera, et en ordonnera le dépôt chez un notaire.

47. Quant aux testamens par actes publics, on a pris un terme moyen entre les solennités prescrites par le droit écrit et celles usitées dans les pays de coutumes.

Il suffisait dans ce pays qu'il y eût deux notaires, ou un notaire et deux témoins; on avait même attribué, dans plusieurs coutumes, ces fonctions à d'autres personnes publiques ou à des ministres du culte.

Dans les pays de droit écrit, les testamens nuncupatifs écrits devaient être faits en présence de sept témoins au moins, y compris le notaire.

La liberté de disposer ayant été en général beaucoup augmentée dans les pays de coutumes, il était convenable d'ajouter aux précautions prises pour constater la volonté des testateurs; mais en exigeant un nombre de témoins plus considérable que celui qui est nécessaire pour atteindre à ce but. On eût assujetti ceux qui disposent à une grande gêne, et peut-être les eût-on exposés à se trouver souvent dans l'impossibilité de faire ainsi dresser leurs testamens.

Ces motifs ont déterminé à régler que le testament par acte public sera reçu par deux notaires en présence de deux témoins, ou par un notaire en présence de quatre témoins.

48. L'usage des testamens mystiques ou secrets était inconnu dans les pays de coutumes; c'était une institution à propager en faveur de ceux qui ne savent pas écrire, ou qui, par des motifs souvent plausibles, ne veulent ni faire leur testament par écrit privé, ni confier le secret de leurs dispositions. Elle devenait encore plus nécessaire quand pour les testamens par acte public on exige dans tous les cas

la

la présence de deux témoins, et qu'il doit même s'en
trouver quatre, s'il n'y a qu'un notaire.

Mais en admettant la forme des testamens mystiques,
on ne pouvait négliger aucune des formalités requises dans
les pays de droit écrit.

On doit craindre dans ces actes les substitutions de
personnes ou de pièces : il faut que les formalités soient
telles, que les manœuvres les plus subtiles de la cupidité
soient déjouées, et c'est sur-tout le nombre des témoins
qui peut garantir que tous ne sauraient entrer dans un
complot criminel. On a donc cru devoir adopter les formalités des testamens mystiques ou secrets, telles qu'on
les trouve énoncées dans l'ordonnance de 1735.

On a voulu rendre uniformes les formalités relatives à 49.
l'ouverture des testamens mystiques. Leur présentation au
juge, leur ouverture, leur dépôt, seront faits de la même
manière que pour les testamens olographes. On exige de
plus que les notaires et les témoins par qui l'acte de suscription aura été signé, et qui se trouveront sur les lieux,
soient présens ou appelés.

Telles seront en général les formalités des testamens. 50.
Mais il est possible que le service militaire, que des maladies contagieuses, ou des voyages maritimes, mettent
les testateurs dans l'impossibilité d'exécuter à cet égard la
loi ; cependant, c'est dans ces circonstances où la vie est
souvent exposée, qu'il devient plus pressant et plus utile
de manifester ses dernières volontés. La loi serait donc
incomplète si elle privait une partie nombreuse des citoyens, et ceux sur-tout qui ne sont loin de leurs foyers
que pour le service de la patrie, d'un droit aussi naturel
et aussi précieux que celui de disposer par testament.

Aussi, dans toutes les législations, a-t-on prescrit pour
ces différens cas des formes particulières, qui donnent autant de sûreté que le permet la possibilité d'exécution ;
celles qui déja ont été établies par l'ordonnance de 1735,
ont été maintenues avec quelques modifications qui n'exigent pas un examen particulier.

Après avoir prescrit les formalités des testamens, on 50.b.
avait à régler quels seraient leurs effets, et comment ils
seraient exécutés.

Il n'y aura plus à cet égard aucune diversité.

Tome   P

L'héritier institué et le légataire universel auront les mêmes droits, et seront sujets aux mêmes charges.

Dans les coutumes où l'institution d'héritier était absolument défendue, ou n'était admise que dans les contrats de mariage, il n'y avait de titre d'héritier que dans la loi même, ce qu'on exprimait par ces mots : *le mort saisit le vif.* Les légataires universels étaient tenus, lors même qu'ils recueillaient tous les biens, d'en demander la délivrance.

Dans les pays de droit écrit, presque tous les héritiers avaient leur titre dans un testament; ils étaient saisis de plein droit de la succession, lors même qu'il y avait des légitimaires.

On peut dire, pour le système du droit écrit, que l'institution d'héritier étant autorisée par la loi, celui qui est institué par un testament a son titre dans la loi même, comme celui qui est appelé directement par elle; que dès-lors il existe un héritier par l'institution, il est sans objet et même contradictoire, qu'il soit un parent ayant cette qualité sans aucun avantage à en tirer; que le testament, revêtu des formes suffisantes, est un titre qui ne doit pas moins que les autres avoir son exécution provisoire; que la demande en délivrance et la main mise par le parent qui est dépouillé de la qualité d'héritier, ne peuvent qu'occasionner des frais et des contestations que l'on doit éviter.

Ceux qui prétendent que l'ancien usage des pays de coutumes est préférable, lors même que la faculté d'instituer les héritiers y est admise, regardent le principe suivant lequel le parent appelé par la loi à la succession doit toujours être réputé saisi à l'instant de la mort, comme la sauve-garde des familles. Le testament ne doit avoir d'effet qu'après la mort; et, en le produisant, le titre du parent appelé par la loi est certain; l'autre peut n'être pas valable, et il est au moins toujours susceptible d'examen. Le tems de produire un testament, pendant que se remplissent les premières formalités pour constater l'état d'une succession, n'est jamais assez long pour que la saisie du parent appelé par la loi puisse être préjudiciable à l'héritier institué.

Ni l'une ni l'autre de ces deux opinions n'a été entièrement adoptée : on a pris dans chacune d'elles ce qui a paru le plus propre à concilier les droits de ceux que la loi appelle à la succession, et de ceux qui doivent la recueillir par la volonté de l'homme.

Lorsqu'au décès du testateur il y aura des héritiers aux-quels une quotité de biens sera réservée par la loi, ces héritiers seront saisis de plein droit par sa mort de toute la succession; et l'héritier institué ou le légataire universel sera tenu de leur demander la délivrance des biens com-pris dans le testament.

Lorsque l'héritier institué ou le légataire universel se trouve ainsi en concurrence avec l'héritier de la loi, ce dernier mérite la préférence. Il est difficile que dans l'exé-cution cela puisse être autrement. Ne serait-il pas contre l'honnêteté publique, contre l'humanité, contre l'inten-tion présumée du testateur, que l'un de ses enfans, ou que l'un des auteurs de sa vie, fût à l'instant de sa mort expulsé de sa maison, sans qu'il eût même le droit de vé-rifier auparavant le titre de celui qui se présente. Ce der-nier aura d'autant moins droit de se plaindre de cette saisie momentanée, qu'il recueillera les fruits à compter du jour du décès, si la demande en délivrance a été formée dans l'année.

Si l'héritier institué ou le légataire universel ne se trouve 51. point en concurrence avec les héritiers ayant une quotité de biens réservée par la loi, les autres parens ne pour-ront empêcher que ce titre n'ait toute la force et son exécution provisoire, dès l'instant même de la mort du testateur.

Il suffit qu'ils soient mis à portée de vérifier l'acte qui les dépouille.

Si cet acte a été fait devant notaires, c'est celui qui par ses formes rend les surprises moins possibles, et il se trouve d'avance dans un dépôt où les personnes intéres-sées peuvent le vérifier.

S'il a été fait olographe ou dans la forme mystique, des mesures ont été prises pour que les parens appelés par la loi aient toutes la facilité de les vérifier avant que l'héri-tier institué ou le légataire universel puisse se mettre en possession.

Les testamens faits sous l'une et l'autre forme devront 52. être déposés chez un notaire commis par le juge; on as-sujettit l'héritier institué ou le légataire universel à obtenir une ordonnance d'envoi en possession, et cette ordonnance ne sera délivrée que sur la production de l'acte du dépôt.

53.   Quant aux charges dont l'héritier institué et le légataire universel sont tenus, les dettes sont d'abord prélevées, et conséquemment, s'il est en concurrence avec un héritier auquel la loi réserve une quotité de biens, il y contribuera pour sa part et portion, et hypothécairement pour le tout.

Il est une autre charge qui n'était pas toujours aussi onéreuse pour l'héritier institué que pour le légataire universel.

Dans les pays de droit écrit, l'héritier institué était autorisé à retenir, sous le nom de *falcidie*, le quart de la succession par retranchement sur les legs, s'ils excédaient la valeur des trois quarts.

Les testamens avaient toujours été considérés chez les Romains comme étant de droit politique plutôt que de droit civil; et la loi prenait toutes les mesures pour que cet acte de magistrature suprême reçût son exécution. Elle présumait toujours la volonté de ne pas mourir *ab intestat.*

Cependant, lorsque le testateur avait épuisé en legs la valeur de sa succession, les héritiers institués n'avaient plus d'intérêt d'accepter; l'institution devenait caduque, et avec elle tombait tout le testament.

On présuma que celui qui instituait un héritier, le préférait à de simples légataires, et l'héritier surchargé de legs fut autorisé, par la loi qu'obtint le tribun Falcidius, sous le règne d'Auguste, à retenir le quart des biens.

Cette mesure fut ensuite rendue commune à l'héritier *ab intestat*, et à ceux même qui avaient une légitime. Ce droit a été consacré par l'ordonnance de 1735.

Dans les pays de coutumes, il n'y avait point de pareille retenue au profit des légataires universels, lors même que les biens laissés par le testateur étaient tous de nature à être compris dans le legs. La présomption légale dans ces pays, était que les legs particuliers contenaient l'expression plus positive de la volonté du testateur, que le titre de légataires universels; ceux-ci étaient tenus d'acquitter tous les legs.

Cette dernière législation a paru préférable; les causes qui ont fait introduire la quarte *falcidie* n'existent plus. La loi, en déclarant que les legs particuliers seront tous

acquittés par les héritiers institués ou les légataires universels, ne laissera plus de doute sur l'intention qu'auront
eue les testateurs de donner la préférence aux legs particuliers; s'il arrive que des testateurs ignorent assez l'état
de leur fortune pour l'épuiser en legs particuliers, lors
même qu'ils institueraient un héritier ou qu'ils nomine-
raient un légataire universel, la loi ne doit point être faite
pour des cas aussi extraordinaires.

Il est une autre classe de legs connus sous le nom de 54.
legs à titre universel, non qu'ils comprennent, comme le
legs dont on vient de parler, l'universalité des biens,
mais seulement, soit une quote-part de ceux dont la loi
permet de disposer, telle qu'une moitié, un tiers, ou tous
les immeubles, ou tout le mobilier, ou une quotité du
mobilier.

Ces légataires, comme ceux à titres particulier, sont 55.
tenus de demander la délivrance; mais il fallait les distinguer, parce qu'il est juste que ceux qui recueillent
ainsi à titre universel une quote-part des biens de la succession, soient assujétis à des charges qui ne sauraient
être imposées sur les legs particuliers. Telle est la contribution aux dettes et charges de la succession, et l'acquit
des legs particuliers par contribution, avec ceux qui recueillent, sous quelque titre que ce soit, l'universalité des
biens.

Lorsqu'il y aura un légataire à titre universel d'une
quotité quelconque de tous les biens, on devra mettre
dans cette classe celui qui serait porté dans le même testament pour le surplus des biens, sous le titre de légataire
universel.

Quant aux legs particuliers, on s'est conformé aux règles 56.
de droit commun, et on a cherché à prévenir les difficultés
indiquées par l'expérience; il suffit de lire ces dispositions
pour en connaître les motifs.

Il en est ainsi, et de celles qui concernent les exécuteurs testamentaires, et de la révocation des testamens 57.
ou de leur caducité.

La loi établit des règles particulières à certaines dispositions entre-vifs ou de dernière volonté, qui exigent des 58.
mesures qui leur sont propres.

p 3

Telles sont les dispositions permises aux pères et mères et aux frères ou sœurs, dont la sollicitude, se prolongeant dans l'avenir, leur aurait fait craindre que des petits-enfans ou des neveux ne fussent exposés à l'infortune par l'inconduite ou par les revers de ceux qui leur ont donné le jour.

Dans la plupart des législations, et dans la nôtre jusqu'aux derniers temps, la puissance paternelle a eu dans l'exhérédation un des plus grands moyens de prévenir et de punir les fautes des enfans. Mais en remettant cette arme terrible dans la main des pères et mères, on n'a songé qu'à venger leur autorité outragée et on s'est écarté des principes sur la transmission des biens.

Un des motifs qui a fait supprimer le droit d'exhérédation est que l'application de la peine à l'enfant coupable s'étendait à sa postérité innocente. Cependant cette postérité ne devait pas être moins chère au père équitable dans sa vengeance, elle n'en était pas moins une partie essentielle de la famille et devait y trouver la même faveur et les mêmes droits.

Or, il n'y avait qu'un petit nombre de cas dans lesquels les enfans de l'exhérédé fussent admis à la succession de celui qui avait prononcé la fatale condamnation.

Ainsi, sous le rapport de la transmission des biens dans la famille, l'exhérédation n'avait que des effets funestes : la postérité la plus nombreuse d'un seul coupable, était enveloppée dans sa proscription ; et combien n'étaient-ils pas scandaleux dans les tribunaux, ces combats où pour des intérêts pécuniaires la mémoire du père était déchirée par ceux qui s'opposaient à l'exhérédation, et la conduite de l'enfant exhérédé présentée sous les traits que la cupidité cherchait encore à rendre plus odieux !

Cependant il fallait trouver un moyen de conserver à la puissance des pères et mères la force nécessaire, sans blesser la justice.

On avait d'abord cru que l'on pourrait atteindre à ce but, si on donnait aux père et mère le droit de réduire l'enfant qui se rendrait coupable d'une dissipation notoire, au simple usufruit de sa portion héréditaire, ce qui eût assuré la propriété aux descendans nés et à naître de cet enfant.

On avait trouvé les traces de cette disposition officieuse dans les lois romaines ; mais après un examen plus approfondi, on y a découvert la plupart des inconvéniens de l'exhérédation.

La plus grande puissance des pères et mères, c'est de la nature et non des lois qu'ils la tiendront. Les efforts des législateurs doivent tendre à seconder la nature et à maintenir le respect qu'elle a inspirée aux enfans : la loi qui donnerait au fils le droit d'attaquer la mémoire de son père et de le présenter aux tribunaux comme coupable d'avoir violé ses devoirs par une proscription injuste et barbare, serait elle-même une sorte d'attentat à la puissance paternelle ; elle tendrait à la dégrader dans l'opinion des enfans. Le premier principe dans cette partie de la législation est d'éviter, autant qu'il est possible, de faire intervenir les tribunaux entre les pères et mères et leurs enfans. Il est le plus souvent inutile et toujours dangereux de remettre entre les mains des pères et des mères des armes que les enfans puissent combattre et rendre impuissantes.

C'eût été une erreur de croire que l'enfant réduit à l'usufruit de sa portion héréditaire ne verrait lui-même que l'avantage de sa postérité et qu'il ne se plaindrait pas d'une disposition qui lui laisserait la jouissance entière des revenus. Cette disposition officieuse pour les petits-enfans eût été contre le père ainsi grevé, une véritable interdiction qui eût pu avoir sur son sort, pendant le reste de sa vie, une influence funeste. Comment celui qui aurait été proclamé dissipateur par son père même pourrait-il se présenter pour des emplois publics ? Comment obtiendrait-il de la confiance dans tous les genres de professions ?

N'était-il pas trop rigoureux de rendre perpétuels les effets d'une peine aussi grave, quand la cause pouvait n'être que passagère.

Il a donc été facile de prévoir que tous les enfans, ainsi condamnés par l'autorité des pères et mères, se pourvoiraient devant les tribunaux ; et avec quel avantage n'y paraîtraient-ils pas ?

La dissipation se compose d'une suite de faits que la loi ne peut pas déterminer : ce qui est dissipation dans une circonstance, ne l'est pas dans une autre. Le premier juge, celui dont la voix serait si nécessaire à entendre pour connaître les motifs de sa décision, n'existerait plus.

Serait-il possible d'imaginer une scène plus contraire aux bonnes mœurs, que celle d'un aïeul dont la mémoire

serait déchirée par son fils réduit à l'usufruit, en même
tems que la conduite de ce fils serait dévoilée par ses propres enfans ? Cette famille ne deviendrait-elle pas le scan-
dale et la honte de la société ? Et à quelle époque pourrait-on espérer que le respect des enfans pour les pères s'y
rétablirait ? Il aurait donc bien mal rempli ses vues, le
père de famille, qui, en réduisant son fils à l'usufruit,
n'aurait eu qu'une intention bienfaisante envers ses petits-
enfans; et s'il eût prévu les conséquences funestes que sa
disposition pouvait avoir, n'eût-il pas dû s'en abstenir ?

La loi qui eût admis cette disposition eût encore été vi-
cieuse en ce que la réduction à l'usufruit pouvait s'appliquer à la portion héréditaire en entier. C'était porter atteinte au droit de légitime qui a été jusqu'ici regardé
comme ne pouvant pas être réduite par les pères et mères
eux-mêmes, si ce n'est dans le cas de l'exhérédation. Or,
la dissipation notoire n'a jamais été une cause d'exhérédation, mais seulement d'une interdiction susceptible d'être
levée quand sa cause n'existait plus.

Quoique la disposition officieuse, telle qu'on l'avait d'a-
bord conçue, fût exposée à des inconvéniens qui ont empêché de l'admettre, l'idée n'en était pas moins en elle-
même juste et utile. L'erreur n'eût pas été moins grande
si on ne l'eût pas conservée en la modifiant.

Il fallait éviter, d'une part, que la disposition ne fût
un germe de discorde et d'accusations respectives, et, de
l'autre, que la loi qui soustrait une certaine quotité de
biens aux volontés du père, ne fût violée.

Ces conditions se trouvent remplies en donnant aux pères
et mères la faculté d'assurer à leurs petits-enfans la portion de bien dont la loi leur laisse la libre disposition. Ils
pourront l'assurer en la donnant à un ou à plusieurs de
leurs enfans, et ceux-ci seront chargés de la rendre à leurs
enfans. Vous avez vu que la portion disponible laissée au
père suffira pour atteindre au but proposé : elle sera, eu
égard à la fortune de chacun, assez considérable pour
qu'elle puisse préserver les petits-enfans de la misère à laquelle l'inconduite ou les malheurs du père les expose-
raient.

L'aïeul ne peut pas espérer de la loi une faculté plus
étendue que celle dont il a besoin, en n'écoutant que des
sentimens d'une affection pure envers sa postérité; et d'une

autre part, la quotité réservée aux enfans est de droit public; sa volonté, quoique raisonnable, ne peut y déroger.

Lorsque la charge de rendre les biens est imposée, ce doit être en faveur de toute la postérité de l'enfant ainsi grevé, sans aucune préférence à raison de l'âge ou du sexe, et non-seulement au profit des enfans nés lors de la disposition, mais encore de tous ceux à naître.

Ce moyen est préférable à celui de la disposition officieuse; la réserve légale reste intacte; la volonté du père ne s'applique qu'à des biens dont il est absolument le maître de disposer; elle ne peut être contestée ni compromise; elle ne porte plus les caractères d'une peine contre l'enfant grevé de restitution; elle pourra s'appliquer à l'enfant dissipateur comme à celui qui déjà aura eu des revers de fortune, ou qui par son état y serait exposé.

Il est possible que les pères et mères qui sont seules juges des motifs qui les portent à disposer ainsi d'une partie de leur fortune, avec la charge de la rendre, aient seulement la volonté de préférer à-la-fois l'enfant auquel ils donnent l'usufruit et sa postérité. Mais la loi les laisse maîtres de disposer au profit de celui de leurs enfans qu'il leur plaît, et on a beaucoup moins à craindre une préférence aveugle, lorsque les biens doivent passer de l'enfant grevé de restitution à tous les petits-enfans sans distinction, et au premier degré seulement.

C'est dans cet esprit de conservation de la famille que la loi proposée a étendu à celui qui meurt, ne laissant que des frères ou sœurs, la faculté de les grever de restitution jusqu'à concurrence de la portion disponible au profit de tous les enfans de chacun des grévés.

On voit que la faculté accordée aux pères et mères de donner à un ou plusieurs de leurs enfans tout ou partie des biens disponibles, à la charge de les rendre aux petits-enfans, a si peu de rapports avec l'ancien régime des substitutions, qu'on ne lui en a même pas donné le nom.

C'est une substitution, en ce qu'il y a une transmission successive de l'enfant donataire aux petits-enfans.

Mais cela est contraire aux anciennes substitutions, en ce que l'objet de la faculté donnée aux pères et mères et aux frères n'est point de créer un ordre de succession, et d'intervertir les droits naturels de ceux que la loi eût appelés, mais plutôt de maintenir cet ordre et ces droits en faveur d'une génération qui en eût été privée.

Dans les anciennes substitutions, c'était une branche qui était préférée à l'autre : dans la disposition nouvelle, c'est une branche menacée et que l'on veut conserver.

En autorisant cette espèce de disposition officieuse, il a fallu établir les règles nécessaires pour son exécution.

On a d'abord déterminé la forme de ces actes. Elle sera la même que pour les donations entre-vifs ou les testamens.

59. Celui qui aura donné des biens sans charge de restitution, pourra l'imposer par une nouvelle libéralité.

60. Il ne pourra s'élever aucun doute sur l'ouverture des droits des appelés. Ils seront ouverts à l'époque où, par quelque cause que ce soit, la jouissance du grevé cessera; cependant s'il y avait un abandon en fraude des créanciers, il serait juste que leurs droits fussent conservés.

61. La faveur des mariages ne peut, dans ce cas, être un motif pour que les femmes exercent des recours subsidiaires sur les biens ainsi donnés; elles n'en auront que pour leurs deniers dotaux et dans le cas seulement où cela aura été formellement exprimé dans la donation entre-vifs ou dans le testament.

62. La loi devait ensuite prévoir les difficultés qui pourraient s'élever sur l'exécution de ces actes. Il fallait éviter qu'à l'occasion d'une charge imposée à un père au profit de ses enfans, il pût s'élever entr'eux des contestations. On reconnaîtra dans toutes les parties du Code civil, qu'on a pris tous les moyens de prévenir ce malheur.

Si le père ne remplit pas les obligations qu'entraîne la charge de restitution, il faut qu'il y ait entr'eux une personne dont la conduite, tracée par la loi, ne puisse provoquer le ressentiment du père contre les enfans.

Cette tierce personne sera un tuteur nommé pour faire exécuter, après la mort du donateur ou testateur, sa volonté.

Il vaudrait mieux, pour assurer l'exécution, que ce tuteur fût nommé par celui même qui fait la disposition. Ce choix donnerait au tuteur ainsi nommé un titre de plus à la confiance et à la déférence de l'enfant grevé.

Si cette nomination n'a pas été faite, ou si le tuteur

nommé est décédé, la loi prend toutes les précautions pour qu'il ne puisse jamais arriver qu'il n'y ait pas de tuteur chargé de l'exécution.

Le grevé sera tenu de provoquer cette nomination sous peine d'être déchu du bénéfice de la disposition; et s'il y manque, il y sera suppléé, soit par les appelés, s'ils sont majeurs, soit par leurs tuteurs ou curateurs s'ils sont mineurs ou interdits, soit par tout parent des appelés majeurs, mineurs ou interdits, ou même d'office, à la diligence du commissaire du Gouvernement près le tribunal de première instance du lieu où la succession est ouverte.

Des règles sont ensuite établies pour constater les biens, pour la vente du mobilier, pour l'emploi des deniers, pour la transcription des actes contenant les dispositions, ou pour l'inscription sur les biens affectés au paiement des sommes colloquées avec privilège. 63.

Il est encore un autre genre de dispositions qui doit avoir sur le sort des familles une grande influence: ce sont les partages faits par le père, la mère, ou les autres ascendans, entre leurs descendans; c'est le dernier et l'un des actes les plus importans de la puissance et de l'affection des pères et mères. Ils s'en rapporteront le plus souvent à cette sage répartition que la loi elle-même a faite entre leurs enfans. Mais il restera souvent, et sur-tout à ceux qui ont peu de fortune, comme à ceux qui ont des biens dont le partage ne sera pas facile, ou sera susceptible d'inconvéniens, de grandes inquiétudes sur les dissentions qui peuvent s'élever entre leurs enfans. Combien serait douloureuse pour un bon père, l'idée que des travaux dont le produit devait rendre sa famille heureuse, seront l'occasion de haines et de discordes? A qui donc pourrait-on confier avec plus d'assurance la répartition des biens entre les enfans, qu'à des pères et mères qui mieux que tous autres en connaissent la valeur, les avantages et les inconvéniens; à des pères et mères qui rempliront cette magistrature, non-seulement avec l'impartialité de juges, mais encore avec ce soin, cet intérêt, cette prévoyance que l'affection paternelle peut seule inspirer? 64.

Cette présomption, quelque forte qu'elle soit en faveur des pères et mères, a cependant encore laissé de inquiétudes sur l'abus que pourraient faire de ce pouvoir ceux

qui, par une préférence aveugle, par l'orgueil, ou par
d'autres passions, voudraient réunir la majeure partie de
leurs biens sur la tête d'un seul de leurs enfans. Il a été
calculé que plus les enfans seraient nombreux, et plus il
serait facile au père d'accumuler les biens au profit de
l'enfant préféré.

Il eût été injuste et même contraire au but que l'on se
proposait de refuser au père qui, lors du partage entre ses
enfans, pouvait disposer librement d'une partie de ses biens,
l'exercice de cette faculté dans le partage même. C'est ainsi
qu'il peut éviter des démembremens, conserver à l'un de
ses enfans l'habitation qui pourra continuer d'être l'asile
commun, réparer les inégalités naturelles ou accidentelles :
en un mot, c'est dans l'acte de partage qu'il pourra le
mieux combiner, et en même tems réaliser la répartition
la plus équitable et la plus propre à rendre heureux chacun
de ses enfans.

Mais si l'un des enfans était lésé de plus du quart, ou
s'il résultait du partage et des dispositions faites par préciput que l'un des enfans aurait un avantage plus grand
que la loi ne le permet, l'opération pourra être attaquée
par les autres intéressés.

Les démissions de biens étaient usitées dans une grande
partie de la France. Il y avait sur la nature de ces actes
des règles très-différentes.

Dans certains pays on ne leur donnait pas la force des
donations entre-vifs, elles étaient révocables. Ce n'était
point aussi un acte testamentaire, puisqu'il avait un effet
présent. On avait, dans ces pays, conservé la règle de
droit, suivant laquelle on ne peut pas se faire d'héritier
irrévocable : il n'y avait d'exception que pour les institutions par contrat de mariage. On craignait que les parens
eussent à se repentir de s'être trop abandonnés à des sentimens d'affection, et d'avoir eu trop de confiance en ceux
auxquels ils avaient livré leurs fortune.

Mais, d'un autre côté, c'était laisser dans les pactes de
famille une incertitude qui causait les plus graves inconvéniens. Le démissionnaire qui avait la propriété sous la
condition de la révocation, se flattait toujours qu'elle n'aurait pas lieu. Il traitait avec des tiers, il s'engageait, il dé-
pensait, il aliénait, et la révocation n'avait presque jamais
lieu sans des procès qui empoisonnaient le reste de la vie

de celui qui s'était démis, et qui rendaient sa condition pire que s'il eût laissé subsister sa démission.

On a supprimé cette espèce de disposition ; elle est devenue inutile. Les pères et mères pourront dans les donations entre-vifs imposer les conditions qu'ils voudront ; ils auront la même liberté dans les actes de partage, pourvu qu'il n'y ait rien de contraire aux règles qui viennent d'être exposées, et suivant lesquelles les démissions des biens, si elles avaient été autorisées, eussent été déclarées irrévocables.

Il est deux autres genres de donations qui toujours ont 65. été mises dans une classe à part, et pour lesquelles les règles générales doivent être modifiées.

Ce sont les donations faites par contrat de mariage aux époux et aux enfans à naître de cette union, et les donations entre époux.

Toute loi dans laquelle on ne chercherait pas à encourager les mariages, serait contraire à la politique et à l'humanité. Loin de les encourager, ce serait y mettre obstacle, si on ne donnait pas le plus libre cours aux donations, sans lesquelles ces liens ne se formeraient pas. Il serait même injuste d'assujettir les parens donateurs aux règles qui distinguent d'une manière absolue les donations entre-vifs des testamens. Le père qui marie ses enfans s'occupe de leur postérité ; la dotation actuelle doit donc être presque toujours subordonnée à des dispositions sur la succession future. Non-seulement les contrats de mariage participent de la nature des actes entre-vifs et des testamens, mais encore on doit les considérer comme des traités entre les deux familles, traités pour lesquels on doit jouir de la plus grande liberté.

Ces principes sont immuables, et leurs effets ont dû être maintenus dans la loi proposée.

Ainsi les ascendans, les parens collatéraux des époux, et même les étrangers pourront par contrat de mariage donner tout ou partie des biens qu'ils laisseront au jour de leur décès.

Ces donateurs pourront prévoir le cas où l'époux donataire mourrait avant eux, et dans ce cas étendre leur disposition au profit des enfans à naître de leur mariage. Dans le cas même où les donateurs n'auront pas prévu le cas de

leur survie, il sera présumé de droit que leur intention a
été de disposer, non-seulement au profit de l'époux, mais
encore en faveur des enfans et descendans à naître du mariage.

66. Ces donations pourront comprendre à-la-fois les biens
présens et ceux à venir. On a seulement pris à cet égard
une précaution dont l'expérience a fait connaître la nécessité.

L'époux auquel avaient été donnés les biens présens et à
venir, avait, à la mort du donateur le droit de prendre les
biens existans à l'époque de la donation, en renonçant aux
biens à venir, ou de recueillir les biens tels qu'ils se trouvaient au tems du décès. Lorsque le donataire préférait les
biens qui existaient dans le tems de la donation, des procès
sans nombre, et qu'un long intervalle de tems rendait le
plus souvent inextricables, s'élevaient sur la fixation de
l'état de la fortune à cette même époque. C'était aussi un
moyen de fraude envers des créanciers dont les titres n'a-
vaient pas une date certaine. La faveur des mariages ne
doit rien avoir d'incompatible avec le repos des familles et
avec la bonne foi. Il est donc nécessaire que le donateur
qui veut donner le choix des biens présens ou de ceux à
venir, annexe à l'acte un état des dettes et des charges
alors existantes, et que le donataire devra supporter; sinon
le donataire ne pourra, dans le cas où il acceptera la donation, réclamer que les biens qui se trouveront à l'époque
du décès.

67. Les donations par contrat de mariage pourront être faites
sous des conditions dont l'exécution dépendra de la volonté
du donateur. L'époux donataire est presque toujours l'enfant ou l'héritier du donateur. Il est donc dans l'ordre naturel qu'il se soumette aux volontés de celui qui a autant
d'influence sur son sort; et si c'est un étranger dont il
éprouve la bienfaisance, la condition qui lui est imposée
n'empêche pas qu'il ne soit pour lui d'un grand intérêt
de l'accepter.

68. Enfin un grand moyen d'encourager les donations par
contrat de mariage, était de déclarer qu'à l'exception de
celles des biens présens, elles deviendraient caduques, si
le donateur survit au donataire décédé sans postérité.

Toutes les lois qui ont précédé celle du 17 nivôse an 2, ont toujours distingué les donations que les époux peuvent se faire entre eux par leur contrat de mariage, de celles qui auraient eu lieu pendant le mariage.

Le mariage est un traité dans lequel les mineurs, assistés de leurs parens, ou les majeurs, doivent être libres de stipuler leurs droits et de régler les avantages qu'ils veulent se faire. Les sentimens réciproques sont alors dans toute leur énergie, et l'un n'a point encore pris sur l'autre cet empire que donne l'autorité maritale, ou qui est le résultat de la vie commune. La faveur des mariages exige que les époux aient, au moment où ils forment leurs liens, la liberté de se faire réciproquement, ou l'un des deux à l'autre, les donations qu'ils jugeront à propos.

Il en est autrement des donations que les époux voudraient se faire pendant le mariage.

Les lois romaines défendirent d'abord les donations entre époux d'une manière absolue. On craignait de les voir se dépouiller mutuellement de leur patrimoine par les effets inconsidérés de leur tendresse réciproque, de rendre le mariage vénal, et de laisser l'époux honnête exposé à ce que l'autre le contraignît d'acheter la paix par des sacrifices sous le titre de donations.

Cette défense absolue fut modifiée sous le règne d'Antonin, qui crut prévenir tous les inconvéniens en donnant aux époux la faculté de révoquer les donations qu'ils se feraient pendant le mariage.

Cette doctrine a été suivie en France dans la plupart des pays de droit écrit.

Dans les pays de coutumes, on a conservé l'ancien principe de la défense absolue de toute donation entre mari et femme pendant le mariage, à moins que la donation ne fût mutuelle au profit du survivant; et encore cette espèce de donation était-elle, quant aux espèces et à la quantité de biens qu'elle pouvait comprendre, plus ou moins limitée.

Ces bornes ont été, dans la plupart des coutumes, plus resserrées dans le cas où à l'époque de la dissolution du mariage il existait des enfans, que dans le cas où il n'y en avait point.

En modifiant ainsi la défense absolue, il résultait que la condition de réciprocité ou de survie écartait toute intention odieuse de l'un des époux de s'enrichir aux dépens de l'autre, et que les bornes dans lesquelles ces donations étaient resserrés, conservaient les biens de chaque famille.

On a pris dans ces deux systèmes ce qui est le plus convenable à la dignité des mariages, à l'intérêt réciproque des époux, à celui des enfans.

Il sera permis à l'époux de donner à l'autre époux, soit par le contrat de mariage, soit pendant le mariage, dans le cas où il ne laisserait point de postérité, tout ce qu'il pourrait donner à un étranger, et en outre l'usufruit de la totalité de la portion dont la loi défend de disposer au préjudice des héritiers directs.

S'il laisse des enfans, ces donations ne pourront comprendre que le quart de tous les biens en propriété et l'autre quart en usufruit, ou la moitié de tous les biens en usufruit seulement.

Toutes donations faites entre époux pendant le mariage, quoique qualifiées entre-vifs, seront toujours révocables; et la femme n'aura pas besoin, pour exercer ce droit, de l'autorisation de son mari, ni de la justice.

Cette loi donnant la faculté de disposer, même au profit d'un étranger, de tous les biens qui ne sont pas réservés aux héritiers en ligne directe, il n'eût pas été conséquent qu'un époux fût privé de la même liberté vis-à-vis de l'autre époux pendant le mariage. Tel est même l'effet de l'union intime des époux, que, sans rompre les liens du sang, leur inquiétude et leur affection se portent plutôt sur celui des deux qui survivra, que sur les parens qui doivent lui succéder. On a donc encore suivi le cours des affections, en décidant que les époux ne laissant point d'enfans pourraient se donner l'usufruit de la totalité de la portion de biens disponible.

Si l'époux laisse des enfans, son affection se partage entr'eux et son époux, et lors même qu'il se croit le plus assuré que l'autre époux survivant ferait de la totalité de sa fortune l'emploi le plus utile aux enfans; les devoirs de paternité sont personnels, et l'époux donateur y manquerait s'il les confiait à un autre; il ne pourra donc être autorisé à laisser à l'autre époux qu'une partie de sa fortune, et cette quotité est fixée à un quart de tous les biens en propriété, et un autre quart en usufruit, ou la moitié de la totalité en usufruit.

71.   Après avoir borné ainsi la faculté de disposer, il ne restait

plus

plus qu'à prévenir les inconvéniens qui peuvent résulter des donations faites entr'époux pendant le mariage.

La mesure adoptée dans la législation romaine a paru préférable. On ne pourra plus douter que les donations ne soient l'effet d'un consentement libre, et qu'il ne faut les attribuer ni à la subordination, ni à une affection momentanée ou inconsidérée; quand l'époux, libre de les révoquer, y aura persisté jusqu'à sa mort; quand la femme n'aura besoin, pour cette révocation, d'aucune autorisation; quand, pour rendre cette révocation plus libre encore, et pour qu'on ne puisse argumenter de l'indivisibilité des dispositions d'un même acte, il est réglé que les époux ne pourront, pendant le mariage, se faire, par un seul et même acte, aucune donation mutuelle et réciproque.

Au surplus, on a maintenu cette sage disposition; que l'on doit encore moins attribuer à la défaveur des seconds mariages, qu'à l'obligation où sont les pères ou mères qui ont des enfans, de ne pas manquer à leur égard, lorsqu'ils forment de nouveaux liens, aux devoirs de la paternité. Il a été réglé que, dans ce cas, les donations au profit du nouvel époux ne pourront excéder une part d'enfant légitime le moins prenant, et que, dans aucun cas, ces donations ne pourront excéder le quart des biens; il n'a pas été jugé nécessaire de porter plus loin ces précautions.

Tels sont, citoyens Législateurs, les motifs de ce titre important du Code civil. Vous avez vu avec quel soin on a toujours cherché à y maintenir cette liberté si chère, sur-tout dans l'exercice du droit de propriété, que si une partie des biens est réservée par la loi, c'est en faveur de parens unis par des liens si intimes et dans des proportions telles, qu'il est impossible de présumer que la volonté des chefs de famill en soit contrariée; qu'ils seront d'ailleurs les arbitres suprêmes du sort de leurs héritiers; que leur puissance sera respectée, et leur affection recherchée; qu'ils jouiront de la plus douce consolation, en distribuant à leurs enfans, de la manière qu'ils jugeront la plus convenable au bonheur de chacun d'eux, des biens qui sont le plus souvent le produit de leurs travaux; qu'ils pourront même étendre cette autorité bienfaisante et conservatrice jusqu'à une génération future, en transmettant à leurs petits-enfans ou à des enfans de frères ou de sœurs, une partie suffisante de biens, et les préserver ainsi de la ruine à laquelle les exposerait la conduite, ou le genre de profession des pères et mères. Vous avez vu avec quel soin on a conservé la faveur due aux contrats de mariage, et que la liberté des époux de disposer entr'eux sera plus entière, qu'ils seront sur ce point plus indépendans l'un de l'autre ; ce qui doit contribuer à maintenir entr'eux l'harmonie et les égards.

Enfin, vous avez vu que par-tout on a cherché à rendre les formes simples et sûres, et à faire cesser cette foule de controverses qui ruinaient les familles, et laissaient presque toujours les testateurs dans une incertitude affligeante sur l'exécution de leur volonté.

C'est le dernier titre qui soit prêt à vous être présenté dans cette session. Puisse l'opinion publique sanctionner ces premiers efforts du Gouvernement pour procurer à la France un code propre à régénérer les mœurs, à fixer les propriétés, à rétablir l'ordre, à faire le bonheur de chaque famille, et dans chaque famille le bonheur de tous ceux qui la composent !

RAPPORT

FAIT au Tribunat, par JAUBERT (de la Gironde), au nom de la section de législation, sur le projet de loi du titre du code civil, concernant les Donations et les Testamens.

Séance du 9 Floréal an 11.

CITOYENS TRIBUNS,

La prérogative la plus éminente de la propriété, c'est le droit de la transmettre volontairement et à titre gratuit.

Quel objet pourrait exciter un plus grand intérêt chez tous les citoyens !

Chacun a quelques facultés ou quelques espérances.

Tous souhaitent pouvoir exercer leur bienveillance envers ceux qui sont l'objet de leur affection.

Aucun n'est étranger à cet orgueil attaché à l'empire que les hommes ont voulu s'assurer sur leurs propriétés, en se soumettant pour leurs personnes à la puissance publique.

La matière des dispositions à titre gratuit est celle qui a le plus occupé les législateurs de tous les pays : c'est en effet le droit civil de chaque peuple qui doit régler cette transmission, puisque la propriété réelle finissant avec l'homme, l'exécution de sa volonté ne peut être garantie que par la protection de la société.

Une grande partie de la France avait profité de la théorie des Romains, l'autre partie avait ses coutumes.

Mais, soit en pays de droit écrit, soit en pays de droit coutumier, il y avait une jurisprudence interprétative.

Encore dans le même pays, quelquefois dans le même tribunal, la jurisprudence n'était pas toujours uniforme.

Les trois grandes ordonnances du chancelier d'Aguesseau sur les donations, les testamens et les substitutions, avaient tranché de grandes difficultés ; mais les lumières et le zèle de ce grand homme n'avaient pu remédier qu'à une partie du mal.

Outre les obstacles résultans de la nature du Gouvernement, il n'était pas alors permis d'espérer qu'aucune partie de la nation renonçât à ses lois.

Un effort général pouvait seul surmonter tant et de si grands obstacles.

Aujourd'hui la nation n'a qu'une volonté.

Si aucun de nous ne peut oublier le pays dont la confiance lui a préparé l'entrée dans cette enceinte, il sait du moins que ce n'est pas des usages particuliers qu'il est chargé de défendre.

Aussi nous devons vous l'annoncer, citoyens Tribuns, le projet de loi dont votre section de législation m'a chargé de vous rendre compte, s'il est destiné à devenir le patrimoine commun, ne pourra jamais être considéré comme le triomphe d'une partie de la France sur l'autre.

Plan du projet de loi.

L'ordonnance du projet comprend toute la matière des dispositions entre-vifs et testamentaires.

Il présente d'abord des vues générales sur la nature et l'effet des diverses dispositions.

Il trace ensuite les règles sur la capacité de disposer et de recevoir.

Tous les Français qui ont le libre exercice des droits civils peuvent user du droit de disposer, mais tous ne peuvent pas l'exercer avec une égale latitude.

Les mêmes règles ne peuvent pas être communes, et à l'individu qui a le bonheur d'avoir des enfans, et à celui qui, n'en ayant pas, jouit encore de la présence de son père, ou de sa mère, ou d'autres ascendans, et enfin à celui qui ne laisse ni descendans ni ascendans.

Le projet de loi détermine les différentes réserves suivant la qualité, l'ordre et le nombre des personnes.

Si la disposition est excessive, la loi fixe les règles d'après lesquelles l'équilibre devra être rétabli.

Après avoir embrassé du même coup-d'œil les dispositions entre-vifs et les dispositions testamentaires, le projet trace les formes et les effets particuliers des unes et des autres.

L'homme dispose de la totalité de ses biens, ou seulement d'une partie, ou enfin d'une chose déterminée. Chacune de ces dispositions est organisée.

Le caractère distinctif des dispositions entre-vifs, c'est l'irrévocabilité.

Toutefois cette règle doit avoir quelques exceptions.

Il y en a que la morale réclame, d'autres sont nécessaires pour l'intérêt de la société elle-même.

Les dispositions testamentaires sont essentiellement révocables; le mode de révocation sera réglé.

Il était important de prévoir les cas où des héritiers de la volonté se trouveraient en concours avec des héritiers de la loi.

Le projet détermine leurs droits et leurs obligations.

Cet aperçu ne vous annonce, citoyens Tribuns, que des règles générales et uniformes.

Mais ne craignez pas que le projet se taise sur les prérogatives que certaines dispositions doivent tenir de la loi, et pour l'intérêt des mœurs publiques et pour celui des unions légitimes.

Le projet s'occupe des partages que le père de famille veut lui-même organiser, des dispositions permises en faveur des petits-enfans et des neveux. Il s'occupe aussi des dispositions en faveur du mariage.

Toutes les parties du projet ont obtenu l'assentiment de votre section de législation. Elle vous doit compte de ses motifs.

Règles générales.

On pourra disposer de ses biens à titre gratuit ; mais ce ne sera que par donation entre-vifs ou par testament. La distinction des dispositions de dernière volonté en testament, codiciles ou donations à cause de mort ne subsistera plus ; on ne connaîtra qu'une seule espèce de disposition de dernière volonté : elles s'appelleront *testamens*. **73.**

Pour qu'une disposition à titre gratuit soit valable, la transmission devra s'opérer directement et immédiatement de la part de l'auteur de la libéralité en faveur de celui qui en sera l'objet. Les substitutions étaient déjà réprouvées depuis 1792 ; elles seront à jamais prohibées. Ainsi le voulaient l'intérêt du commerce, celui de l'agriculture et le besoin de tarir une trop abondante source de procès. **74.**

Néanmoins il faut bien entendre ce que la loi défend. Ce n'est autre chose que ce qui était connu, dans l'ancien droit, sous le nom de *fidéicommis*. **75.**

Je donne ou lègue ma maison à Pierre, à la charge de la rendre à Jean. C'est cette disposition qui sera nulle, même en faveur de Pierre.

Mais il en serait bien autrement, si je ne fais que prévoir le cas où Pierre ne recueillerait pas lui-même l'effet de ma libéralité, ou parce que je lui survivrais, ou parce qu'il serait incapable de recueillir, ou enfin parce qu'il ne voudrait pas accepter ma disposition : dans ces divers cas, je puis appeler Jean.

Cette disposition était connue autrefois sous le nom de *substitution vulgaire* ; elle sera autorisée, et avec raison, puisque, pour cette transmission, il n'y a point d'intermédiaire entre l'auteur de la disposition et l'individu qui en est l'objet.

76. C'est par la suite du même principe qu'il doit être permis de donner à l'un l'usufruit, à l'autre la nue-propriété.

En matière de disposition des biens, il ne peut y avoir de facultés que celles qui sont définies par la loi. Ainsi le projet ne s'expliquant pas sur l'ancienne faculté d'élire, le silence de la loi suffit pour avertir que cette faculté ne peut plus être conférée.

Heureuse interdiction ! Que de procès prévenus ! que d'actes immoraux épargnés à un grand nombre de ceux que l'exercice de cette faculté d'élire aurait pu intéresser !

L'homme peut donc disposer, pourvu qu'il le fasse : ou par une donation entre-vifs, ou par un testament, et qu'il s'agisse d'une transmission directe et immédiate.

Il peut disposer purement et simplement, ou sous condition.

77. S'il se trouve dans l'acte des conditions impossibles par la nature des choses, ou s'il y a des conditions contraires aux lois ou aux mœurs, les conditions de cette espèce seront réputées non écrites, et l'acte sera maintenu de quelle nature qu'il soit, ou donation ou testament.

De la capacité.

78. Après les règles générales, le projet s'occupe de la capacité.

Pour faire une donation entre-vifs ou un testament, il faut être *sain d'esprit*.

Cet article a d'abord causé quelque surprise. Ne faut-il pas être sain d'esprit pour tous les actes? Si on le dit particulièrement pour les dispositions à titre gratuit, ne faudra-t-il pas alors organiser ce principe? Quelle sera la preuve admise?

Néanmoins l'article a été approuvé.

C'est sur-tout pour les dispositions à titre gratuit que la liberté de l'esprit et la plénitude du jugement sont nécessaires.

Le plus souvent l'homme ne dispose, sur-tout par testament, que dans ces derniers momens. Alors que de dangers pour le malade, que d'embuches de la part de ceux qui l'entourent !

La loi sur l'interdiction a pourvu au cas de démence ; si la démence a été reconnue par jugement, ou si l'acte porte lui-même la preuve de la démence, il est nul.

Mais la démence est une privation habituelle de la raison.

On peut n'être pas sain d'esprit et n'être privé de la raison que momentanément.

Un individu non interdit peut avoir fait un acte qui présente tout l'extérieur de la liberté, tandis néanmoins qu'il était dans des circonstances tellement critiques pour son intelligence ou pour sa volonté, qu'il serait impossible de rester convaincu qu'il avait eu l'entière liberté de son esprit. Par exemple, si un homme avide a profité d'un moment où un malade était en délire pour lui faire faire des dispositions, devrait-il jouir du fruit de ses manœuvres ?

Le notaire et les témoins seront sans doute des surveillans fidèles ; les notaires sur-tout tromperaient le vœu de la loi, ils se rendraient coupables d'une grande prévarication s'ils ne commençaient par s'assurer du bon état de l'esprit des disposans ; et il est probable que, quoique la loi ne l'ordonne pas, ils continueront d'insérer dans tous ces actes que le disposant leur a paru sain d'esprit et d'entendement.

Mais enfin les notaires et les témoins ne sont pas les juges de cet état.

Il était d'autant plus important de ne pas omettre la règle *sain d'esprit*, que la loi ne fixe aucune époque de survie, même pour les donations entre-vifs. C'est la forme de l'acte qui en détermine la nature à quelque époque de la vie qu'il soit fait : fût-ce même à l'instant qui précède la mort, l'acte conserve son caractère et produit son effet.

Quel sera là le mode de preuve ? Il est impossible que la loi établisse des règles fixes et positives dans une matière où tout dépend des circonstances, qui varient à l'infini. La loi ne peut que laisser l'exécution dans le domaine des tribunaux.

Toutefois les juges sauront combien il serait dangereux d'admettre indiscrètement des réclamations contre des actes dont l'exécution est le premier vœu de la loi. Ils ne manqueront pas de se prémunir contre les tentatives de l'intérêt personnel. En un mot ils n'admettront un pareil moyen que lorsque des circonstances décisives et péremptoires leur donneront la conviction morale et légale que le disposant n'était pas sain d'esprit.

79. Toutes personnes peuvent disposer et recevoir soit par donation entre-vifs, soit par testament.

Ce principe s'applique à tous ceux qui ont la jouissance des droits civils.

L'incapacité est un accident. Il n'y aura donc d'incapacité que celle qui est expressément déterminée par la loi.

80. Incapacité absolue de disposer..... 1°. les mineurs âgés de moins de seize ans.

2°. Les interdits.... Le titre de la majorité et de l'interdiction y avait déjà pourvu; il ne fait pas d'exception pour les intervalles lucides; ainsi, il ne sera pas pe mis de distinguer. Il déclare nuls les actes qui seraient faits postérieurement à l'interdiction. Les actes antérieurs, même les testamens; doivent donc produire leur effet à moins que la cause de l'interdiction n'existât notoirement à l'époque où ces actes ont été faits.

81. Incapacité relative de disposer.

1°. Le mineur âgé de seize ans ne peut disposer par donation, puisqu'il ne peut pas aliéner; il pourra disposer par testament, mais seulement de la moitié des biens dont un majeur peut disposer; sage limitation qui concilie l'exercice de la faculté, qu'on ne pouvait enchaîner plus long-tems avec les justes craintes qu'inspire la possibilité de la séduction.

A l'avenir plus de distinction sur la capacité de disposer entre les mineurs émancipés et ceux qui ne le sont pas.

Si le mineur décède avant sa dix-huitième année, que deviendra la jouissance accordée aux père et mère jusqu'à l'âge de dix-huit ans par le titre de la puissance paternelle? Cette jouissance finira par le décès de l'enfant. Ce décès donnera lieu à un autre ordre de choses. Le père et la mère succéderont à une partie de la propriété.

82. 2°. Les femmes mariées peuvent disposer par testament, mais elles ne peuvent donner entre-vifs sans être autorisées ou par leur mari, ou par la justice, qu'elles soient communes ou non communes en biens ou séparées de biens, soit directement par la justice, soit par suite de la sépara-

tion de corps. Ce principe était déjà posé au titre du mariage. Les femmes se plaindraient-elles de cette gêne? si les
uns leur dise que la loi s'est défiée de leur jugement, et
qu'il ne doit pas leur être permis d'affaiblir la dépendance
dans laquelle elles sont placées par le mariage, d'autres
leur diront qu'il était nécessaire de les garantir de leur
propre sensibilité.

Incapacité de recevoir.... Incapacité absolue.   83.

1°. L'être qui n'aurait pas existé au moment de la
donation, ou à l'époque du décès du testateur.

Il suffit que l'être soit conçu, parce que celui qui est dans
le sein de sa mère est réputé né toutes les fois qu'il s'agit de
son avantage. Toujours faut-il qu'il naisse viable, autrement
il serait réputé n'avoir jamais existé.

2°. Le tuteur.... même après la majorité, à moins que   84.
le compte définitif de la tutelle n'eût été rendu et apuré,
quoique le reliquat n'eût pas été encore payé, ou à moins
que le tuteur ne fût ascendant du mineur.

Incapacité relative de recevoir,   85.

1°. Les enfans naturels..... Ils ne peuvent jamais rien
recevoir au-delà de ce qui leur est accordé au titre des
successions. Pour le surplus, ils seront toujours exclus,
tant qu'il y aura des parens au degré successible.

C'est pour honorer, pour encourager les mariages que
les enfans naturels ne doivent pas avoir les mêmes prérogatives que les enfans légitimes.

Quant aux adultérins ou incestueux, dans les cas rares
et extraordinaires où il pourra s'en découvrir par suite,
ou de la nullité d'un mariage, ou d'un désaveu de la paternité, ou d'une reconnaissance illégale, ils ne pourront
non plus recevoir que des alimens.

2°. L'incapacité, à raison de la profession, avait été   86.
autrefois la matière de grands litiges et l'objet de plusieurs
règlemens.

Tous les inconvéniens ne pourraient être prévenus.

Ce que le Législateur peut faire dans un point aussi délicat, c'est de surveiller d'une manière particulière les dispositions qui seraient faites par un individu malade de la
maladie dont il meurt, en faveur des personnes qui étaient
présumées avoir le plus d'empire sur son esprit. Voilà pour-

quoi le projet admet des restrictions et des tempéramens à l'égard de ceux qui, pendant le cours de sa maladie, auraient administré au malade les secours de l'art, ou les consolations de la religion.

Il en coûte sans doute d'établir une règle générale qui porte sur des professions que nous sommes accoutumés à voir exercer par des hommes si désintéressés et si généreux; mais ceux-là ne se plaindront pas des précautions de la loi, qui ne peut distinguer entre les individus.

Il serait superflu de remarquer que la loi atteindra par voie de conséquence nécessaire tous ceux qui, dépourvus d'un titre légal, oseraient néanmoins s'ingérer des fonctions de l'art de guérir.

87. 3°. Les hospices, les pauvres d'une commune, les établissemens d'utilité publique ne pourront recevoir qu'en vertu d'une autorisation du Gouvernement, le zèle et la piété ne doivent pas excéder les bornes légitimes. L'intérêt de la société, celui des familles exigeaient cette limitation, qui, au reste, sera encore plus sage que le fameux édit de 1749, où on ne trouvait des dispositions restrictives que sur les immeubles.

88. 4°. Les étrangers. . . . On ne pourra disposer au profit d'un étranger que dans le cas où cet étranger pourrait disposer en faveur d'un Français. Ce n'est là que le développement de principe de réciprocité, consacré par le titre de la jouissance et de la privation des droits civils.

89. Ce n'était pas assez que de désigner les incapables, il fallait aussi pourvoir à ce que la prohibition de la loi ne fût pas éludée.

C'est pour cet objet qu'elle a compris dans la nullité les actes qui auraient l'extérieur d'un contrat onéreux, mais qui ne seraient dans la vérité qu'une donation au profit d'un incapable; ce sera aux juges à déchirer le voile.

Par la même raison, la loi devait déclarer que l'interposition des personnes ne saurait faire subsister la donation :

« Seront réputées personnes interposées, les père et mère, « les enfans et descendans, et l'époux de la personne in- « capables ».

Seront réputées. . . . c'est-à-dire qu'alors la nullité de la disposition devra être prononcée sans que les héritiers.

aient besoin de faire aucune autre preuve; cette présomption légale est assez justifiée par le lien qui unirait le donataire à l'incapable.

On peut donner ou recevoir, soit par donation entre-
vifs, soit par testament, pourvu qu'on n'en soit pas empêché par la loi.

Mais de quoi pourra-t-on disposer?

De la portion des biens disponibles.

Cette tribune a déjà retenti de tout ce que la raison, la
nature, la justice et le sentiment, pouvaient inspirer sur
cette importante matière.

Vous obtintes un grand triomphe, citoyens Tribuns,
lorsque vous conquîtes la loi du 4 germinal an 8.

Il fut alors solennellement reconnu en principe qu'il
devait être permis aux père et mère de disposer d'une
partie de leurs biens, même en faveur d'un enfant.

Aurais-je besoin de retracer les motifs principaux?

Si les enfans d'un même père ont tous un égal droit à
son affection, l'autorité paternelle doit aussi pouvoir distribuer des récompenses. La différence entre les besoins
et les moyens des enfans exige que le père de famille ait
un pouvoir suffisant pour rectifier les inégalités de la nature.

Enfin, il faut bien que notre législation prenne quelque
confiance dans le sentiment, le plus sûr de tous, celui de
l'affection paternelle.

Souvenons-nous qu'il n'y avait presque pas de pays en
France où un père ne pût avantager un enfant, même
dans cette portion de biens qu'on appelait propres.

Des partisans de la coutume de Paris, qui croyaient que
le droit écrit avait établi le despotisme dans les familles,
parlent avec enthousiasme des antiques usages de leur pays.

Eh bien! à Paris même, le père pouvait réduire les en-
enfans à une légitime; il pouvait disposer de la moitié de
toute sa fortune, quel que fût le nombre de ses enfans; et
cette moitié, il pouvait la donner à un seul, même la moitié
des propres, si c'était par acte entre-vifs.

Il n'y avait donc de différence entre la plupart des pays
coutumiers et les pays de droit écrit, que dans la quotité
disponible.

Presque par-tout on reconnaissait qu'il était juste de laisser au père les moyens de retenir auprès de lui un enfant pour consoler sa vieillesse.

L'émulation inspirait aux autres enfans des idées d'industrie ; tout cela avait son avantage.

Plus les fortunes sont bornées, plus ces considérations sont fortes.

Le laboureur qui n'a que ses outils aratoires , l'artisan des villes qui n'a qu'un mince mobilier, le propriétaire foncier qui n'a de terrain que ce qu'il peut cultiver lui-même ; tous ces hommes seraient menacés d'un abandon absolu, si la loi ne leur permettait pas de favoriser un enfant. L'enfant qui recueille la plus grande portion de l'héritage qu'il avait long-tems cultivé pour l'intérêt commun, a souvent bien moins de moyens que celui qui est allé, loin du toit paternel, faire valoir son industrie.

Il ne peut donc y avoir de difficulté dans cette matière, que sur la quotité disponible ; le projet nous a paru saisir un juste milieu.

« Les libéralités, soit par acte entre-vifs, soit par testament ne pourront excéder la moitié des biens du disposant, s'il ne laisse , à son décès, qu'un enfant légitime ; le tiers, s'il laisse deux enfans ; le quart, s'il en laisse trois ou un plus grand nombre. »

91. A défaut d'enfans, les ascendans qui succéderaient conformément au titre des successions pourraient-ils être exclus par une disposition ?

Il serait bien malheureux celui qui aurait besoin d'être contraint par la loi à laisser aux auteurs de ses jours des témoignages de sa piété filiale.

Mais si un enfant s'était laissé aller à cet excès d'ingratitude, de méconnaitre son obligation naturelle et civile, ou si, ne prévoyant pas l'intervention du cours ordinaire de la nature , il disposait de tous ses biens, la loi veille pour les ascendans ; elle établit pour eux une réserve ; elle est du quart pour chaque ligne.

Il faut bien remarquer que le projet ne parle que des ascendans qui auraient succédé dans l'ordre légitime. Si donc il s'agissait de l'aïeul, et qu'il y eût des frères ou sœurs, ou descendans d'eux, dans ce cas, l'aïeul ne succédant pas dans l'ordre légitime , il n'y aurait pas non plus de réserve pour l'aïeul, et, dans ce cas encore, tout serait disponible.

Celui qui ne laisse ni descendans ni ascendans aura-t-il la faculté illimitée de disposer de la totalité de ses biens, soit par donation entre-vifs, soit par testament ?

92.

Nous avons dit que la faculté de transmettre est purement de droit civil.

On pourrait trouver quelque différence entre la transmission par acte entre-vifs et la transmission par testament.

Celui qui se dépouille actuellement paraît, sous quelque rapport, user d'un droit plus étendu que celui qui ne dispose que pour un tems où il ne sera plus.

Mais cette nuance est trop légère, et nous aimons mieux convenir que l'homme en société ne peut tenir que de la société le droit de transmettre ses biens à titre gratuit, même par donation entre-vifs.

Ce que nous devons examiner, c'est donc de savoir s'il est conforme à la nature de notre gouvernement, à nos mœurs, au caractère national, aux véritables intérêts de l'homme, à l'intérêt des familles, que celui qui n'a ni enfans ni ascendans, soit le maître absolu de ses dispositions, ou s'il doit être établi une réserve pour les collatéraux.

Or, il a paru à votre Section que la faculté illimitée ne blessait pas l'intérêt national. Chez une nation puissante, les grandes masses de propriétés peuvent se trouver sans inconvénient dans une seule main.

L'agriculture elle-même ne peut obtenir ses plus grands développemens que des travaux des grands propriétaires.

La liberté illimitée de disposer plaît à l'homme.

Aucun droit n'est mieux approprié à sa dignité.

Aucun ne peut exciter davantage son émulation.

Les idées s'étaient tellement améliorées sur ce point ; les chaînes qui avaient été créées par la loi du 17 nivose étaient devenues si pesantes, qu'on ne défendait plus le système généralement restrictif ; seulement on réclamait une exception.

C'était en faveur des frères et sœurs.

Le lien qui unit deux frères est si étroit !

Il est si intéressant de ne pas l'affoiblir !

L'esprit de famille est si utile à conserver !

Combien il serait malheureux de voir des étrangers appelés à recueillir tout un patrimoine dont une partie serait si nécessaire pour la subsistance d'un frère indigent !

Encore, pour obtenir cette réserve pour les frères et sœurs, on aurait consenti à les distinguer des neveux, on aurait consenti que la réserve ne pût s'exercer que sur sa succession, et que les donations entre-vifs fussent toujours respectées.

Ces idées devaient naturellement trouver un accès puissant auprès des cœurs généreux ;

Mais des considérations d'un ordre majeur ont dû l'emporter.

Et d'abord, en remontant à l'origine du droit de légitime ou de réserve, on est forcé de convenir qu'il n'y a de rapport sacré que des enfans aux ascendans, et des ascendans aux enfans.

Les enfans sont tous de la même famille, respectivement à leur père ; mais chacun des enfans forme ensuite une famille particulière.

Examinons aussi ce qui peut le mieux conserver le lien de famille.

Un droit acquis peut étouffer ou repousser le sentiment.

Dans le système de la liberté illimitée, le devoir sera uni à l'intérêt.

N'est-il pas juste que l'homme soit assuré d'éprouver des égards de la part de ceux qui sont destinés à lui succéder ?

Consultons l'expérience ; ceux qui sont assurés d'un droit indépendant de la volonté, se dispensent trop souvent de procédés délicats envers un homme en qui ils voient plutôt un débiteur qu'un bienfaiteur. Que tout soit dû à la bienveillance, et la bienveillance méritera tout.

On a dit que la vieillesse serait environnée, quelquefois séduite ; mais toujours au moins elle sera consolée ; jamais elle ne sera abandonnée.

Eh ! qui de nous peut ignorer que le plus souvent un homme qui n'a pas d'enfans cherche ses héritiers dans sa propre famille ; que dès l'automne de la vie, sans négliger aucun de ses frères et sœurs, il jette les yeux sur les enfans d'un frère ou d'une sœur pour en faire l'honneur et l'appui de sa vieillesse !

Le désir le plus naturel à l'homme, c'est de se survivre à lui-même, c'est de laisser des traces de son nom, de ses travaux.

Ce n'est pas chez des étrangers qu'il y a chercher de tels successeurs; ou, si cela peut arriver quelquefois, le législateur ne doit pas voir des exceptions rares qui peuvent aussi être légitimes.

La loi n'accordera pas la faculté illimitée de disposer en collatérale, pour que les familles soient dépouillées; ce ne sera ni son but, ni son vœu.

Est-ce donc aussi pour provoquer la spoliation des enfans, que la loi laisse au père une quotité disponible?

La loi qui juge le cœur humain, veut que le respect, l'affection et les égards des héritiers présomptifs fassent oublier au parent propriétaire ce qu'il lui est permis de donner à d'autres.

Les partisans de la restriction ne pouvaient pas disconvenir qu'au moins on ne pourrait gêner la disposition entre-vifs, qui était libre même pour les propres.

Ils ne pouvaient pas disconvenir non plus que des collatéraux ne pourraient attaquer aucun acte d'aliénation, soit avec réserve d'usufruit, soit à charge de rente viagère.

Ils n'entendaient donc restreindre que la faculté de tester.

Mais alors qu'arriverait-il? Vous mettriez l'homme aux prises avec lui-même; il voudrait toujours disposer de ses biens; vous le forceriez à des transactions indiscrètes, vous l'obligeriez à se réfugier dans des jouissances viagères, ou bien vous lui imposeriez la loi de faire des donations entre-vifs dont il pourrait se repentir; enfin, vous établiriez des procès dans chaque succession.

Laissez, laissez une liberté absolue; que l'homme qui travaille sache qu'il pourra disposer de sa fortune; que l'homme qui s'est procuré des moyens soit assuré de trouver des consolations; que l'homme qui connaît le prix du sentiment, ne craigne pas de n'être approché que par l'intérêt; que celui qui veut succéder sache le mériter; laissez, un libre cours aux affections. Que de son vivant l'homme puisse faire les transactions qui lui conviennent; qu'il n'ait pas devant les yeux un héritier nécessaire qui lui reproche sa longue vie; que l'homme ne soit pas exposé, de son vivant, à faire des actes simulés ou téméraires, qu'après sa mort, on ne voie pas éclater une lutte scandaleuse entre l'héritier de la loi et l'héritier de la volonté; en un mot, qu'un testament puisse tout régler. *Dicat testator, et erit lex :* paroles qui nous ont été transmises par les premiers législateurs du peuple-roi, et qui nous rappellent toute notre dignité.

Voilà, citoyens Tribuns, l'abrégé des motifs qui ont déterminé l'opinion de tous les membres de votre Section de législation, en faveur de la liberté illimitée en collatérale, qui est une des bases du projet, et qui vaudra au Gouvernement, de nouvelles bénédictions de la part du peuple français.

De la réduction.

La limitation n'aura donc lieu que dans le cas où l'auteur de la disposition laisse des descendans ou des ascendans.

La loi établit une réserve pour eux ; tout le reste est disponible.

93. La quotité disponible peut être laissée, ou à un étranger, ou à un des successibles.

Les dispositions en faveur d'un successible sont en général sujettes à rapport pour ce qui excède la quotité disponible.

La disposition est dispensée du rapport lorsqu'elle a été faite expressément à titre de préciput ou hors part.

Si les termes ne sont pas sacramentels, du moins il ne doit exister aucun doute sur la volonté.

Cette volonté doit se lire dans la disposition elle-même ; elle peut se consigner dans un acte postérieur, pourvu qu'il ait aussi la forme d'une disposition.

94. Il fallait bien prévoir le cas d'excès dans les dispositions, soit parce que l'homme pourrait ne pas se renfermer dans les bornes de la loi, soit parce qu'il peut survenir après la disposition, un plus grand nombre d'héritiers nécessaires. L'état des choses ne peut se régler qu'à l'ouverture de la succession ; nul n'a le droit de contester la disposition d'un homme vivant.

95. Un homme a disposé..... Il laisse des descendans ou des ascendans... On calcule le montant net des biens dont il n'a pas disposé.... On le joint avec la valeur de ceux dont il a disposé.... Si la réserve ne se trouve pas dans la succession, la disposition n'est jamais annullée pour le tout.

Il ne sera plus question des anciennes règles sur la prétérition ; seulement il y aura lieu à réduction.

Sil

'il y a des dispositions testamentaires et des disposi-
ons entre-vifs, la réduction s'opère d'abord sur les dis-
ositions testamentaires.

Toutes les dispositions testamentaires se réduisent proportionnellement et sans distinction entre les legs universels
et les legs particuliers, à moins que le testateur n'eût indiqué lui-même l'ordre de la réduction. On n'entendra
plus parler de falcidie.

Si les dispositions testamentaires sont épuisées, on opère
le retranchement sur les donations entre-vifs, en commençant toujours par la dernière, ainsi de suite en remontant ;
le respect pour les droits acquis le veut ainsi.

96. Les objets donnés sont encore dans les mains du donataire, ou il les a aliénés.

S'ils sont dans ses mains, il remet en nature l'excédent
de la quotité disponible, à moins qu'il ne s'agisse d'un héritier nécessaire, et que la succession contienne des biens
de la même nature. Dans ce dernier cas, il retient sur les
biens donnés la valeur de la portion qui lui revient dans
les biens non disponibles. (1)

Le donataire a-t-il aliéné les biens donnés ?

97. Les héritiers doivent d'abord discuter ses biens personnels ; mais si ce recours est inutile ou insuffisant, les héritiers peuvent agir contre les tiers détenteurs.

De quoi se plaindraient les tiers ?

N'est-ce pas à eux seuls qu'ils devraient imputer l'événement d'une éviction qu'ils auraient dû prévoir, et à laquelle ils se seraient volontairement exposés ?

Il pourrait paraître superflu de décider par qui seulement
la réduction pourra être demandée.

Il résulte assez de la nature des choses qu'elle ne pourra
jamais l'être que par ceux au profit desquels la loi fait la
réserve. Or, elle n'a fait de réserve que pour les enfans
légitimes et pour les ascendans.

Les enfans naturels ne pourraient-ils donc pas aussi réclamer la réduction des donations entre-vifs ?

Jamais.

La loi établit la réserve pour les enfans légitimes ; *qui
de uno dicit, de altero negat.*

_____

(1) Voyez l'art. 149 du titre des successions.

Tome   R

A la vérité, le titre *des successions* veut que le droit de l'enfant naturel sur les biens de ses père et mère décédés, soit d'une quote qui varie suivant la qualité des héritiers présomptifs (1).

Mais ce droit ne se rapporte qu'à la succession.

Les enfans naturels ne peuvent donc l'exercer que sur la succession, *telle qu'elle est*. Or les biens donnés ne sont pas dans la succession.

La réduction pourra être réclamée par tous les ayant-cause de ceux au profit desquels la loi a fait la réserve.

Les donataires postérieurs et les légataires ne peuvent troubler des possesseurs qui ont un titre antérieur.

Que dire des créanciers postérieurs du défunt ? Seraient-ils admis à réclamer la réduction de leur chef ? Les biens donnés étaient hors du patrimoine de leur débiteur, lorsqu'ils ont contracté avec lui ; ils ne peuvent exercer aucune réclamation contre les détenteurs de ces mêmes biens.

Mais si la réduction est exercée par ceux au profit desquels la loi fait la réserve, ces derniers seront-ils tenus de payer les dettes postérieures à la donation ? Non ; ils ne viennent pas comme héritiers ; on les considère uniquement comme des co-donataires. C'est alors que, par une belle fiction, la loi faisant ce que la nature seule aurait dû inspirer, suppose que, par le même acte, l'auteur de la disposition avait été juste envers tous ceux qui avaient droit à sa tendresse.

Les créanciers n'ont de droit que sur la succession ; ils ne peuvent exercer que les actions de la succession.

L'action directe en réduction est refusée aux créanciers ; mais elle ne leur est refusée que parce qu'elle n'est pas dans la succession : car, si elle était dans la succession, on ne pourrait la leur dénier.

Si les créanciers ne peuvent exercer de leur chef l'action en réduction, ils ne peuvent donc en profiter indirectement. Le droit d'où la réduction dérive ne les concerne en aucune manière ; il tient à une qualité qui n'a rien de commun avec eux ; enfin elle porte sur des biens qui n'ont jamais été leur gage ni leur espérance.

C'est donc avec une grande raison que le projet exclut

_____

(1) Article 47 du titre des successions.

les créanciers de toute participation directe ou indirecte au retranchement de la donation.

A l'égard des héritiers en ligne directe, la loi prend les précautions les plus sages pour la conservation de la réserve.

98

Mais elle ne veut pas que, sous prétexte de la retrouver, les héritiers puissent altérer des dispositions dictées par la bienveillance ou même par les convenances.

Si donc il s'agit d'une disposition qui porte sur un usufruit ou sur une rente viagère, les héritiers n'auraient pas le droit de la méconnaître, par cela seul qu'ils opteraient de faire l'abandon de la propriété de la quotité disponible.

Un préalable nécessaire, c'est qu'il soit constaté que la libéralité excède la quotité disponible.

Il était digne aussi du Législateur de prononcer sur le sort des aliénations faites à l'un des successibles en ligne directe, à charge de rente viagère ou à fonds perdu, ou avec réserve d'usufruit.

Annuller les aliénations, ce serait gêner la liberté naturelle.

Maintenir indistinctement toutes les clauses de ces actes, ce serait compromettre, ruiner même les autres successibles à l'aide d'un acte qui au fond ne serait le plus souvent qu'une véritable donation.

On distinguera deux choses, la transmission de la propriété et la valeur de cette propriété.

Rien ne peut empêcher que la propriété ne reste à celui qui l'a acquise.

Mais la valeur de la propriété sera imputée sur la quotité disponible, sans égard aux prestations servies, et l'excédent de la valeur, s'il y en a, sera rapporté à la masse.

Ce parti mitoyen concilie tous les intérêts.

Les successibles en collatérale ne pouvaient entrer pour rien dans cette prévoyance de la loi ; il n'y a pas de réserve pour eux. Comment pourraient-ils venir attaquer des aliénations qui ne les privent d'aucun droit acquis ? S'il y a un héritier testamentaire, les collatéraux sont entièrement exclus. S'ils sont appelés à la succession légitime par le silence de leurs parens, ils ne sauraient détruire un acte dont ils deviendraient les garans ; comme s'ils étaient héritiers testamentaires.

Néanmoins les tribunaux ont tant eu à s'occuper de ces sortes de réclamations que le projet a cru devoir déclarer que, dans aucun cas, les successibles en ligne collatérale ne pourraient former aucune demande à raison des aliénations faites, soit à charge de rente viagère, soit à fonds perdu ou avec réserve d'usufruit.

C'est ainsi que le projet nous trace des règles précises sur la nature des dispositions à titre gratuit, sur les exceptions et les limitations qu'il convient d'apporter à la capacité de disposer et de recevoir, sur la qualité de ceux auxquels il est dû une réserve, sur la quotité des réserves et sur la théorie des réductions.

Le projet s'occupe ensuite des formes des dispositions.

De la forme des donations entre-vifs.

99.   Il est de l'essence de la donation entre-vifs qu'elle soit irrévocable : *donner et retenir, ne vaut.*

Les tiers doivent être mis à l'abri de toute surprise.

Voilà les grands principes qui servent de type à tout le développement des formalités intrinsèques et ex-intrinsèques.

Tout acte portant donation entre-vifs sera ▓▓▓▓ devant notaires ; l'intérêt du donateur et celui des tiers commandent cette forme.

100.   Le projet s'occupe avec un grand soin de fixer l'époque où le donateur est irrévocablement obligé et celle où les tiers ne peuvent plus exercer aucun droit sur les biens donnés.

L'acceptation est de l'essence de la donation. Tant que l'acceptation n'a pas eu lieu, le donateur demeure plein propriétaire et libre de disposer de sa chose à son gré ; tellement que si la donation n'est pas acceptée, l'acte est censé n'avoir jamais existé et ne peut conséquemment produire aucune espèce d'effet sous quelque rapport que ce soit, même à l'égard des héritiers du donateur.

L'acceptation doit être faite en termes exprès ; la présence du donataire à l'acte ne suffit pas.

Toutefois l'acceptation peut être faite par un acte postérieur ; mais elle ne peut avoir aucun effet qu'autant qu'elle aura eu lieu pendant la vie du donateur. S'il décède avant l'acceptation , les biens restent dans sa succession , attendu que jamais ils n'étaient sortis de son patrimoine. Il ne suffit pas que l'acceptation ait été faite du vivant du donateur. Comme la donation ne peut être parfaite que lorsque le donateur est irrévocablement obligé, l'acceptation du donataire par acte séparé ne peut produire d'effet que du jour où cette acceptation lui aura été notifiée ; précaution sage qu'on ne retrouve pas dans les anciennes lois , mais qui néanmoins est bien nécessaire pour empêcher que le donateur ne soit personnellement victime des transactions qu'il aurait faites, dans la croyance qu'il n'était pas engagé.

101.

L'acceptation , soit dans l'acte même, soit par acte séparé , peut être faite , ou par le donataire lui-même ; ou par un fondé de pouvoir. *L'acceptation qui ne lierait pas* le donataire ne saurait engager le donateur : ainsi il est naturel que la femme mariée ne puisse accepter sans le consentement de son mari ou l'autorisation de la justice ; que l'autorisation du gouvernement doive précéder l'acceptation des administrateurs des communes ou des hospices, ou des établissemens d'utilité publique ; que la donation faite à un mineur ne soit acceptée que par leur tuteur ou par un de leurs ascendans ; que si le mineur émancipé peut intervenir pour l'acceptation ce ne soit qu'avec l'assistance de son curateur. Quant au sourd-muet qui sait écrire, il peut accepter lui-même ou par un fondé de pouvoir ; et s'il ne sait pas écrire , l'acceptation doit être faite par un curateur nommé à cet effet.

102.

L'acceptation duement faite engage le donateur : dès-lors la donation est parfaite du donateur au donataire. La nécessité d'une autre tradition n'est pas nécessaire ; la propriété des objets donnés est transférée au donataire, quand bien même le donateur en conserverait la possession sans réserve d'usufruit ou même sans clause de précaire.

103.

Lorsque la donation a été ainsi acceptée , les biens donnés sont hors du patrimoine du donateur , qui ne pourrait changer cet état de choses par aucune espèce de moyens ; toutes les atteintes qu'il essaierait de porter à la

r 3

propriété du donataire seraient un délit contre la propriété d'autrui.

Nous avons déjà parlé des tiers : quant à eux, il faut distinguer si la donation porte sur des immeubles ou si elle ne porte que sur des effets mobiliers.

Parlons d'abord des immeubles.

Si un donateur peu soucieux de sa réputation a hypothéqué ou vendu les objets donnés, quel sera le sort des créanciers hypothécaires et des tiers acquéreurs?

C'est pour empêcher ce conflit entre le donataire et les créanciers, ou les acquéreurs postérieurs du donateur, que le projet a voulu que tous les actes qui constituent l'irrévocabilité de la donation fussent transcrits au bureau des hypothèques ; que le défaut de transcription puisse être opposé par toutes personnes ayant intérêt ; qu'il n'y ait d'excepté que celles qui sont chargées de faire faire la transcription ou leurs ayant-cause et le donateur, ce qui comprend aussi nécessairement les donataires postérieurs, les cessionnaires et les héritiers du donateur. Il est impossible que la loi admette aucune espèce de restriction sur la nécessité de la transcription; ainsi les mineurs, les interdits, les femmes mariées ne seraient pas plus restitués contre le défaut de transcription que contre le défaut d'acceptation, sauf le recours contre les tuteurs ou les maris.

Le projet garde le silence sur le recours à exercer contre les administrateurs : à leur égard il ne doit y avoir que la responsabilité attachée à leurs fonctions.

104. Pour ce qui est des actes de donation d'effets mobiliers, la transcription au bureau des hypothèques n'aurait rien de relatif à cette espèce de donation.

Un état des effets mobiliers sera annexé à la minute de la donation. L'acte devant toujours être public, les tiers seront à portés d'y trouver tous les renseignemens qui pourraient les intéresser.

C'est d'ailleurs à celui qui ne veut contracter que sur la foi de la propriété de son débiteur, à prendre les précautions que son intérêt lui commande.

Le Législateur devait avoir un autre soin en ce qui concerne les donations d'effets mobiliers. Comme ces donations peuvent aussi devenir sujettes à la réduction, il était essentiel que si la donation portait sur des objets susceptibles d'estimation, l'état en contînt l'estimation.

Nous devons remarquer que le projet se sert des termes : *tout acte de donation.*

Tout acte.... Le projet ne parle pas des dons manuels, et ce n'est pas sans motif.

Les dons manuels ne sont susceptibles d'aucune forme. Il n'y a là d'autre règle que la tradition, sauf néanmoins la réduction et le rapport dans les cas de droit.

Nous venons de parcourir les formes intrinsèques.

Pénétrons à présent dans l'intérieur des donations.   105.

Elles ne peuvent comprendre que les biens présens du donateur. L'irrévocabilité, sans laquelle il n'y a pas de donation, s'oppose à ce qu'une donation entre-vifs puisse comprendre des biens à venir ; elle serait nulle à cet égard.

D'après les mêmes principes, une donation qui serait faite sous des conditions dont l'exécution dépendrait de la seule volonté du donateur, serait nulle.

Elle serait nulle aussi, si le donateur devait rester le 106.
maître d'en diminuer l'émolument.

Ici se présente naturellement la matière des dettes et charges qui peuvent grever les donations.

Le projet, conforme en ce point à l'ordonnance de 1731, se borne à déclarer que, dans aucun cas, le donataire ne peut, à peine de nullité de la donation, être obligé d'acquitter d'autres dettes ou charges que celles qui existaient à l'époque de la donation, à moins que l'acte de donation ou un état annexé ne spécifient les autres dettes ou charges qui pourraient ne prendre naissance qu'après la donation.

Le laconisme du projet sur la partie des dettes et charges avait d'abord inspiré quelques alarmes. Après l'examen le plus réfléchi, votre section de législation a pensé qu'une explication plus étendue serait superflue.

Les donations comprennent, ou la totalité des biens, ou une quote de biens, ou une espèce de biens, ou enfin une chose particulière.

Donation de tous les biens. . . . Il n'y a de biens que ce qui reste, déduction faite des dettes.

Conséquemment, le donataire de tous les biens est tenu de droit, et sans qu'il soit besoin de l'exprimer, de toutes les dettes et charges qui existent à l'époque de la donation.

Donation d'une quote de biens. . . . Le donataire doit supporter les dettes et charges en proportion de son émolument.

Donation d'une espèce de biens, par exemple de l'universalité ou d'une quote, des immeubles ou des meubles. Dans le système de la loi, la disposition d'une espèce de biens est aussi un titre universel. Le donataire d'une espèce doit donc, comme le donataire d'une quote, supporter les dettes et charges en proportion de son émolument.

Donation d'un objet déterminé. . . . Le donataire n'est obligé de payer que les dettes ou charges auxquelles il s'est expressément soumis.

Il ne pourra donc y avoir aucun embarras, ni à l'égard du donateur, ni à l'égard de ses créanciers, ni enfin à l'égard de ses héritiers, lorsqu'il s'agira, entre le donataire et les héritiers, de régler quelles sont les dettes et les charges qui les concernent respectivement.

La matière que nous traitons est absolument étrangère au mode que les créanciers antérieurs à la donation doivent suivre, soit pour conserver leurs droits sur les biens donnés, soit pour les exercer.

Cette partie regarde le régime hypothécaire.

107. Nous avons vu comment le donateur devait être irrévocablement engagé.

L'économie de la loi exclurait-elle le droit de retour?

On distinguait autrefois le retour légal et le retour conventionnel.

Le retour conventionnel sera seul autorisé. Il devra être stipulé; il ne pourra l'être qu'au profit du donateur seul; il sera incommunicable et non transmissible. Ce retour pourra être stipulé, soit pour le cas où le donataire viendrait à prédécéder le donateur, soit pour le cas où le donateur survivrait au donataire et à ses descendans.

Aucune stipulation ne peut être ni plus juste ni plus favorablement accueillie.

Elle est une des conditions de la donation.

Une condition raisonnable . . . Le donateur ne s'était dépouillé qu'en vue de l'affection qu'il avait pour le donataire et pour ses descendans.

Il est vrai que l'effet du droit de retour est de résoudre toutes les aliénations des biens donnés, de les faire reve-

nir au donateur francs et quittes de toutes charges et hypothèques, sauf seulement le recours subsidiaire pour hypothèque de la dot et des conventions matrimoniales de la
femme du donataire, et dans le cas seulement où la donation aurait été faite par le même contrat de mariage
duquel résultent ces droits et hypothèques.

Mais les tiers n'auraient pas à se plaindre ; ils auraient
été avertis par la stipulation.

La réserve du droit de retour n'est pas en opposition
avec la règle générale de l'irrévocabilité.

Cette règle de l'irrévocabité est fondamentale en matière
de donation.

Des exceptions à la règle de l'irrévocabilité des donations entre-vifs.

Néanmoins elle reçoit des exceptions :

1°. Pour cause d'inexécution des conditions sous lesquelles
la donation a été faite ;

2°. Pour cause d'ingratitude du donataire ;

3°. Pour cause de survenance d'enfans du donateur.

L'inexécution des conditions.... Un donataire infidèle à
ses promesses devrait-il jouir du prix de sa déloyauté.

L'ingratitude du donataire.... La morale publique, autant
que l'intérêt du donateur, sollicitent la révocation... Si le
donataire attente à la vie du donateur ; s'il s'est rendu coupable envers lui de sévices, délits ou injures graves ; s'il lui
refuse des alimens : *necare videtur qui alimenta denegat.*

La survenance d'enfans.... Le droit nous a appris le motif touchant de cette révocation. Lorsque le donateur s'est
dépouillé de sa propriété, il ne connaissait pas l'affection
paternelle. *La loi, d'accord avec la nature, présume* que,
si le donateur avait cru avoir un jour des enfans, il n'aurait pas fait la donation. Il faut donc que le donateur n'eût
pas d'enfans actuellement vivans au tems de la donation.
L'enfant naturel, légitimé par le mariage subséquent, produira le même effet que l'enfant légitime, pourvu toutefois
qu'il ne soit né que depuis la donation ; il ne peut avoir
plus de prérogatives que l'enfant né légitime. La révocation pour cause de survenance d'enfans aura lieu, encore
que l'enfant fût conçu au tems de la donation ; l'enfant

qui est dans le sein de sa mère n'est réputé né que lorsqu'il s'agit de son avantage.

109.   Si nous ne considérons que le donateur et le donataire,
les trois causes de révocation doivent produire les mêmes
effets.

Mais, dans cette matière, on ne peut jamais perdre de
vue l'intérêt des tiers.

En fait de révocation pour survenance d'enfans, les
biens rentrent francs et quittes, quand bien même la
donation aurait été faite en faveur de mariage, nonobstant toutes clauses contraires ; la donation ainsi révoquée
est tellement anéantie qu'elle ne pourrait pas revivre même
par la mort de l'enfant du donateur ni par un acte qui ne
serait que confirmatif.

De si grandes faveurs auraient-elles de quoi étonner ?

Les droits de la nature ne doivent-ils pas conserver
tout leur empire ?

Oh ! c'est avec grande raison que les Législateurs romains
avaient dit que la condition de la révocation pour cause
de survenance d'enfans était toujours sous-entendue dans
une donation.

Si les tiers éprouvent quelque lésion par cette révocation, ils auront voulu en courir les risques.

110.   Quant à la révocation pour cause d'inexécution des conditions, les biens rentreront aussi dans les mains du donateur, libres de toute charge et hypothèque.

Si les créanciers et les tiers-acquéreurs venaient se
plaindre, on leur dirait, . . . Pourquoi avez-vous contracté,
ou pourquoi n'avez-vous pas su vous procurer la ratifica-
tion du donateur ?

111.   Il en devait être autrement dans la révocation pour
cause d'ingratitude ; non sans doute que cette cause ne
mérite tout l'appui de la loi : mais c'est à l'égard du donataire qui doit être puni d'avoir, en manquant à la reconnaissance, brisé le lien le plus fort qui doit exister
parmi les hommes. C'est pour cela que les causes d'ingratitude sont plus larges que celles de l'indignité.

L'indigne n'était appelé que par une volonté présumée ;
le donataire avait été l'objet de la plus expresse et de la
plus tendre sollicitude du donateur ; mais les tiers ne

devaient pas prévoir l'ingratitude du donataire ; ils ne doivent pas en être victimes.

C'est d'après ces principes que les donations en faveur **112.** de mariage ne sont pas révocables pour cause d'ingratitude. Le délit du donataire ne doit pas autoriser l'annullation d'un acte sous la foi duquel une nouvelle famille s'était formée. L'intérêt de la société réclamait cette exception.

La foi publique exige aussi que dans ce cas l'effet de **113.** la révocation à l'égard des tiers ne puisse commencer qu'à dater du jour où ils doivent être présumés la connaître, et ils ne seront présumés la connaître que lorsque le donateur aura fait inscrire sa demande en marge de la transcription de la donation.

Nous passons aux dispositions testamentaires.

De la forme des testamens.

Le projet propose trois formes de testamens ; il pourra **114.** être olographe, ou fait par acte public, ou dans la forme mystique.

Aucune de ces formes ne sera nouvelle en France.

Elles étaient toutes consacrées par l'ordonnance de 1735.

Seulement, dans les pays de droit écrit, les testamens olographes ne pouvaient valoir qu'au profit des enfans et descendans.

Le projet de loi étend la faculté de tester dans la forme olographe à tous les Français indistinctement.

Cette innovation était commandée par la raison, et par l'intérêt des citoyens.

Quel acte peut rendre plus sûrement l'expression libre de la volonté du testateur, que celui qui est écrit en entier, daté et signé de sa main ?

Si les pays de droit écrit étaient restés privés si long-tems des facilités que présente la forme olographe, c'était par une suite du respect pour le droit romain, qui avait exigé des formes si solennelles pour un acte alors lié à l'exercice des droits politiques.

Cette législation s'était toujours ressentie de la première origine des testamens, qui ne se faisaient qu'en présence et avec l'autorisation du peuple.

A présent qu'il est bien reconnu que le droit de tester

n'appartient qu'au droit civil, et que conséquemment il ne s'agit que d'établir des précautions suffisantes pour reconnaître la volonté, il était naturel que le code multipliât les facilités toutes les fois qu'il ne resterait pas de doute sur la volonté.

115. Le projet trace avec précision les formalités du testament par acte public. Il est reçu par deux notaires en présence de deux témoins, ou par un notaire en présence de quatre témoins. Dans les campagnes, il suffira qu'un des deux témoins signe, si le testament est reçu par deux notaires, et que deux des quatre témoins signent, s'il est reçu par un seul notaire.

Il y aura des témoins même avec les deux notaires, non que la loi se méfie des notaires, mais c'est parce que les testamens se faisant le plus souvent à l'extrémité de la vie, il était utile de multiplier les surveillans en faveur d'un individu qui peut être assiégé par l'intrigue et par la cupidité.

116. Quant au testament mystique ou secret, on a agité la question de savoir si cette forme devait être conservée.

On l'a pensé ainsi, parce qu'il est juste de laisser à ceux qui ne pourraient pas écrire leur testament le droit et la faculté de tenir leurs dispositions secrètes jusqu'à leur mort.

C'est la forme que la loi environne du plus grand appareil. Elle exige six témoins, parce qu'il s'agit non-seulement de garantir la liberté du testateur, mais encore de constater l'identité de l'écrit qui contient ses dispositions et de celui sur lequel on dresse l'acte de suscription.

117. Quelques observations sur les témoins testamentaires.... 1°. Il suffit qu'ils jouissent des droits civils, tandis que pour les actes publics ordinaires où, à la vérité, il n'en faut que deux, il est indispensable qu'ils jouissent des droits politiques (1).

118. 2°. Les légataires ne pourraient être pris pour témoins dans un testament par acte public. Le projet n'a pas dû répéter l'exclusion pour le testament dont les dispositions

---

(1) Voyez la loi sur le notariat.

sont secrètes. L'ordonnance de 1735 n'avait pas non plus interdit aux légataires, même universels, de servir de témoins dans les testamens mystiques.

3°. Le projet dit aussi que les clercs des notaires par lesquels les testamens publics seront reçus, ne pourront être pris pour témoins. Le projet ne répète pas cette autre exclusion pour les testamens mystiques.

La loi sur l'organisation du notariat exclut absolument les clercs des notaires.

Mais cette loi générale ne peut être invoquée dans la matière des testamens, pour lesquels une loi particulière règle tout ce qui est relatif aux témoins. Il faut remarquer d'ailleurs que la prohibition ne cesse que pour l'acte de suscription, où la présence de six témoins est nécessaire.

Il fallait bien aussi songer aux situations extraordinaires 119. qui peuvent empêcher un Français de recourir aux formes communes.

La législation de tous les peuples civilisés a établi des règles particulières sur les testamens militaires.

Le Code civil aurait-il pu se montrer indifférent envers nos guerriers, lorsqu'il s'agit de leur assurer la plus grande consolation que l'homme puisse avoir en quittant la vie ?

Aussi le projet multiplie autant qu'il est possible les moyens en faveur des militaires et des individus employés dans les armées.

Il établit aussi des règles particulières pour les testamens 120. faits dans un lieu avec lequel toute communication est interceptée à cause d'une maladie contagieuse.

Et pour les testamens faits sur mer dans le cours d'un voyage.

Enfin la prévoyance de la loi s'étend sur les Français 121. qui se trouve en pays étranger. Ils pourront faire testament, ou dans la forme olographe, ou par acte authentique, avec les formes usitées dans le lieu où le testament se fera.

Après avoir fixé les formes des testamens, le projet s'occupe des divers espèces de dispositions testamentaires et de leurs effets.

De la qualification et des effets des diverses dispositions
testamentaires.

122. Dans les pays de droit écrit, on connaît les institutions
d'héritier et les legs particuliers.

Dans les pays coutumiers, on ne connaît que les legs
universels ou particuliers.

Le projet de loi n'entend proscrire aucune dénomination.

Il sera permis d'employer indistinctement les termes d'institution d'héritier ou de legs.

On pourrait même n'employer ni les uns ni les autres.
On n'aura plus à s'occuper de cette ancienne maxime des
pays de droit écrit : *Institutio hæredis est caput et funda-*
mentum totius testamenti.

Il suffira que le testateur ait explicitement fait connaître
ce que devra recueillir l'individu en faveur duquel il disposait ; c'est la nature de la disposition qu'il s'agit de connaître, de définir et d'apprécier.

Or les dispositions testamentaires ne peuvent être que
de trois sortes.

Ou elles sont universelles, c'est-à-dire qu'elles comprennent toute la succession.

Ou elles sont à titre universel, c'est-à-dire qu'elles comprennent une quote de la succession, par exemple : le tiers,
la moitié, ou bien une espèce de biens, tous les immeubles, le tiers des effets mobiliers.

Ou enfin la disposition testamentaire ne porte que sur
un objet particulier.

La loi veut en effet qu'un homme puisse, par son testament, disposer, ou de tout son bien, ou d'une partie
de son bien, ou seulement d'une chose certaine. Il importe peu à la loi que l'homme dise qu'il nomme tel héritier, ou qu'il dise qu'il le nomme légataire universel.

Il importe peu à la loi que le testateur qui ne veut disposer en faveur d'un individu que du tiers de sa succession, ou du tiers d'une espèce de ses biens immeubles ou
mobiliers, dise qu'il le fait héritier, ou qu'il l'institue dans
le tiers, ou bien qu'il dise qu'il lui donne et lègue le tiers.

Enfin il importe peu à la loi que le testateur dise ou
qu'il fait tel héritier dans une chose particulière, ou qu'il
lui lègue une chose particulière.

La loi ne s'attachera avec raison qu'à l'idée du testateur, la nature de la disposition.

Le seul sacrifice que les pays de droit écrit aient à faire dans cette occasion, c'est celui de l'ancienne règle : *Nemo pro parte testatus et pro parte intestatus decedere potest.*

Autrefois, en effet, si un testament ne contenait qu'une institution d'héritier dans une chose particulière, cet institué prenait l'entière succession, malgré la limitation, à cause de la règle que nul ne peut décéder partie *testat* et partie *intestat.*

Il ne faut voir que la volonté expresse de l'homme.

Et, comme dans l'acception ordinaire, le mot *héritier*, soit qu'il se trouve seul, soit qu'il se trouve accompagné de ces expressions, *général* et *universel*, ou simplement *général*, ou simplement *universel*, désigne celui qui doit succéder à tous les biens ; il sera assimilé au légataire universel qui, dans l'acception ordinaire, est aussi appelé à recueillir tous les biens disponibles.

Le légataire universel sera assimilé à l'héritier. Ainsi, l'institution d'héritier vaudra autant que le legs universel, et le legs universel autant que le legs particulier. La même règle de correspondance et d'analogie est établie pour les dispositions à titre universel et particulier.

Cependant il fallait bien se dispenser de répéter sans cesse toutes ces diverses dénominations.

Il devrait suffire de déclarer en principe qu'il n'y aurait aucune différence entr'elles ; et personne ne peut s'étonner si, dans la suite des articles, on n'emploie le plus fréquemment que la dénomination *legs universel*, lorsqu'il s'agit de dispositions universelles, la dénomination *legs à titre universel*, lorsqu'il s'agit d'une disposition, d'une quote de biens ou d'une espèce de biens, et enfin la dénomination *legs particulier*, lorsqu'il ne s'agit que de la disposition d'une chose déterminée.

Il a paru à votre section de législation que les précautions du projet préviendraient toutes espèces de difficultés qui auraient pu résulter des anciens usages.

Saisine et délivrance.

Les droits dérivant du testament passent directement du 123.

testateur à l'individu en faveur de qui la disposition est faite.

Mais autre chose est la *propriété*, autre chose est la *saisine.*

En pays de droit écrit, on distinguait les héritiers et les légataires.

Par rapport aux héritiers, on suivait la règle *le mort saisit le vif.* Un héritier étranger n'était pas obligé de demander la délivrance à l'héritier présomptif.

Le légataire seul était obligé de demander la délivrance.

En pays coutumier, la règle, *le mort saisit le vif*, n'avait jamais lieu que pour les héritiers présomptifs ; c'était toujours à eux que les légataires universels devaient la délivrance.

Il était assez difficile de concilier ce point particulier, lorsque d'une part on reconnait en principe qu'un homme peut par testament disposer de l'universalité de son bien, et que néanmoins la loi établit des réserves.

Le projet nous a paru avoir saisi un juste milieu.

S'il s'agit d'un legs particulier, il est sans difficulté que le légataire demande la délivrance à celui de qui il doit recevoir le legs.

S'il s'agit d'un legs à titre universel, comme ce legs ne porte que sur une portion de la succession, le légataire doit s'adresser ou à ceux auxquels une quotité des biens est réservée par la loi, ou, à leur défaut, au légataire universel, ou enfin aux héritiers appelés dans l'ordre établi au titre des successions.

En matière de legs universel, ou il y a des héritiers en ligne directe, ou il n'y en a pas.

S'il y a des héritiers en ligne directe, il est bien naturel que le légataire universel leur demande la délivrance.

La saisine doit appartenir à ceux au profit desquels la loi établit une réserve.

124. S'il n'y a pas d'héritiers en ligne directe, alors le légataire universel n'est pas tenu de demander la délivrance aux collatéraux.

Toutefois, même dans ce cas, il n'était pas possible d'autoriser indistinctement tout individu qui se prétendrait légataire universel à s'emparer de la succession, sans qu'il fût préalablement pris aucune précaution pour rassurer la société, et pour garantir les droits des absens intéressés.

Il

Il faudra donc distinguer les diverses espèces de testamens.

Un légataire universel qui a pour lui un testament par acte public, n'est obligé à aucune précaution judiciaire. La forme authentique de l'acte doit en assurer l'exécution la plus prompte.

Mais s'il s'agit d'un testament ou olographe ou mystique, le légataire universel doit demander l'envoi en possession au président du tribunal, qui l'ordonne sur simple requête.

Ce recours au président se trouve lié avec la mission qui lui sera confiée par la loi de procéder à l'ouverture du testament mystique et au procès-verbal descriptif du testament olographe, avant qu'ils soient remis à un notaire choisi pour le dépôt.

La sagesse de ces dispositions se fait sentir d'elle-même.

Contribution aux dettes et charges.

Quant aux obligations des légataires, le légataire universel qui prend seul l'entière succession, sera tenu de toutes les dettes et charges. | 125.

En concours avec un héritier auquel la loi réserve une quotité des biens, il sera tenu personnellement des dettes et charges pour sa part et portion.

Le légataire à titre universel sera aussi tenu personnellement pour sa part et portion.

Le légataire particulier n'est tenu que des dettes dont il serait spécialement chargé.

Tous les légataires soit universels, soit à titre universel, ou particulier, ainsi que les héritiers pour lesquels la loi a fait une réserve, sont tenus hypothécairement pour le tout sur les immeubles qu'ils ont reçus du défunt.

Dans aucuns cas, l'héritier qui prend la réserve n'est tenu de payer les legs.

Le projet contient plusieurs règles sur les legs particuliers.

Toutes sont destinées à prévenir une foule de difficultés qui s'élevaient autrefois dans cette matière.

Enfin, chaque légataire pourra faire usage du testament, quoiqu'il n'ait fait enregistrer que son legs. On ne verra | 126.

plus un ancien serviteur qui, aura reçu un legs d'alimens languir dans la misère, par l'impossibilité de fournir aux frais de l'enregistrement du testament entier.

Des exécuteurs testamentaires.

127. Le projet règle tout ce qui est relatif aux exécuteurs testamentaires, dans le cas où un testateur voudrait user du droit d'en nommer, car c'est une chose de faculté. La saisine, qui ne peut porter que sur le mobilier, ne sera jamais de droit. Le testateur ne pourra l'étendre au-delà d'une année. Apposition des scellés, inventaire, vente du mobilier pour acquitter les legs, responsabilité, reddition de compte, tout est prévu.

Révocation et caducité des dispositions testamentaires.

128. Les dispositions testamentaires peuvent être révoquées ou devenir caduques.

Nous disons les *dispositions*, car un testament peut n'être révoqué qu'en partie. Deux testamens peuvent concourir en tout ce qu'ils n'ont pas de contraire.

Ce n'est que le point sur lequel il y a changement de volonté qui se trouve anéanti.

Pareillement une disposition peut être caduque, fût-ce l'institution, ou le legs universel; et le surplus du testament devrait être exécuté.

129. Révocation..... Elle peut avoir lieu, 1°. par un testament postérieur, pourvu qu'il soit revêtu de toutes les formes prescrites; et que considéré en lui-même, il ait pu recevoir son exécution. L'incapacité de l'héritier ou son refus de recueillir seraient indifférens quant à l'effet de la révocation.

2°. Par un acte devant notaires portant déclaration expresse du changement de volonté.

3°. Par la volonté tacite du testateur. La loi propose un cas important..... si le testateur a vendu tout ou partie de la chose léguée, même avec faculté de rachat ou par échange, et quoique l'aliénation soit nulle et que l'objet soit rentré dans ses mains. Il ne sera plus permis de distinguer si l'aliénation avait été volontaire ou nécessaire.

La caducité arrive 1.° par le prédécès de celui en faveur 130. de qui la disposition est faite.

2°. Si la chose a péri pendant la vie du testateur, même depuis sa mort, si c'est sans le fait et la faute de l'héritier.

3°. Par l'incapacité du légataire.

4°. Par la répudiation qu'il fait du legs.

5°. Par le défaut d'accomplissement de la condition.

Il faut pourtant dans ce dernier cas distinguer au sujet de la transmission.

Si c'est une condition dépendante d'un événement incertain et tel que, dans l'intention du testateur, la disposition ne doive être exécutée qu'autant que l'événement arrivera ou n'arrivera pas, la disposition sera caduque si le légataire décède avant l'accomplissement de la condition; il ne transmettra rien, puisqu'il n'aura rien acquis.

Si, au contraire, la condition ne faisait que suspendre l'exécution de la disposition, le légataire transmettrait à ses héritiers un droit qui aurait réellement reposé sur sa tête.

La matière de la caducité conduit naturellement au droit d'accroissement.

Droit d'accroissement.

Toute l'ancienne théorie du droit d'accroissement se 131. trouve très-clairement réduite dans deux articles.

Inexécution des conditions apposées aux dispositions testamentaires.

Nous avons vu dans la partie des donations qu'elles pouvaient être révoquées pour cause de l'inexécution des 132. conditions.

Il était juste que ce principe fût appliqué aux dispositions testamentaires.

Les volontés des défunts doivent être religieusement exécutées par ceux au profit de qui ils ont fait des dispositions.

Si donc un légataire à qui il a été imposé des conditions, trahit la foi qui le lie au défunt, il doit être permis aux héritiers présomptifs de demander que sa disposition soit révoquée, et que l'objet compris dans la disposition tourne à leur profit, à la charge par eux de remplir l'intention du défunt.

Toutefois ce sera aux tribunaux à décider quelles seront les clauses qui doivent produire cet effet, et si la révocation doit être à l'instant accordée ou si les circonstances ne doivent pas faire admettre le légataire à purger la demeure.

Ingratitude du légataire.

133.   Il est bien juste aussi que les légataires soient punis de leur ingratitude.

Si donc le légataire avait attenté à la vie du défunt, s'il s'était rendu coupable envers lui de sévices, délits ou ou injures graves, la demande en révocation sera admise.

Elle le sera également, si le légataire a commis une injure grave envers la mémoire du testateur.

———————

Ici se borne l'exposé des règles générales et communes sur les dispositions des biens à titre gratuit.

Mais ces règles générales ne pouvaient suffire.

Il est des circonstances où il faut que la loi se montre plus facile et plus indulgente.

Cela tient à la diversité des positions où l'homme se trouve, à la diversité des rapports qui existent entre les individus, au degré de faveur que leur position mérite.

Charge de rendre aux petits-enfans.

134.   Examinons d'abord la partie de la loi qui est destinée à donner une nouvelle force à la puissance paternelle.

La loi établit une réserve au profit des enfans, et le surplus des biens du père est libre dans ses mains.

La réserve ne peut être grevée d'aucune charge.

Si le père a disposé en faveur de son fils, et qu'il lui ait imposé des charges et conditions, le fils peut, en optant pour la réserve légale, se soustraire à toutes ces charges et conditions.

Mais aussi le père peut disposer de la quotité disponible en faveur de qui il lui plait, même d'un étranger. Tel est le pouvoir que donne la loi.

Mais son vœu, conforme a la nature, est que la substance du père ne passe pas à des étrangers.

Le vœu de la loi comme celui de la nature est que les biens qu'un fils a reçus de son père, lui servent aussi pour continuer la famille.

Ne peut-il pas arriver cependant qu'un père ait de justes craintes que son fils ne dissipe les biens qu'il va lui transmettre ? Ne peut-il pas arriver qu'un père ait, ou de légitimes motifs de mécontentement ?

La nouvelle législation n'a pas cru devoir laisser subsister l'exhérédation; la peine est détruite : fasse le ciel que l'idée de toute impiété envers la nature ne se manifeste jamais !

Mais enfin soit que le père ait lieu de soupçonner l'administration de son fils, soit que par un excès de prudence, ou par le désir bien naturel à un ascendant de songer à ses rejetons, il veuille faire servir son droit de disposer d'une quotité, ou à venger son autorité, ou à assurer l'existence de ses petits-enfans, pourquoi la loi ne protégerait-elle pas une aussi sainte destination ?

C'est aussi ce que veut le projet en faveur des petits-enfans nés et à naître.

Eh ! qu'on ne craigne pas de voir revivre les anciennes substitutions.

L'ascendant, qui au reste ne sera jamais que le père ou la mère (la disposition ne serait jamais permise à l'aïeul), l'ascendant ne pourra étendre sa prévoyance au-delà des enfans de son fils, et la disposition ne pourra jamais tourner qu'au profit de tous les enfans du donataire indistinctement. **135.**

Cette disposition est le complément des admirables précautions du Code, concernant la puissance des pères et des mères.

Charge de rendre aux neveux et aux nièces.

Il était bien juste aussi d'adapter le même principe aux dispositions en faveur des enfans des frères et des sœurs. **136.**

La loi n'établit pas de réserve pour les frères et sœurs.

a 3.

Mais son vœu serait également trompé, si les familles étaient dépouillées sans motif légitime.

Il arrivera fréquemment qu'un frère sera l'objet de la libéralité de son frère.

Il arrivera fréquemment aussi qu'un frère voudra disposer au profit de ses neveux, quoiqu'il conserve beaucoup d'affection pour leur père.

Ce dernier cas peut se rencontrer lorsqu'il est à craindre que le père des neveux ne soit un dissipateur.

S'il était vrai que ce fût par une sorte d'orgueil que le donateur voulût grever son frère ou sa sœur de restitution en faveur de ses neveux, pour que les uns et les autres tinssent tout de sa libéralité, pourquoi la loi ne ferait-elle pas tourner ce sentiment au profit de la famille ? Les meilleures lois sont celles qui dirigent les passions des hommes vers un objet utile à la société.

Aussi votre Section s'est empressée d'adopter l'article du projet qui autorise la disposition d'un frère ou d'une sœur au profit de son frère, avec la charge de restituer les biens aux enfans nés et à naître.

137. Il était indispensable de prendre des précautions pour la conservation des droits des appelés, et pour que les droits des tiers ne fussent jamais blessés.

Par rapport aux appelés, il y aura toujours un tuteur chargé de veiller à l'exécution de la disposition, même lorsque les appelés seront majeurs.

Précaution sage ! les appelés étant toujours les enfans du grévé, il ne convenait pas de les laisser en présence de leur père, avec lequel ils seront nécessairement d'intérêts opposés.

138. Plus la mission du tuteur était importante, et plus il était indispensable de pourvoir à ce qu'il fût promptement en activité.

Si le grévé ne provoquait pas lui-même la nomination dans les délais d'un mois il serait déchu du bénéfice de la disposition. Il en serait déchu non-seulement sur la demande des appelés, mais encore à la diligence de tout parent des appelés, ou même d'office, à la diligence du commissaire du Gouvernement.

139. Pour ce qui est des tiers, comme cette charge de rendre sera exhorbitante du droit commun, il ne serait pas juste

qu'elle pût être opposée à ceux qui n'en auraient pu être avertis.

Un seul moyen pouvait s'offrir.... pour les immeubles.... c'est la transcription de la disposition au bureau des hypothèques. Pour les sommes colloquées.... l'inscription sur les biens affectés au privilége. Le défaut de transcription ne pourra jamais être suppléé, sauf le recours contre le grévé et contre le tuteur.

Cette espèce de disposition donne à la propriété transmise un caractère tout particulier.

Comme la disposition est faite en faveur des enfans du donataire ou du légataire, nés et à naître, il est bien évident que si le grévé décède sans laisser d'enfans, cette propriété se trouve libre dans sa succession.

Ce n'est en effet qu'à la mort du grévé que les appelés peuvent avoir un droit acquis.

Néanmoins le droit des appelés pourrait être ouvert même avant la mort naturelle du grévé.

La mort civile du grévé produirait cet effet.

Il en serait de même si le grévé anticipait l'époque de la restitution par un abandon volontaire.

Mais, dans ce cas, deux choses importantes à remarquer :

1°. La restitution anticipée en faveur d'un enfant ne pourrait nuire aux autres enfans qui surviendraient postérieurement.

2°. Elle ne pourrait nuire non plus aux créanciers du grévé antérieurs à l'abandon.

Partage fait par l'ascendant.

Les pères et mères auront encore un autre moyen d'établir l'ordre dans la famille.

Ils pourront distribuer leurs biens entre leurs enfans par acte entre-vifs ou testamentaire, en suivant toutefois les mêmes formalités, conditions et règles que celles qui sont prescrites pour les donations entre-vifs et les testamens.

Cette partie de la loi sera aussi un grand bienfait. Seule, elle justifierait le droit accordé au père de disposer d'une quotité.

140.

141. A quoi se réduirait toute la prévoyance du père de famille, si un enfant pouvait réclamer contre un partage, sous prétexte de la moindre inégalité ?

Pour que le partage soit régulier, il faut qu'il ait été fait entre tous les enfans qui existeront à l'époque du décès et les descendans de ceux qui seraient prédécédés, autrement le partage serait radicalement nul pour le tout.

142. Les partages faits par acte entre-vifs ne pourront avoir pour objet que tout les biens présens. Mais si tous les biens que l'ascendant laissera au jour de son décès, n'ont pas été compris dans le partage, ce ne serait pas un motif suffisant pour le détruire ; seulement on partagerait le surplus conformément à la loi.

La partage fait par testament pourrait être révoqué.

Et le partage fait par donation entre-vifs serait irrévocable.

La loi le dit expressément, par cela seul qu'elle veut que les partages ne puissent être faits qu'avec les mêmes formalités, conditions et règles prescrites pour les donations entre-vifs et les testamens.

La loi présume toujours bien du jugement du père de famille.

143. Néanmoins si une erreur était échappée à l'ascendant ou si une injustice lui avait été arrachée, le partage pourrait être attaqué pour cause de lésion.

On ne peut prévoir que deux cas.

Ou le père s'est borné à un partage pour tout ce qu'il a laissé à ses enfans, ou, indépendamment du partage, il a fait des dispositions par préciput en faveur d'un de ses enfans.

Si le père n'a fait d'autre disposition que le partage, l'acte ne pourra être attaqué que pour cause de lésion de plus du quart.

Si donc l'enfant avait reçu, par le partage, une valeur de 1500 francs, pour qu'il fît prononcer la rescision, il devrait résulter de la liquidation qu'en supposant le partage égal, ce même enfant devrait recevoir plus de 2000 francs. Cette proportion du quart ne pouvait être plus sagement combinée, puisque, dans tous les cas, le père peut disposer du quart de ses biens et qu'ainsi il est impossible qu'un enfant ait un juste sujet de se plaindre, lorsque la différence de son lot n'excède pas le quart.

Le second cas est celui dans lequel un père opère le partage après avoir disposé de tout ou de partie de la portion disponible, et la loi veut alors que, quoiqu'il n'y ait pas une lésion du quart dans le partage, il y ait lieu à l'attaquer, si, en cumulant la disposition et l'excédant de la portion que chacun aurait dû avoir si les parts avaient été égales, le père a été au-delà de son droit de disposer.

L'objet de cette combinaison est de prévenir les avantages excessifs qui pourraient avoir lieu par la réunion de la quotité disponible à un excédant de partage dans les autres biens.

Par exemple, un père a 60,000 francs de biens et deux enfans. Il donne à l'un d'eux 20,000 francs formant le tiers disponible; ensuite, en partageant les 40,000 fr., il donne à l'un 24,000 francs et à l'autre 16,000 francs : l'excédant du partage n'étant que de 4,000, il n'y a pas lésion du quart respectivement au partage seul; et si cette lésion était nécessaire, l'un des enfans aurait 44,000 fr., tandis que l'autre n'en aurait que 16,000 ; au lieu que, suivant la loi, celui-ci ne peut en avoir moins de 20.

L'objet de la loi est de ne conserver au père qu'un seul moyen d'avantager un de ses enfans au préjudice de l'autre.

S'il se borne à un partage, il peut faire cet avantage en donnant à l'un une portion plus forte, pourvu que l'autre ne soit pas lésé de plus d'un quart. Fait-il en même temps un don et un partage dans lequel il y ait une portion plus forte? Si l'excédant de cette portion et le don surpassent la quotité disponible, le partage peut être attaqué, quoique l'autre enfant soit lésé de moins du quart dans le partage. Autrement un père pourrait favoriser un de ses enfans de deux manières : 1°. en donnant la quotité disponible, 2°. en faisant un partage inégal avec la précaution de ne pas excéder le quart, et c'est ce que la loi ne permet pas.

Voilà tout ce que la loi a cru devoir établir de spécial pour les dispositions entr'enfans et descendans, au moins hors contrat de mariage.

Le projet ne parle pas des démissions de biens : elles ne seront donc plus autorisées.

Il nous reste à parler des donations qui ont trait au mariage.

Donations en faveur de mariage.

144. Une règle de tous les tems, et que la nature des choses justifie assez, c'est que les contrats de mariage sont susceptibles de toutes les clauses et conditions qui ne sont pas contraires aux bonnes mœurs.

Les règles mêmes les plus sévères que la loi à cru devoir établir sur l'irrévocabilité des donations, doivent fléchir en faveur du mariage : la loi ne voit que la nécessité de l'encourager.

Aussi la donation par contrat de mariage, peut comprendre les biens à venir ; seulement la loi exige un état des dettes et charges existantes au jour de la donation. Au moyen de cette état, le donataire pourra opter pour les biens présens. A défaut de cet état, le donataire seroit obligé d'accepter ou de répudier la donation pour le tout ; il ne pourrait réclamer que les biens existans au décès du donateur, quoiqu'il restât soumis au paiement de toutes les dettes et charges de la succession.

145. La donation par contrat de mariage peut encore être faite à condition de payer indistinctement toutes les dettes et charges de la succession du donateur, ou sous d'autres conditions dont l'exécution dépendrait de sa volonté.

La réserve faite par le donateur appartiendrait au donataire, si le donateur n'en disposait pas, quoique le contrat ne portât aucune stipulation à cet égard.

146. Enfin, les donations par contrat de mariage ne peuvent être attaquées sous prétexte de défaut d'acceptation explicite.

147. Les institutions contractuelles continueront d'être autorisées en faveur du mariage.

La loi précise avec soin la nature et les effets de cette sorte de disposition.

Il faut distinguer le titre et l'émolument.

Le titre est irrévocable ; l'auteur de la disposition ne

pour ne plus disposer à *titre gratuit*, si ce n'est pour sommes modiques à titre de récompense ou autrement. Mais, quant à l'émolument, il ne pourra être véritablement connu qu'au décès, puisque jusqu'alors l'auteur de la disposition conserve le droit d'aliéner à *titre onéreux*.

Tout cela n'a lieu qu'en faveur du mariage. Ce n'est donc pas l'insertion d'une donation dans un contrat de mariage qui donnerait tous ces privilèges à la donation ; car si elle était faite à un autre qu'à un époux, elle ne serait régie que par le droit commun.

C'est aussi d'après ces mêmes motifs que la donation faite 148. en faveur du mariage sera caduque, si le mariage ne s'en-suit pas.

La loi ne distingue pas ; elle parle de toute donation : ainsi on ne pourra plus dire, comme autrefois, que les donations en directe ont toujours leur effet, quoique le mariage ne s'ensuive pas.

Donations entr'époux, soit avant le mariage, soit pendant le mariage.

Quant aux époux entr'eux, toutes les donations que les 149. époux se font par contrat de mariage, sont irrévocables.

Les donations faites pendant le mariage, quoique quali-fiées entre-vifs, seront toujours révocables.

Irrévocabilité des donations par contrat de mariage. . . le mariage n'aurait pas eu lieu sans la donation.

Révocabilité des donations faites pendant le mariage..... pour qu'un époux qui aurait tout donné, ne soit pas ex-posé au mépris et à l'abandon, pour ne pas introduire entre les époux, qui se doivent toute leur affection, des vues d'in-térêt et de séduction.

C'est ce dernier motif qui a fait décider aussi que les 150. époux ne pourraient, pendant le mariage, se faire aucune donation réciproque par un seul et même acte.

Quant à l'émolument des dispositions entr'époux, soit 151. par donation, soit par testament, il faut distinguer : s'il reste des enfans du mariage, l'époux survivant ne peut avoir qu'un quart en propriété et un autre quart en usufruit, ou la moitié de tous les biens en usufruit seulement ; si la disposition avait excédé ces bornes, elle serait réduite proportionnellement.

Il était utile de permettre que, même en cas d'enfans, l'époux survivant pût avoir une partie en propriété, soit pour s'en aider dans ses besoins personnels, soit pour donner de l'appui au respect qui lui est dû par ses enfans.

S'il n'y avait pas d'enfans, l'époux survivant pourrait recevoir en propriété tout ce que le prédécédé aurait pu donner à un étranger. Il aurait en outre l'usufruit de la réserve, qui serait due aux ascendans.

152. Paraîtrait-il trop rigoureux de priver les ascendans de l'usufruit de la réserve ?

C'est en quelque sorte ne laisser la réserve que pour leurs héritiers. Mais c'est la faveur du mariage.

Pourquoi la mort d'un des époux changerait-elle la position de l'autre, sur-tout pour des droits qui ne sont ouverts que par l'interversion de la nature ?

Une fois que le sort de la donation est fixé, la loi ne s'en occupe plus. C'est assez dire que le second mariage de l'époux donataire ne peut rien changer à ses droits.

Ce n'est pas que la loi ait négligé de parler des secondes noces, mais c'est sous un autre rapport.

L'expérience de tous les tems a prouvé combien la loi devait veiller à ce qu'un second époux ne pût trop préjudicier à des enfans dont l'origine ne laissait trop souvent que des souvenirs importuns.

Voilà pourquoi la loi ne permet pas à l'époux remarié de donner à son nouvel époux plus que la part d'un enfant légitime le moins prenant, c'est-à-dire, de celui qui, d'après les bases de la réserve légale, recueille la moindre portion. Et comme il pourrait arriver que la part d'un enfant légitime le moins prenant fût de plus du quart, la loi ne permet pas que ces donations puissent jamais excéder cette quotité qui est le dernier terme de la disponibilité en directe.

153. La simulation des actes et l'interposition des personnes seraient de vains subterfuges.

« Seront réputées faites à personnes interposées, les donations de l'un des époux aux enfans ou à l'un des enfans de l'autre époux issu d'un autre mariage, et les donations faites par le donateur aux parens dont l'autre époux serait héritier présomptif au jour de la donation, encore que ce dernier n'ait point survécu au donataire.

Seront réputées. . . . Dans ce cas, la donation sera nulle par l'effet de la présomption légale seule, sans que néanmoins les autres preuves de l'interposition soient exclues à l'égard de ceux qui ne sont pas nominativement désignés.

Ici se termine l'analyse du projet.

Vous le savez, citoyens Tribuns, aucune partie du code civil n'était plus desirée, plus impatiemment attendue ; aucune ne sera plus promptement l'objet des méditations des citoyens.

Mais, pour suivre une route sûre dans l'application de la loi, qu'ils se pénètrent bien de cette vérité, que dans la matière des dispositions à titre gratuit, tout est du droit positif, parce que tout est émanation et concession du droit civil, et qu'ainsi il n'y a de permis que ce qui est expressément autorisé.

Comme cette nouvelle législation s'élèvera au-dessus du système actuel,

Vous avez vu combien les points fondamentaux de cette nouvelle théorie tendent à honorer la société.

N'est-ce pas le respect des enfans pour les auteurs de leurs jours qui est une des bases les plus importantes de la morale publique ?

Ce sera la loi *des donations et des testamens* qui aura créé la véritable sanction de la puissance paternelle.

La morale publique. . . . Ah ! combien elle se trouvera solidement appuyée sur la liberté illimitée qui sera acquise en collatérale.

Vous connaissez quelle est depuis plusieurs années l'inquiétude qui agite les familles. Qui de nous peut ignorer les désordres auxquels tant de citoyens se livraient pour se soustraire à une loi qui asservissait leurs plus douces affections, et que plusieurs croyaient pouvoir éluder sans blesser les règles de la probité et de la conscience ?

A l'avenir les déguisemens n'auraient aucune cause, puisque l'amitié et la reconnaissance pourront être le guide unique des hommes dans la disposition de leurs biens.

C'est aussi dans les règles que la loi trace que nous devons reconnaître le bien immense qu'elle prépare.

En un mot, votre section de législation a pensé que le projet du titre *des donations entre-vifs et des testamens* était digne d'entrer dans le Code civil, de faire partie de ce grand monument que le génie et la sagesse élèvent à la gloire et au bonheur de notre patrie.

DISCOURS

PRONONCÉ au Corps législatif, par FAVARD, *l'un des orateurs du Tribunat, sur le titre du Code civil :* Des Donations entre-vifs et des Testamens.

Séance du 29 Floral an 11.

CITOYENS LÉGISLATEURS,

Nous venons vous apporter le vœu du Tribunat en faveur du projet de loi formant le titre 2 du livre 3 du Code civil, relatif *aux Donations entre-vifs et aux Testamens.*

Le pouvoir qui flatte le plus l'homme dans ses derniers momens, et même dans le cours de sa vie, est celui de disposer de ses biens au gré de ses affections. C'est un besoin pour son cœur ; c'est un droit inhérent à la propriété.

La loi qui règle l'usage des propriétés ne peut pas, sans une rigueur que la nature désavoue, ravir totalement ce

droit au citoyen, mais elle ne peut pas, sans une indis-
crétion impolitique, lui laisser une liberté indéfinie.

En voulant corriger les vices de notre ancienne législation à cet égard, on tomba dans des erreurs graves dont
on a senti les conséquences. On avait trop enchaîné la volonté de l'homme ; on l'avait soumis à des combinaisons
trop mesquines.

Le projet de loi que je viens vous présenter, a été ré-
digé dans les vrais principes ; également éloigné d'une rigueur excessive et d'une liberté sans bornes, il concilie
tous les intérêts, ceux de la société, ceux des familles,
ceux enfin de l'amitié et de la reconnaissance.

Vous présenterai-je, citoyens Législateurs, toutes les considérations morales, civiles et politiques, qui ont déterminé
les dispositions de ce projet de loi? Déjà l'orateur du Gouvernement et le rapporteur du Tribunat ont moissonné
ce champ fertile. Après eux, réduit à glaner, et voulant
pourtant remplir une tâche dont je sens toute l'importance,
j'ai cru que je ne resterais pas au-dessous de ma mission,
si je me bornais à une simple analyse de la loi qui en
présentât l'esprit. C'est, à mon avis, un moyen sûr d'é-
clairer du plus grand jour les raisons qui doivent fixer
votre opinion.

D'abord le projet présente des dispositions générales.

On ne pourra disposer de ses biens à titre gratuit que
par donation entre-vifs ou par testament. **154.**

Les substitutions sont prohibées. **155.**

Mais confondra-t-on sous le nom de substitution : 1°.
les dispositions par lesquelles un tiers serait appelé à recueillir le don dans le cas où le donataire ne les recueillerait pas ; 2°. la disposition par laquelle l'usufruit serait
donné à l'un et la nue propriété à l'autre?

Il y a dans ces deux cas une espèce de substitution ;
mais, dans le premier, le donataire ne recueillant pas,
ne peut pas être considéré comme donataire.

Dans le second, la disposition faite à l'un étant bornée
à l'usufruit, le donateur a pu disposer de la nue propriété. C'est un bienfait qu'il partage entre deux personnes.

Aussi le projet de loi ne considère-t il pas ces dispositions comme des substitutions ; il les permet.

156. Il règle ensuite la capacité de disposer et de recevoir ; il prend l'homme dans ses différens âges, dans ses différens états et dans ses différentes affections.

Il le guide et le sauve de ses erreurs ou de ses faiblesses. Mineur, avant seize ans, hors les cas de mariage, il ne pourra disposer de rien.

A seize ans, il pourra donner la moitié des biens dont le majeur peut disposer ; mais il ne pourra le faire que par testament ; précaution infiniment sage qui lui épargne des regrets en ne lui permettant pas de se lier irrévocablement.

157. Mineur ou majeur, il ne pourra, sauf les cas de parenté, faire que des legs rémunératoires aux docteurs en médecine ou en chirurgie, officiers de santé ou pharmaciens qui l'ont traité et au ministre du culte qui l'a assisté dans sa dernière maladie.

158. Dans aucun état de sa vie, ses dispositions au profit des hospices, des pauvres d'une commune ou d'établissement d'utilité publique n'auront leur effet qu'autant qu'elles seront autorisées par un arrêté du gouvernement.

159. Enfin la politique exigeant entre les peuples une réciprocité parfaite, le projet ne permet de disposer au profit d'un étranger que dans le cas où un étranger pourrait disposer au profit d'un Français.

160. Mais quelle sera la portion de biens disponible ?

Le projet fixe d'abord la quotité de biens dont un père peut disposer. Il semble que la loi pourrait s'en rapporter aux pères dans la disposition de leurs biens. Il est affligeant de penser qu'il soit nécessaire que la loi s'interpose entr'eux et leurs enfans, et paraisse vouloir être plus sage que la nature.

Mais quand les mœurs n'ont plus leur pureté primitive ; quand plusieurs exemples ont attesté que les pères ne sont pas toujours à l'abri des erreurs et des préférences injustes ; quand des exemples plus nombreux ont prouvé l'inconduite et l'ingratitude des enfans, il a bien fallu que la volonté générale mit des bornes à la partialité des uns, et un frein aux écarts des autres. Il a fallu aussi par d'autres motifs permettre aux pères de récompenser des amis, de s'acquitter envers des bienfaiteurs. Heureux, quand cette

volonté

volonté concilie les intérêts de la société et le vœu de la nature!

La loi atteint ce but; elle distingue la ligne directe de la ligne collatérale.

Dans la première, elle borne la liberté de l'homme.

Dans la seconde, elle la laisse entière.

Si le père n'a qu'un enfant, il peut disposer de la moitié de ses biens.

S'il en a deux, il ne peut disposer que du tiers.

S'il en laisse trois ou un plus grand nombre, il ne peut disposer que du quart.

Si le défunt ne laisse point d'enfans, mais des ascendans des deux lignes paternelle et maternelle, il ne pourra disposer que de moitié de ses biens; il pourra disposer des trois quarts; s'il ne laisse des ascendans que d'une seule ligne.

La liberté indéfinie de disposer dans la ligne collatérale, a éprouvé des difficultés. Ceux qui y résistaient, considéraient les frères comme héritiers naturels d'une portion des biens de leurs frères.

Sans doute les liens qui unissent deux êtres issus du même père, qui ont été élevés ensemble, qui ont été appelés à partager les biens provenans de la même souche, doivent faire naître des affections douces et durables; mais tout cela n'acquiert pas un droit irrévocable. Les frères hériteront de leurs frères, en vertu de la loi, s'il n'y a pas de disposition contraire; et s'il y a des dispositions contraires, c'est parce que des affections plus douces, plus puissantes, l'ont emporté sur l'attachement que le frère avait su inspirer à son frère.

Il peut se rencontrer des frères injustes, ou égarés par des passions orageuses. Mais le législateur peut-il prévenir tous les abus? Le frère injuste, le frère égaré n'aurait-il pas toujours des moyens d'éluder la loi qui gênerait sa liberté?

Que le père soit forcé de laisser une portion de biens à ses enfans, c'est un devoir que la nature lui impose avant la loi.

Que le fils et le petit-fils soient obligés de laisser aussi à leurs ascendans une portion de leurs biens, c'est encore un devoir que la nature et la reconnaissance leur imposent d'accord avec la loi.

Tome　　　　　　　　　　　　　T

Quand ces premiers rapports n'existent plus, ou que l'homme a satisfait à ce qu'ils lui commandaient, la loi doit-elle l'obliger à laisser encore une portion de ses biens à celui même de ses frères dont il aurait à se plaindre.

Si l'amitié existe, le frère ne sera pas dépouillé par son frère.

Si les bienfaits sont sans force sur son cœur, la loi ne peut pas interposer son autorité: elle le peut, elle le doit quand il s'agit d'un fils à l'égard de son père, ou d'un père à l'égard de son fils, parce que les bonnes mœurs et la nature seraient également outragées, si le fils pouvait être impunément ingrat, et si le père pouvait refuser aux êtres auxquels il a donné le jour, les moyens qu'il peut leur procurer pour vivre avec décence dans la classe où il les a fait naître.

Remarquez en effets, citoyens Législateurs, que la loi a donné au père le droit terrible de punir le fils ingrat, le droit si consolant de récompenser le fils digne de ses bontés. Et pourquoi refuserait-elle au frère le droit de punir le frère dont il a à se plaindre, et celui de récompenser le frère dont il a à se louer, le droit encore de répandre ses bienfaits sur un ami que son cœur peut préférer aux collatéraux les plus proches, lorsqu'il a lieu d'en être mécontent.

Son cœur pourra égarer sa main; cela est vrai : mais pour quelques faits isolés qui affligent l'esprit du législateur, le législateur doit-il sacrifier la généralité des faits? Et ne faut-il pas convenir que les grandes erreurs, les écarts qui contristent les mœurs, sont rares, et que le cours général de la vie n'offre que des faits dont les familles n'ont ni à rougir ni à se plaindre?

Laissons donc la nature à elle-même quand on le peut sans danger, et ne posons à la liberté de l'homme que les bornes dont sa faiblesse a besoin.

L'intérêt brise souvent les liens du sang. Que cet intérêt les renoue, que le frère incapable d'aimer son frère sente dans son cœur égaré qu'il faut au moins que sa haine n'éclate pas ; ses égards commandés par les convenances, deviendront pour lui une habitude, et le mèneront par degré, et pour ainsi dire à son insu, vers l'amitié.

Que celui qui ne sera pas assez heureux pour apprécier un sentiment si doux, pour sentir qu'il doit lui faire des sacrifices; qui sera incapable d'aucune vertu, sente du moins qu'il doit céder à la nécessité, à son propre intérêt.

C'en est assez : car que faut-il à la société? des vertus toujours pures ? C'est une chimère d'y prétendre : il lui suffit de vertus morales inspirées par les rapports, commandées par le besoin, et dont le résultat est toujours la concorde et l'union des membres des familles, vertus qui seules font la force de la société et seules garantissent les mœurs de l'influence des divisions scandaleuses.

Mais la loi doit-elle permettre aux pères de donner à 161. l'un de leurs enfans la portion disponible ? ne s'établit-il pas une inégalité qui répugne à nos principes.

Cette égalité qu'on a cru pouvoir établir, est encore une chimère. Nous sommes bien convaincus aujourd'hui : et nous pouvons convenir de bonne foi qu'il est impossible de la réaliser.

L'inégalité des fortunes est inévitable, et elle est le résultat forcé de la nature de l'homme et de l'établissement des sociétés. Elle existera toujours relativement aux facultés physiques, morales et industrielles, et cette inégalité entraînera nécessairement celle des fortunes. Enfin, citoyens Législateurs, loin de vous cette théorie fallacieuse qui a pu égarer les esprits pendant quelques momens. Fixez plutôt vos regards sur le bien que peut produire la loi qui rend aux pères le pouvoir de récompenser celui de ses enfans qui aura su le mériter, et de faire espérer à tous cette récompense si douce pour celui qui est assez heureux pour en sentir le prix.

L'expérience qui a été faite de la loi du 4 germinal an 8, contre laquelle quelques personnes se sont élevées avec tant de persévérance, mais toujours sans succès, justifie suffisamment le système adopté par le projet.

Qu'on ne répète pas ici que l'intérêt ne doit pas être offert aux enfans comme un motif qui les porte à rendre à leurs pères les soins, les prévenances dont la nature et la reconnaissance leur font un devoir.

Il est très-beau sans doute de penser que la nature et la reconnaissance doivent parler assez puissamment au cœur du fils ; mais l'expérience nous a malheureusement prouvé que cela n'est pas aussi exact : et si l'intérêt peut ajouter un degré de force à ces deux sentimens, pourbuoi le négliger? Le législateur ne doit-il pas mettre en

t 2

action tous les ressorts du cœur humain pour faire naître toutes les vertus? Et quand on en voit l'exercice, faut-il s'inquiéter de la cause? Quant un chef-d'œuvre frappe vos yeux, vous occupez-vous à découvrir les moyens grossiers par lesquels il est parvenu à cette perfection? Laissons à l'homme les défauts qui tiennent à sa nature; le grand art du Législateur est de les faire tourner au bien général de la société.

Le projet de loi y tend, en permettant aux pères de donner la portion disponible à l'un de ses enfans, pourvu que la disposition ait été faite expressément à titre de préciput ou hors part, et pour mettre le cachet de la sagesse à cette disposition bienfaisante, il a dit : « La déclaration que le don ou legs est à titre de préciput ou » hors part pourra être faite, soit par l'acte qui contiendra la disposition, soit postérieurement dans la forme » des dispositions entre-vifs ou testamentaires. »

162.   Le projet s'occupe ensuite de la réduction des donations et des legs. Les dispositions qui excéderont les bornes de la loi seront réductibles; mais cette réduction ne pourra être demandée que par ceux au profit de qui la loi fait la réserve, leurs héritiers, cessionnaires ou créanciers. Les donataires et légataires, ni les créanciers du défunt, ne pourront pas la demander.

On a beaucoup agité la question de savoir si du moins les créanciers du défunt pourraient exercer leurs droits sur les biens recouvrés par cette réduction.

Pour l'affirmative, on disait que les enfans ne pourraient demander la réduction qu'à titre d'héritiers; que dès-lors ils se trouvaient chargés de payer les dettes postérieures à la donation; que d'ailleurs il était juste qu'un fils ne prît rien dans la succession de son père avant d'avoir payé ses dettes.

D'abord ce n'est pas comme héritiers que les enfans demandent le retranchement; cela est si vrai que la portion donnée, qui entamait la réserve légale, était retranchée de la succession. Les enfans la conquièrent sur le donataire; ils la prennent aussi libre qu'elle l'était dans ses mains : or, elle était dans ses mains franche des dettes que le donateur a contractées postérieurement à la donation.

Ensuite la loi peut décider un droit positif, tant qu'il ne nuit pas aux intérêts des tiers. Or, les créanciers qui n'ont pas le droit de demander la réduction ne peuvent pas se plaindre qu'elle tourne au profit de ceux à qui la loi permet de la demander, puisqu'ils ne seraient pas mieux traités quand la réduction ne serait pas demandée. Ils n'ont jamais eu le droit de poursuivre, sur les biens donnés, le paiement de créances postérieures à la donation, car les biens donnés n'y ont jamais été affectés. Ainsi, ne perdant aucun droit par la réduction, ils ne doivent en exercer aucun sur les biens recouvrés par ce moyen.

On est frappé de l'idée qu'un fils ne doit pas jouir de biens qui ont appartenu à son père et être dispensé de payer ses dettes. On a raison, quand il s'agit de biens sur lesquels les créanciers ont dû compter en contractant avec le père, mais le scrupule produit par un sentiment très-libéral n'est pas fondé, lorsqu'il s'agit de biens que les créanciers n'ont jamais pu considérer comme un gage, puisqu'ils n'étaient plus la propriété de leur débiteur.

La manière de procéder à la réduction est conforme 163. aux principes de la plus saine doctrine.

Les donations ne seront réduites qu'après avoir épuisé tous les biens compris dans les dispositions testamentaires.

Si, après avoir épuisé ces biens, la réduction n'est pas complète, on attaquera la dernière donation, et ainsi de suite en remontant à la plus ancienne.

Et lorsque la valeur des donations entre-vifs égalera la quotité disponible, toutes les dispositions testamentaires seront caduques.

Mais, dans le cas des dispositions testamentaires, si le testateur a déclaré qu'il veut que tel legs soit acquitté de préférence aux autres, cette préférence aura lieu et le legs ne sera réduit qu'autant que la valeur des autres ne remplirait pas la réserve légale.

Par là se trouve conservée cette maxime du droit romain, *dicat testator et erit lex :* par là aussi est conservée une maxime aussi sacrée qui veut que le testament ne prévaille pas sur une donation, parce qu'un acte synalagmatique ne peut pas être anéanti par la volonté de l'un des contractans.

164. La donation entre-vifs, pour être valable, devra être acceptée, et la manière dont l'acceptation pourra être faite pour les absens, pour les mineurs, pour les femmes, pour les sourds et muets, pour les hospices et établissemens d'utilité publique est conforme aux lois anciennes.

165. La donation de biens susceptibles d'hypothèques sera transcrite, et le défaut de transcription pourra être opposé par toutes personnes ayant intérêt, excepté toutefois le donateur et les personnes chargées de faire faire la transcription ou leurs ayant cause.

166. La donation est, de sa nature, irrévocable, si elle est conforme aux règles prescrites par la loi.

Mais l'ingratitude, mais la survenance d'enfans, mais l'inexécution des conditions sous lesquelles elle a été faite la rendront révocable.

167. L'ingratitude se manifeste par l'attentat à la vie du donateur, par les délits, sévices ou injures graves dont le donataire se sera rendu coupable envers le donateur, enfin par le refus d'alimens.

168. Les donations en faveur de mariage sont exceptées de la révocation pour cause d'ingratitude et vous en sentez la raison ; elles sont moins une libéralité en faveur du donataire qu'un traité entre deux familles, en considération d'une union qui doit donner le jour à des enfans appelés à la recueillir.

169. Cependant de telles donations seront révocables par la survenance d'un enfant légitime ou la légitimation d'un enfant naturel par mariage subséquent, si elles sont faites par autres personnes que les conjoints ou leurs descendans. Cela doit être ainsi. Les étrangers n'ont pas les mêmes motifs que les ascendans et les époux pour donner; il est naturel de penser qu'ils n'auraient pas donné, s'ils avaient eu des enfans, ou s'ils avaient cru qu'ils en auraient.

Mais la survenance d'enfans doit-elle annuller la donation en entier ? Ne serait-il pas plus convenable de laisser subsister la donation pour la portion dont le donateur peut disposer, quand il a des enfans ? Pourquoi enlever au donataire ce que, dans ce cas, le donateur aurait pu lui donner ? Cette idée paraît assez naturelle ;

mais il faut considérer que disposer d'une partie de ses biens quand on a des enfans n'est pas nécessaire. Ce n'est pas un devoir imposé par la loi, c'est une pure faculté qu'elle donne, et on ne peut pas dire que le donateur en aurait usé s'il avait eu des enfans. Au surplus, la révocation n'empêchera pas le donateur de donner, par un nouvel acte, la portion disponible, s'il en a eu l'intention, malgré la survenance d'enfans.

En vain dit-on que plusieurs exemples ont prouvé que des donateurs, en haine du donataire, ont eu recours au mariage, et même à des mariages disproportionnés, pour avoir un enfant qui ferait révoquer leur libéralité.

Ces exemples ne peuvent pas déterminer le législateur. Le donataire n'est pas sans reproche quand le donateur se porte à le punir.

Il ne s'est peut-être pas montré assez ingrat pour autoriser le donateur à demander la révocation pour cause d'ingratitude, mais il n'a pas été assez reconnaissant pour que le donateur ait eu à s'applaudir de sa générosité.

Le donateur ne peut que gagner à cette disposition de la loi; et certes ne mérite-t-il pas plus d'égards de la part du législateur, que le donataire qui ne sait pas entretenir la durée du sentiment auquel il a dû le bienfait?

Enfin l'intérêt de l'enfant qui est né après la donation, est tout puissant; il doit l'emporter sur toute autre considération.

La révocation une fois opérée, la donation ne peut plus revivre, quand l'enfant décéderait, à moins d'une nouvelle disposition. **170.**

La révocation se fait de plein droit par la survenance d'enfans.

Elle doit être demandée dans deux cas, 1°. pour ingratitude; 2°. pour l'inexécution des conditions. Si elle est demandée pour cause d'ingratitude, elle doit l'être dans l'année du jour où le délit sera parvenu à la connaissance du donateur. **171.**

Ces deux genres de révocation, dont l'une se fait de plein droit, et l'autre doit être demandée, ont dû établir une différence dans la restitution des biens donnés.

Aussi, dans le cas de révocation pour survenance d'enfans, les biens donnés rentreront dans le patrimoine du donateur, libres de toutes charges et hypothèques du chef du donataire.

Il en sera de même dans le cas de révocation pour inexécution des conditions.

A la vérité, les conditions dont une donation peut être gr   e sont infinies. Il en est qui dépendent de la volonté seu e du donataire ; il en est qui dépendent en partie de sa volonté, en partie de la volonté d'un tiers ; il en est qui dépendent d'événemens étrangers au donataire. On a opposé que la révocation ne devrait pas produire le même effet pour l'inexécution de tous les genres de conditions ; que c'est aux tribunaux à peser toutes les circonstances, et dans quels cas de révocation pour cause d'inexécution des conditions, les biens devraient rester grevés des charges qui procèdent du fait du donataire, et dans quels cas ils devraient en être affranchis.

Mais, soit que les conditions dépendent de la volonté seule du donataire, soit qu'elles dépendent aussi de la volonté d'un tiers, soit enfin qu'elles soient subordonnées à des événemens indépendans de sa volonté ou de celle de toute autre, le droit du donateur ou de ses héritiers, et ceux des créanciers du donataire, doivent être les mêmes.

D'une part, le donateur n'a voulu se dépouiller des biens donnés que dans le cas où les conditions qu'il a imposées à sa libéralité seraient exécutées.

De l'autre, le donataire a dû savoir que le défaut d'exécution des conditions entraînerait la révocation de la donation, et que dès-lors il n'a ni dû ni pu valablement grever l'objet de la donation de charges étrangères au donateur avant l'exécution des conditions.

Les créanciers de leur côté n'ont pas dû plus ignorer les conditions de la donation que la donation elle-même.

Si la condition dépend de la volonté seule du donataire, le créancier a suivi la foi du donata e, et il n'a pas à se plaindre, si ce dernier ne remplissant pas la condition, le prive de son droit sur l'objet donné.

Si la condition dépend en partie de la volonté du donataire et en partie de celle d'un tiers, le créancier doit s'imputer à lui seul d'avoir suivi la foi du donataire et celle du tiers. Dans ce cas, comme dans le premier, il n'a pas à se plaindre.

Enfin, si la condition dépend d'événemens étrangers au

donataire , le créancier libre de prêter ou de ne pas prêter , ne peut s'en prendre qu'à lui s'il a eu la foiblesse d'abandonner ses fonds à la foi d'événemens incertains.

Vous sentez , citoyens Législateurs, que dans toutes ces hypothèses la loi est également juste.

Vous sentez aussi que dans le cas de survenance d'enfans, comme dans celui d'inexécution des conditions, il n'y a eu rien de certain pour le créancier ; que dans un cas comme dans l'autre, l'intérêt précieux à conserver, c'est celui du donateur qui n'a pas eu l'intention de se dépouiller ; dans le premier, s'il lui naît des enfans ; dans le second, s'il n'obtient du donataire l'exécution des conditions qu'il a imposées à sa libéralité.

A l'égard de la révocation pour cause d'ingratitude , soit qu'il soit naturel de penser que le créancier ne peut pas prévoir que le donataire s'en rendra coupable, soit qu'il soit également naturel de penser que le donateur le pardonnera, le projet établit que cette révocation ne préjudiciera ni aux aliénations faites par le donataire, ni aux hypothèques et autres charges réelles qu'il aura pu imposer sur l'objet de la donation avant la demande en révocation.

Enfin , comme le droit de révoquer tient à la nature, aux bonnes mœurs et à l'intérêt du mariage, le donateur 172. ne peut pas y renoncer. Une pareille clause serait nulle.

Quant au droit de retour, certaines coutumes l'admettaient sans stipulation ; d'autres ne l'admettaient que dans le cas où il était stipulé.

Ce droit est juste, mais il faut qu'il soit réservé : voilà le vrai principe. Le projet de loi le consacre. Quant il est réservé, les créanciers n'ont pas à se plaindre ; car ils ont pu connaître la stipulation comme la donation.

Je passe aux dispositions testamentaires. Le projet donne les règles générales sur la forme des testamens.

Toute personne pourra disposer par testament olographe, public ou mystique , soit sous le titre d'institution 173. d'héritiers , soit sous le titre de legs universel ou particulier , soit sous toute autre dénomination propre à manifester sa volonté.

Les formes particulières à chacun de ces trois testamens sont clairement exprimées.

De plus, le projet donne des règles particulières sur la 174.

forme des testamens militaires, des testamens qui seront faits dans un lieu avec lequel toute communication sera interceptée à cause de la peste ou toute autre maladie contagieuse, et des testamens qui seront faits sur mer dans le cours d'un voyage.

Il fallait régler la forme de disposer pour les Français qui étaient en pays étranger, et le projet de loi leur permet de tester par acte sous signature privée, comme en France, ou par acte public avec les formes usitées dans le lieu où il sera passé.

Enfin, toutes les formalités sont de rigueur, et leur inobservation annulle les testamens.

175. Après avoir fixé les règles sur les formes des testamens, le projet explique les différentes espèces de dispositions testamentaires et les effets de chacune.

Dans le droit romain, l'homme faisait un héritier.

Dans le droit coutumier, on ne recevait que de la loi le titre d'héritier, et l'homme n'instituait que des légataires universels.

Aujourd'hui un seul code régira la France entière : il faut donc qu'il exite un mode uniforme de disposer. On pourra par testament faire un héritier ou un légataire ; mais, sous l'une ou l'autre dénomination, les droits seront les mêmes.

Il a fallu conserver la faculté d'employer la qualification d'héritier pour ne pas trop déroger aux usages. Le mot restera donc ; mais l'effet de l'institution d'héritier étant le même que celui de l'institution de légataire, le droit sera uniforme, ou, pour rendre l'idée plus simplement, l'un de ces mots sera synonyme de l'autre.

Alors disparaîtra la bigarrure du droit ancien ; car le titre d'héritier présentait une autre idée et était sujet à d'autres lois que le titre de légataire universel.

On ne distinguera plus que l'héritier légal ou naturel, et l'héritier institué ou légataire.

176. L'héritier de la loi à qui une quotité de bien est réservée se trouve saisi de plein droit de tous les biens de la succession, et de-là résulte dans nos principes la conséquence que l'héritier institué, le légataire devra lui demander la délivrance de ce dont le testateur aura disposé en sa faveur sous l'un ou l'autre titre.

Si le défunt ne laisse pas d'héritier auquel la loi ré- 177.
serve une quotité de biens, alors la saisine légale est
dans les mains de l'héritier institué ou légataire universel, qui doit, dans ce cas, faire la délivrance des legs
particuliers.

D'après nos anciens principes, la chose d'autrui pouvait être léguée, quoique le testateur sût qu'elle ne lui
appartenait pas. Cette décision était plus fondée en subti-
lités qu'en raison.

Quant le testateur sait que la chose qu'il lègue ne lui
appartient pas, il fait un legs dérisoire ; quand il l'ignore,
il y a erreur : dans ces deux cas, le legs doit être nul.
C'est ce que décide le projet de loi.

Il ne contient aucun changement remarquable sur la 178.
nomination, les fonctions et les obligations des exécuteurs testamentaires. Elles sont à peu près les mêmes que
dans l'ancien droit.

Sur la révocation des testamens on s'est écarté du principe d'après lequel le testament était censé révoqué par un 179.
testament postérieur. On présumait que telle avait été l'intention du testateur.

Cette présomption pouvait être contraire à la vérité. La
loi ne doit établir que des présomptions certaines et in-
faillibles. Il est donc convenable d'exiger que le second
testament contienne la déclaration du testateur qu'il change
de volonté. C'est ce que porte le projet : il veut que les
testamens postérieurs qui ne révoqueront pas d'une manière expresse les précédens, n'annullent dans ceux-ci que
les dispositions qui seront incompatibles avec les nouvelles,
ou qui y seront contraires.

Le droit d'accroissement avait donné naissance à des difficultés sans nombre. On trouve dans les auteurs, soit du 180
droit écrit, soit du droit coutumier, des discussions subtiles, plus propres à égarer qu'à éclairer sur un point de
droit qui paraissait inextricable. Le projet fait cesser toute
controverse par la manière de préciser les cas dans lesquels
il y aura lieu à accroissement au profit des légataires.

« Le legs, dit-il, sera réputé fait *conjointement* lorsqu'il
» le sera par une seule et même disposition, et que le
» testateur n'aura pas assigné la part de chacun des colé-
» gataires dans l'objet légué.

» Il sera encore réputé fait *conjointement*, quand une
» chose qui n'est pas susceptible d'être divisée sans dété-
» rioration, aura été donnée par le même acte à plusieurs
» personnes, même séparément. »

181.   J'arrive à un point bien délicat, celui des substitutions.
Vous savez combien on a écrit pour ou contre depuis les
premiers jours de la révolution jusqu'à ce moment.

Les substitutions ont été établies par un très-bon principe ; mais l'abus s'était introduit dans cette partie de notre
droit, comme dans beaucoup d'autres.

Les ordonnances des rois de France qui ont cherché à
les ramener dans des bornes plus étroites, attestent cette
vérité.

Le même abus avait profondément affecté l'Assemblée
constituante ; elle n'eut que le tems de le signaler aux législateurs qui devaient lui succéder, et il arriva ce qui arrive
toujours dans les premiers momens où la réforme exerce
sa puissance.

La Convention nationale (1) dépassa le terme où est établie la ligne sur laquelle reposent les intérêts de tous.

Les substitutions parcouraient trois degrés ; c'était trop.

Elles étaient en faveur des aînés, et ensuite de mâle en
mâle, et les biens n'arrivaient aux filles qu'à défaut de
mâles. La préférence était odieuse et injuste.

On corrigea cet excès par l'excès contraire, en abolissant
entièrement les substitutions.

Enfin, on voit luire le jour où la raison peut se faire
entendre après le règne orageux de la réforme. On a senti
que tout détruire était un abus ; qu'il ne fallait pas toujours
et trop écouter la haine contre les institutions qui avaient
vieilli avec des vices ; que l'intérêt général devait appaiser
ce sentiment, et le diriger vers une juste combinaison entre
ce qui est dangereux et ce qui peut être utile.

C'est dans ces vues que le projet de loi porte:

1ᵒ. Que les biens dont les père et mère auront la faculté de disposer, pourront être donnés avec la charge de
les rendre aux enfans nés et à naître, au premier degré
seulement des donataires.

2ᵒ. Que ces dispositions ne seront valables qu'autant que

_____

(1) Voyez les décrets des 25 octobre et 14 novembre 1792.

la charge de restitution sera au profit de tous les enfans sans exception, ni préférence d'âge ou de sexe.

3°. Que ce droit acquis aux enfans du donataire passera par l'effet de la représentation à ses petits-enfans, dont le père serait mort avant de l'avoir recueilli.

Ces restitutions, au surplus, seront sujettes à des formalités que le projet de loi explique avec beaucoup de précision.

Le projet donne aux pères, aux mères et autres ascendans la plus douce magistrature, en leur confiant le pouvoir de faire entre leurs enfans le partage de leurs biens.

Le législateur a dû prévoir le cas où ce partage ne serait pas général, et celui où il blesserait les intérêts de l'un des enfans.

Dans le premier cas, c'est-à-dire si le partage n'est pas entre tous les enfans, il sera nul pour le tout. Le père prouve, par cet acte, qu'il a oublié un de ses enfans, qu'il s'est trop occupé des autres, et que par conséquent il n'a pas rempli avec impartialité la magistrature que la loi lui avait confiée.

Dans le second, celui des enfans qui se croira lésé de plus du quart pourra attaquer le partage, parce que l'égalité doit régner dans le partage fait par le père, comme dans celui que les enfans font eux-mêmes entr'eux, après avoir recueilli la succession de leurs auteurs.

Je termine par les donations les plus favorables, je veux dire celles faites par contrat de mariage ou pendant le mariage. Il n'y a rien de plus sacré, sans doute, que tout ce qui tend à former une union aussi sainte, et à laquelle le législateur doit toute la protection qui peut en assurer la durée et la prospérité.

Aussi le projet permet-il aux pères et mères, aux autres ascendans, aux parens collatéraux des époux, mêmes aux étrangers, de donner par contrat de mariage tout ou partie de leurs biens qu'ils laisseront au jour de leur décès, tant au profit des époux que des enfans à naître de leur mariage, dans le cas où le donateur survivrait à l'époux donataire.

Il semblerait, par la généralité de cette disposition, que le législateur permet de dépasser, en faveur du mariage, les bornes qu'il a ci-devant mises à la liberté de disposer ; mais il explique son intention par un article subséquent, en disant que ces donations seront, lors de l'ouverture de la succession du donateur, réductibles à la portion dont la loi lui permettait de disposer.

184. Les seules faveurs que l'intérêt du mariage ait fait admettre, c'est que les donations que le contrat renfermera ne seront pas nulles par le défaut d'acceptation qu'elles pourront être faites cumulativement des biens présens et à venir, en tout ou en partie, et qu'elles ne pourront pas être révoquées par d'autres dispositions à titre gratuit, si ce n'est pour sommes modiques, soit à titre de récompense ou autrement.

185. Après avoir réglé ce que les époux pourront recevoir par leur contrat de mariage, de leurs parens et des étrangers, il convenait de régler les avantages qu'ils pourraient se faire eux-mêmes par leur contrat de mariage et par des actes subséquens. C'est ce que fait le dernier chapitre du projet.

Par contrat de mariage, les époux pourront se faire telle donation qu'ils jugeront à propos. Celle de biens présens et à venir ne sera pas censée faite sous la condition de survie du donateur, si cette condition n'est formellement exprimée. La donation de biens à venir ne sera pas transmissible aux enfans issus du mariage, en cas de décès de l'époux donataire avant l'époux donateur.

Pendant le mariage, un époux s'il n'a point d'enfans ou descendans, pourra donner à l'autre tout ce qu'il pourrait donner à un étranger, plus l'usufruit de la totalité de la portion que la loi réserve.

Dans le cas où il laisserait des enfans ou descendans, il pourra lui donner, ou un quart en propriété et un quart en usufruit, ou la moitié de tous ses biens en usufruit.

186. Et pour éviter l'effet des surprises qui pourraient être faites à un époux par l'autre, qui, employant à propos les ruses d'un attachement simulé, se ferait faire une donation dont il cesserait de se rendre digne, la loi permet à l'époux donateur de révoquer sa liberalité; la femme pour cette révocation, n'aura pas besoin d'y être autorisée: disposition infiniment sage, puisqu'elle évite au bienfaiteur des regrets, et qu'elle lui permet de se livrer sans danger à son penchant.

187. Enfin il fallait prévenir les donations indirectes entre

époux par personnes interposées, de la portion de biens qu'ils ne peuvent pas se donner. Le projet de loi les défend ; et le dernier article spécifie aussi clairement qu'il est possible les cas dans lesquels les donations seront réputées faites à des personnes interposées.

Telle est, citoyens Législateurs, l'analyse que j'ai été chargé de vous présenter d'une loi aussi importante.

Le Tribunat en a voté l'adoption. Il y a vu consacrés les principes anciens qui avaient eu l'assentiment général et de tous les tems, et les nouveaux principes réclames par l'expérience et par la justice.

La liberté de disposer y est aussi étendue que pouvaient le permettre l'intérêt des familles et celui de la société.

Les deux modes de disposer par donations entre-vifs ou par testament sont assujétis à des formes invariables.

Les substitutions sont prohibées ; elles sont remplacées par des dispositions qui conservent ce qu'elles avaient d'utile.

Les démissions de biens sont également supprimées. Une institution sujette à moins d'abus, permet aux pères de partager, de leus vivant, leurs biens entre leurs enfans.

Ce que les époux peuvent recevoir, ce qu'ils peuvent se donner, tout est réglé avec une suge économie.

Jusqu'ici les lois ont varié sur le degré de liberté dont l'homme doit jouir dans la dispositions de ses biens. Comme elles n'étaient pas fondées sur les vraies maximes de l'ordre public et de la nature, elles ne pouvaient pas être durables : elles n'ont dû avoir que l'existence des erreurs qui se dissipent quand la raison fait luire son flambeau, dont l'éclat est d'autant plus vif, qu'il a été plus long-tems obscurci par les passions.

La loi proposée est loin de craindre un sort pareil. Si sa durée doit se mesurer sur la sagesse de ses dispositions, on peut lui prédire qu'elle sera le Code des siècles à venir : elle est en harmonie avec le droit inhérent à la propriété, avec les affections des pères et des époux, avec les devoirs des enfans envers les auteurs de leurs jours, avec les égards que les parens collatéraux se doivent réciproquement pour entretenir entr'eux cette paix, cette union, qui font le charme de la société, et sont les premiers garans de la pureté des mœurs publiques, qui se composent des mœurs particulières.

Il est doux, citoyens Législateurs, en terminant cette session, d'emporter avec soi cet espoir flatteur, et de pouvoir se dire qu'après les longues tourmentés révolutionnaires on est enfin parvenu à donner au peuple Français les lois les plus sages, celles du moins qui convenaient le mieux à une société d'hommes qui ont conquis la liberté, et qui en sentent tout le prix.

Ce sont ces considérations, citoyens Législateurs, qui ont déterminé le vote d'adoption du Tribunal ; elles vous détermineront sans doute à donner au projet de loi la sanction dont il a besoin.

Fin du volume.

TABLE SOMMAIRE

DES TITRES CONTENUS EN CE VOLUME.

Tome   V

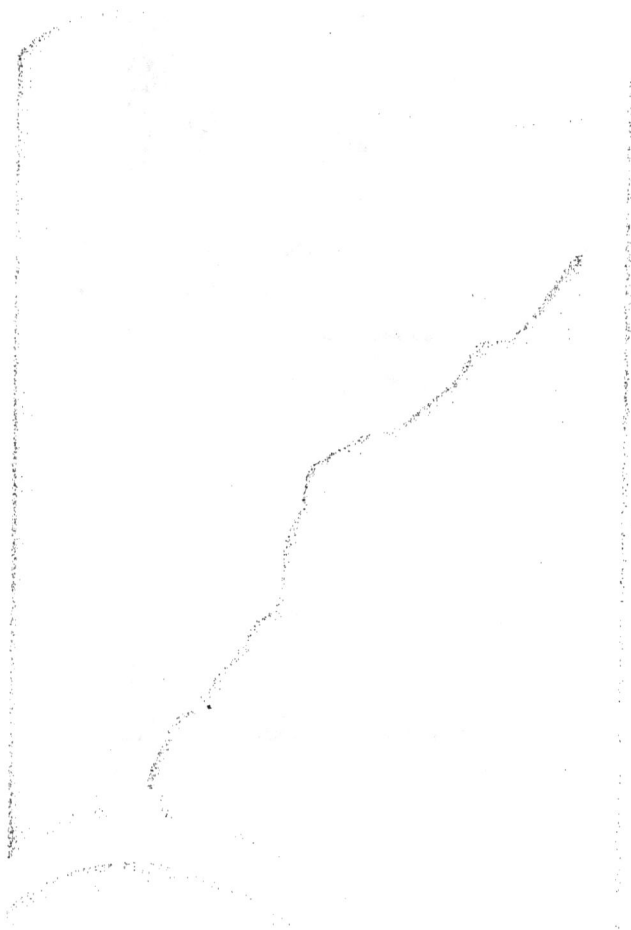

eliure défectueuse

www.ingramcontent.com/pod-product-compliance
Lightning Source LLC
Chambersburg PA
CBHW070237200326
41518CB00010B/1592